ŒUVRES
COMPLÈTES
DE JACQUES-HENRI-BERNARDIN
DE
SAINT-PIERRE.

TOME DIXIÈME.

DE L'IMPRIMERIE DE L.-T. CELLOT.

ŒUVRES

COMPLÈTES

DE JACQUES-HENRI-BERNARDIN

DE

SAINT-PIERRE,

MISES EN ORDRE ET PRÉCÉDÉES DE LA VIE DE L'AUTEUR,

PAR L. AIMÉ-MARTIN.

.... Miseris succurrere disco.
ÆN., lib. I.

HARMONIES DE LA NATURE.
TOME TROISIÈME.

A PARIS,

CHEZ MÉQUIGNON-MARVIS, LIBRAIRE,
RUE DE L'ÉCOLE DE MÉDECINE, N° 9.

M. DCCC. XVIII.

HARMONIES DE LA NATURE.

SUITE DU LIVRE V.

HARMONIES ANIMALES.

La puissance végétale, comme nous l'avons vu, reçoit toutes les qualités des puissances précédentes, par l'air et l'eau qu'elle s'approprie, par les couleurs et les formes de ses fleurs et de ses fruits, par des minéralisations même, dont quelques-unes sont connues, comme celles du fer, qu'on trouve dans toutes les cendres des végétaux. Elle y en ajoute un grand nombre d'autres, qu'elle doit principalement au soleil, telles que ses parfums et ses saveurs; mais elle diffère essentiellement des minéraux par les cinq facultés de la vie, qui sont l'organisation, la nutrition, l'amour, la génération et la mort. Les puissances élémentaires n'ont en partage qu'une existence permanente, différemment modifiée; mais la puissance végétale a une propre vie, dont le principal caractère est de pouvoir renaître et se propager. Cependant la vie végétale diffère essentiellement de la vie animale, comme nous le verrons.

Nous ferons d'abord ici, sur leur différence, quelques remarques que nous ne croyons pas qu'on ait encore faites. Le végétal le plus simple me paraît composé d'un grand nombre de végétaux semblables, réunis sous une même écorce. Une plante est organisée comme un polype; chacune de ses fibres ligneuses ou nerveuses paraît un végétal, qui correspond depuis la racine jusqu'à la feuille qu'il nourrit. La preuve en est dans ses racines : si vous en retranchez une, vous voyez languir les branches qui y correspondent. Si vous coupez une branche d'arbre, et si vous la replantez avec soin et dans une saison convenable, il en renaît un autre arbre; vous pouvez même le reproduire en la fendant en deux, comme on le voit dans celles du saule. La vie paraît disséminée également dans toutes les parties du végétal; on peut détruire impunément les unes, même dans son intérieur, tandis que les autres fructifient, comme il arrive aux arbres caverneux, qui n'en sont pas moins couverts de leurs feuillages. Un végétal est semblable au polype animal.

Il n'en est ainsi d'aucun animal proprement dit. Quoique ses muscles soient composés de fibres et de nerfs qui conservent des mouvements particuliers après la mort, ils ne forment tous ensemble qu'un seul animal individuel et indivisible. L'animal est seul dans sa peau, et le végétal est multiple dans son écorce. Vous pouvez, des tronçons d'un saule, planter un bocage; mais avec les quartiers d'un mouton vous ne ferez jamais naître un troupeau.

Une autre preuve que le végétal renferme dans chacune de ses fibres un végétal parfait, c'est qu'il produit indistinctement dans toutes ses branches un grand nombre de fleurs, qui ne paraissent être que les parties sexuelles des fibres, parvenues successivement à un âge adulte. Dans une plante annuelle, les fleurs paraissent après un certain nombre de lunaisons; mais dans un arbre, le bois nouveau ne donne point de fleurs, et les fleurs de son vieux bois changent de place d'une année à l'autre. C'est encore par la même raison, que quand l'arbre produit beaucoup de fleurs, il ne pousse point de bois, et que quand il pousse beaucoup de bois, il ne produit point de fleurs. On en peut conclure que l'harmonie soli-lunaire qui produit en lui des cercles annuels, sert d'abord à former, au dedans, des fibres mâles et femelles, dont les fleurs deviennent ensuite le développement. Ces fleurs ne peuvent reparaître l'année suivante au même endroit, parce que les fibres qui les ont produites, s'alongent par la couche annuelle et l'accroissement du bois, et viennent se terminer à d'autres points de l'écorce. Enfin ces fleurs ne peuvent se montrer sur le bois nouveau de l'année, parce qu'il n'est pas encore adulte. On peut conclure de tout ceci, que c'est souvent à tort que les jardiniers taillent les pousses annuelles des jeunes arbres. Il en résulte qu'ils ne portent ni fleurs ni fruits, parce que ce nouveau bois n'a pas le temps d'atteindre au terme de sa fécondité. Le plus simple est de le laisser croître : alors il fructifiera ; c'est ce que j'ai éprouvé moi-même par ma propre expérience. J'ai eu des poiriers très-vigoureux, âgés de plus de vingt ans, qui n'avaient jamais fleuri, parce que le jardinier, fidèle à ses règles, ne manquait pas de retrancher en automne la plus grande partie des branches qui avaient poussé au printemps. Je parvins enfin une année à empêcher cette fatale lutte; mes arbres se couvrirent à l'ordinaire de rejetons pleins de suc. Après avoir jeté leur premier feu, ces rejetons s'arrêtèrent à la seconde année : ils produisirent alors des branches à fruits, couvertes de gros bourgeons, qui donnèrent des fleurs et des fruits dans la troisième.

Je ne connais point de végétal vivace qui ne produise qu'une seule fleur : l'animal, au contraire, n'a qu'un seul sexe. Quand il en réunit deux, comme les limaçons, ces sexes sont situés dans un lieu invariable. Les nerfs et les fibres des muscles de l'animal concourent tous à-la-fois à une seule action, comme tous ses organes ; tandis que les fibres des végétaux ont des actions particulières et isolées : elles n'agissent en commun que par leur agrégation. Un végétal blessé dans une de ses parties, prospère dans toutes les autres ; et l'animal, dans la même circonstance, languit dans tout son corps.

On pourrait dire peut-être que les fibres nerveuses dans un animal, sont autant d'animaux distincts réunis sous la même peau, parce qu'il éprouve plusieurs passions, quelquefois opposées les unes aux autres, sur-tout dans l'homme ; mais il existera toujours une grande différence dans la composition du végétal et de l'animal. Le végétal est si bien composé d'un assemblage de végétaux, qu'il en renferme à-la-fois de jeunes et de vieux, dont quelques-uns n'ont quelquefois qu'une lunaison, et d'autres ont plus d'un siècle. Un rameau d'un arbre est moins âgé que sa tige, et son aubier que son tronc. L'arbre le plus caduc porte à-la-fois la vieillesse dans son cœur, et la jeunesse sur sa tête : l'une et l'autre se manifestent encore dans sa racine et dans son écorce. L'accroissement de ses parties dépend évidemment des harmonies soli-lunaires, puisque ses cercles annuels, subdivisés en cercles lunaires, en sont la preuve, comme nous l'avons déjà démontré, et comme nous le verrons encore ailleurs. L'animal n'est point formé d'un assemblage d'animaux. Le renouvellement périodique des couches qui composent ses os, prouvé par les os des poulets qui mangent de la garance, le soumet sans doute aux mêmes périodes planétaires que le végétal; mais la dégénération de ses parties se fait tout-à-la-fois, de sorte qu'il n'en a ni de plus vieilles ni de plus jeunes les unes que les autres.

Voilà donc des différences très-marquées dans la constitution du végétal et de l'animal. Elles ne sont pas moins sensibles dans l'ensemble et la disposition de leurs organes. Tous les animaux se divisent en deux moitiés égales, comme il convenait à des corps destinés à changer de lieu; mais cet équilibre parfait ne se manifeste que dans les feuilles, les fleurs et les semences des végétaux. On le retrouve, à la vérité, dans les tiges des graminées; mais la plupart des buissons et des arbres ne le présentent que d'une manière fort singulière. La différence est encore plus sensible dans les organes de la nutrition et de la génération, qui leur sont communs. Les végétaux ont leurs bouches ou leurs racines en bas, et leurs parties sexuelles ou fleurs en haut. Les animaux, au contraire, ont leur bouche à la partie supérieure ou antérieure de leur corps, et leurs parties sexuelles à la partie inférieure ou postérieure. Les premiers portent leurs fruits au dehors, les seconds engendrent au dedans. Cependant les végétaux ne sont pas des animaux renversés, comme on l'a prétendu ; car ils n'ont point les facultés ni les organes qui constituent l'animalité. Ils n'ont point de cerveau, qui est le siége de l'intelligence, ni de cœur, qui est celui des passions. Ils diffèrent essentiellement entre eux par ces viscères, et par d'autres organes et qualités que nous allons développer.

Nous avons vu que la puissance végétale réunissait en elle les facultés des trois puissances élémentaires, qui sont, entre autres, l'élasticité et les couleurs aériennes, les mouvements ou les circulations aquatiques, et les formes terrestres, dont nous avons indiqué les progressions harmoniques ascendantes et descendantes. Nous avons démontré ensuite qu'elle avait, de plus, la vie végétale ou végétabilité, puissance dont les harmonies, soumises aux mêmes lois, sont l'organisation, la nutrition ou développement, l'amour, la génération et la mort. La puissance animale réunit toutes les harmonies précédentes, et elle y joint, de plus, la vie animale ou animalité, puissance qui se divise en facultés sensitive, intellectuelle et morale. Chacune de ces facultés a ses harmonies, dont nous allons donner un aperçu.

La faculté sensitive est douée de cinq organes principaux, qui sont ceux de la vue, de la respiration, de la soif, du toucher et du goût. Ils sont répartis aux cinq puissances primitives et précédentes, au soleil, à l'air, à l'eau, à la terre et aux végétaux. Chacun de ces organes a des effets harmoniques, c'est-à-dire actifs et passifs, ou positifs et négatifs. Ainsi, de la vue s'engendrent la veille et le sommeil; de la respiration, la voix et l'ouïe; de la soif, la potation et la méation; du toucher, le mouvement et le repos; du goût, le manger et les sécrétions. Les végétaux ne présentent rien de semblable, ni dans leurs organes, ni dans leurs fonctions. Ils n'ont point d'yeux pour voir, ni de paupières pour les voiler. Quoique quelques-uns, comme le tamarin, ferment leurs feuilles ou leurs fleurs dans les ténèbres, c'est pour les abriter la nuit de l'humidité, ou quelquefois le jour de l'action du soleil; car il y en a qui les ferment en plein midi, comme le pissenlit. C'est abuser des termes, que de dire qu'ils dorment la nuit. Leurs facultés, loin d'être suspendues, sont dans leur plus grande activité. C'est alors qu'ils végètent le plus. On peut dire aussi que les animaux jouissent, dans leur sommeil, de leur faculté végétale dans toute sa plénitude; car c'est à cette époque que leur sang, qui est leur sève, circule avec la plus grande facilité; et qu'ils profitent le plus, comme les végétaux. Le sommeil appartient donc, non aux fonctions de la végétabilité, mais à celles de l'animalité, dont il est le repos. Il ne suspend que les facultés intellectuelle et morale, et leurs organes. Si les végétaux sont privés de l'organe de la vue, ils ne le sont pas moins de celui de la respiration. Ils aspirent sans doute l'air et l'expirent; mais ils n'ont point de larynx pour en produire des sons, ni d'oreilles pour les recevoir : encore que quelques-uns engendrent des bruits, c'est par l'action du vent ou par quelque cause étrangère; ils n'en ont point le sentiment, ils ne les entendent point. Il en est de même de leurs rapports avec l'eau : ils la pompent comme l'air, mais ils ne la digèrent pas. Ils n'ont point de tact; et quoique la sensitive ferme ses feuilles quand on la touche, elle doit son mouvement passif à une action extérieure, et non à un acte de sa volonté. Il y a grande apparence que l'hedysarum gyrans du Bengale, doit le mouvement d'oscillation ou de balancement de ses folioles à l'action combinée de l'air et de la chaleur, ainsi que d'autres végétaux lui doivent celui de leur sève, et les animaux celui de leur sang. Mais ceux-ci ont le principe du mouvement en eux-mêmes et dans leurs facultés intellectuelles. L'insecte, dont le corps est revêtu d'écailles insensibles, a des antennes où réside l'organe du toucher, ou peut-être de l'odorat, qui dirige ses mouvements de progression. Ses antennes sont sa boussole. Beaucoup de poissons écailleux ont des barbillons qui leur servent aux mêmes usages. L'huître, que des naturalistes regardent comme un passage de la plante à l'animal, et comme un être mitoyen entre ces deux règnes, jouit du mouvement de ses lèvres. Elle entr'ouvre et ferme ses écailles à volonté. Elle jouit aussi du mouvement local; car elle trouve le moyen de se transporter où elle veut: les espèces d'huîtres même qui adhèrent aux rochers, nagent quand elles viennent de naître. Elles se choisissent des anfractuosités, et y construisent leurs coquilles irrégulières avec autant de géométrie, au sein des tempêtes, que les abeilles leurs alvéoles hexagonales dans le séjour tranquille des forêts. La maçonnerie de cette espèce d'huître est si bonne, qu'on ne peut la détacher qu'avec un morceau de rocher. Enfin les végétaux tirent leur nourriture des éléments, mais ils n'ont point d'organes du goût et des excrétions.

La faculté intellectuelle est d'un ordre supérieur à la faculté sensitive. Elle réunit trois qualités, dont les végétaux sont totalement privés : ce sont l'imagination, le jugement et la mémoire. Ces qualités président aux sens. L'imagination reçoit l'image des objets par la vue et l'ouïe; le jugement compare leurs rapports intimes par le toucher et le goût; la mémoire conserve les résultats de l'imagination et du jugement, pour en former l'expérience. La mémoire embrasse le passé, le jugement le présent, et l'imagination l'avenir. Ainsi, ces qualités s'étendent aux rapports des choses, des temps et des lieux, suivant certains rayons assignés à chaque genre d'animal : l'homme seul en embrasse la sphère. Cependant, quoique leurs fonctions semblent séparées, elles agissent aussi de concert. Le plus petit insecte fait usage de toutes à-la-fois ou en particulier, comme de ses yeux, de ses ailes et de ses pates. Leur siége est dans la tête de l'animal, ainsi que l'origine des nerfs, de la faculté sensitive qu'elles font mouvoir, et dont le sensorium est dans le cœur.

Le végétal n'a donc rien qui soit comparable aux facultés sensitive et intellectuelle de l'animal; il n'a point, comme celui-ci, le sentiment et l'intelligence de ses convenances naturelles. Cependant quelques philosophes, entre autres Descartes et Malebranche, ont voulu rabattre la puissance animale au-dessous de la végétale. Ils ont prétendu que les animaux n'étaient que de simples machines impassibles, ce qu'il serait absurde de dire même des simples végétaux, qui sont doués d'une véritable vie; puisqu'ils se propagent par des amours. Quand on objectait à Malebranche les cris douloureux d'un chien frappé, il les comparait aux sons d'une cloche dans la même circonstance. Pour le prouver un jour, dans la fureur de la dispute, il tua d'un coup de pied sa propre chienne qui avait des petits. Le bon Jean-Jacques me dit à cette occasion : « Quand on commence à raisonner, on cesse « de sentir. » Je répète ici ce mot, que j'ai cité ailleurs, parce qu'il jette une grande lumière sur la nature de l'ame des bêtes et sur la nôtre, en ce qu'elles ont de commun. Il prouve que l'ame a deux facultés très-distinctes, l'intelligence et le sentiment. La première provient en partie de l'expérience, et la seconde des lois fondamentales de la nature. L'une et l'autre sont en harmonie chez les animaux, et les dirigent toujours vers une bonne fin. Mais lorsque l'intelligence s'appuie en nous sur des systèmes humains, et se sépare du sentiment, qui est l'expression des lois naturelles, alors elle peut précipiter les génies les plus élevés et les plus doux dans les férocités les plus absurdes. Certes, Descartes et Malebranche sont tombés bien volontairement dans l'erreur, de prétendre que les bêtes n'étaient animées que par de simples attractions : la plus petite expérience suffisait pour les désabuser. Mettez une feuille de papier entre un aimant et une aiguille de fer, l'aiguille ne se détournera point pour aller chercher l'aimant, mais elle se portera vers lui par la ligne la plus droite. Mettez le même obstacle entre un chat et une souris, le chat ira chercher la souris derrière la feuille de papier : le chat raisonne donc, et son intelligence n'est point l'effet d'une simple attraction ou d'un tourbillon magnétique.

Mais l'ame des animaux est douée d'une faculté bien plus puissante que la sensitive et l'intellectuelle ; elle a une faculté morale. Sans celle-ci, elle n'aurait ni dessein ni volonté ; elle éprouverait en vain les sensations de la première et les sentiments de la seconde ; mais par sa faculté morale elle les dirige, parce qu'elle en a, si je peux dire, des pré-sensations et des pré-sentiments.

J'appelle faculté morale celle qui constitue les mœurs de l'animal, et qui fait qu'un chat n'a pas le caractère d'une souris, et un loup celui d'un mouton. Elle est différente dans chaque genre d'animaux ; elle varie dans leurs espèces, qui d'ailleurs ont en commun les facultés sensitive et intellectuelle, seulement dans des proportions particulières. La faculté morale réunit trois qualités, l'instinct, la passion et l'action.

L'instinct renferme les pré-sensations de l'animal et le pré-sentiment de ses convenances ; c'est par des pré-sensations que des animaux encore dans le nid maternel, s'effraient d'un bruit ou de la menace d'un coup dont ils n'ont encore aucune expérience. C'est par des pré-sensations qu'ils tettent, qu'ils marchent, qu'ils sautent, qu'ils grimpent, qu'ils appellent à leur secours. Ils leur doivent la conscience des organes et des membres dont ils font usage. Combien d'années ne faudrait-il pas à l'anatomiste le plus habile pour en acquérir la science! Les Duverney et les Winslow ont avoué, à la fin de la vie la plus studieuse, n'en avoir que de faibles aperçus. Pour moi, je tiens l'homme, quoique très-vain dans nos écoles, si borné dans sa nature, qu'il ne se serait jamais douté que les ailes des oiseaux pussent leur servir à traverser les airs, s'il ne les avait pas vus voler. Cependant ils s'en servent au sortir de leurs nids, sans en étudier la mécanique et sans la comprendre, non plus que nos docteurs qui en ont fait des traités; mais l'oiseau a la pré-sensation de ses ailes, et il s'en sert; il en tire des effets aussi admirables que la machine même.

Les animaux doivent aussi à l'instinct le pré-sentiment ou la pré-vision de leurs fonctions intellectuelles, c'est-à-dire de leurs convenances naturelles. C'est par pré-sentiment que l'araignée sortant de son œuf, et sans avoir vu aucun modèle de filet, tisse sa toile transparente, en croise les fils, les contracte pour en éprouver la force, et les double où il est nécessaire, pré-sentant que les mouches, qu'elle n'a pas encore vues, sont sa proie, qu'elles viendront s'y prendre, et qu'elles s'y débattront. Enfin, il n'y a point d'animal qui n'ait des pré-sensations et des pressentiments de sa manière de vivre et de l'industrie qu'il doit exercer, avec toutes les idées qui y sont accessoires.

C'est donc une grande erreur que cet axiome de l'école : *Nihil est in intellectu quod non fuerit priùs in sensu*, « il n'y a rien dans l'intelligence, qui n'ait été premièrement dans les sens. » Nous voyons, au contraire, que l'instinct enseigne aux animaux les premiers usages de leurs sens, et leur donne des idées qu'ils n'ont point acquises par l'expérience. Locke a donc erré beaucoup quand il a prétendu, toutefois d'après l'école, qu'il n'y avait point d'idées innées ; l'étude d'un insecte lui eût prouvé le contraire. Son traducteur français lui en fit un jour l'objection : elle le mit de fort mauvaise humeur, car il sentit sans doute qu'elle renversait de fond en comble son système : il aurait mieux fait de le réformer. Il ne l'eût pas édifié sur une pareille base, s'il eût éclairé la morale de l'homme de celle des animaux. Il ne se doutait pas qu'en refusant à l'homme des idées innées, il fournissait des arguments à l'anarchie et au matérialisme. Il devait sentir cependant que l'on conclurait un jour, non-seulement d'après ses raisonnements, mais d'après son principe et son autorité, que, puisque l'homme n'avait pas d'idées innées, toutes celles qu'il acquérait étaient de convention; que celles de la morale étaient arbitraires, et que par conséquent il n'y avait pas de carrière tracée pour lui par la nature. S'il eût été attentif au principe et aux conséquences de son système, il n'aurait pas ouvert à-la-fois deux principes à l'esprit humain; car parmi ceux qui raisonnent d'après lui, les uns concluent qu'ils n'obéissent qu'aux lois physiques, et tombent ainsi dans le matérialisme; les autres se méfient d'une nature indifférente à leur bonheur moral, se laissent subjuguer par la superstition, c'est-à-dire par des religions litigieuses, inconstantes, arbitraires, sans songer que cette même nature qui a pourvu à leurs besoins physiques, a dû pourvoir aussi à leurs besoins moraux.

Si Locke eût réfléchi un moment aux idées innées des animaux, il les eût reconnues par toute la terre; il se fût convaincu que c'est par elles qu'une chenille, sortant de son œuf, quitte la branche sur laquelle elle est éclose, et va pâturer la feuille naissante qui croît comme elle dans son voisinage; qu'ensuite, ayant acquis toute sa grandeur, elle se choisit une retraite sous une branche, à l'abri des vents et de la pluie; qu'elle s'y file une coque avec un art admirable, pour s'y renfermer dans l'état de chrysalide, et qu'elle s'y ménage une ouverture pour en sortir dans celui de papillon, quoiqu'elle n'ait aucune expérience de ces deux métamorphoses. Locke, qui a égaré son génie systématique sur les destinées de l'homme, qu'il rend si variables, eût admiré la constance de celles de la chenille devenue papillon; il eût vu celui-ci, au moyen des idées innées, changer plusieurs fois de genre de vie. Après avoir rampé long-temps comme un ver, il est tout-à-coup pourvu de quatre ailes brillantes; plus habile que Icare, il traverse les airs en se jouant avec les vents, sans apprentissage et sans aucune connaissance de l'aérostatique; il vole sur les fleurs, y pompe le miel de leurs glandes nectarées, si long-temps ignorées de nos botanistes; il poursuit dans les airs une femelle inconnue, souvent d'une livrée différente de la sienne, mais invariablement de son espèce; enfin cette femelle fécondée dépose ses œufs, et les colle, non sur la feuille passagère où elle a vécu, mais sur une branche permanente, où ils doivent braver les injures d'un hiver qu'elle n'a jamais éprouvé.

Si Locke eût été attentif à ces leçons données dans tous les animaux par la nature, il eût soupçonné que l'homme, malgré les préjugés qui entourent son berceau, a aussi des idées innées. En effet, l'enfant nouveau-né a des pré-sensations lorsqu'il suce la mamelle de sa mère, et qu'il en fait jaillir le lait, sans connaître la pression de l'atmosphère, ignorée de tous les philosophes de l'antiquité. Il manifeste bientôt des pré-sentiments de la bonté ou de la malice des hommes sans en avoir l'expérience, lorsqu'à leur seul aspect il va se ranger auprès de ceux dont les physionomies sont du nombre de celles qu'on appelle heureuses, parce qu'elles annoncent, en caractères ineffables, la bienfaisance; tandis qu'il s'éloigne de ceux qui, même avec des traits réguliers, portent je ne sais quelle expression de malveillance, plus aisée à sentir qu'à décrire. C'est ainsi que l'agneau, mu par ses pré-sentiments, à la vue d'un loup, se réfugie auprès du chien, quoique ces deux animaux soient du même genre, et aient des figures à-peu-près semblables. L'enfant a l'instinct de la sociabilité, lorsque, ignorant les sujets de joie et de douleur de ses semblables, il rit en les voyant rire, ou pleure en les voyant pleurer.

On pourrait embarrasser bien davantage les partisans de Locke; car, après leur avoir prouvé que les animaux et l'homme ont des idées innées, on peut renverser leur système des idées acquises, où ils renferment tout être pensant, en leur faisant voir que celles-ci ne sont que des conséquences et des développements des premières. C'est de l'instinct inné de chaque espèce que dépendent le caractère, l'industrie, les mœurs, et peut-être la forme, ou du moins la physionomie de l'animal. Le perroquet nucivore n'a point les goûts d'un oiseau de proie, quoiqu'il ait comme lui des serres et un bec tranchant. Il aime à s'approcher de l'habitation des hommes; et, pour en être bien venu, la nature l'a revêtu des plus riches couleurs et doué du talent d'imiter la parole. L'instinct est permanent dans chaque espèce d'animal, comme le germe dans chaque espèce de végétal : l'un et l'autre ne font que se développer dans le cours de leur vie. Le chêne, avec ses robustes rameaux, est renfermé dans un gland, et le rossignol, avec son chant et ses amours, dans un œuf.

Mais les instincts si variés des animaux semblent répartis à chaque homme en particulier en affections secrètes et innées, qui influent sur toute sa vie : notre vie entière n'en est pour chacun de nous que le développement. Ce sont ces affections qui, lorsque notre état leur est contraire, nous inspirent des constances inébranlables, et nous livrent, au milieu de la foule, des luttes perpétuelles et malheureuses contre les autres et contre nous-mêmes. Mais lorsqu'elles viennent à se développer dans des circonstances heureuses, alors elles font éclore des arts inconnus et des talents extraordinaires. C'est ainsi qu'on voit apparaître quelquefois au sein des forêts, une liane fleurie ou un cèdre majes-

2.

tueux, dont les semences ont été jetées par les vents sur un sol qui leur a été favorable. Ainsi la nature avait mis le génie de la poésie dans l'ame d'Homère, celui de la peinture dans celle de Raphaël, la passion d'aborder à de nouvelles terres dans l'infortuné Colomb, et celle de découvrir de nouveaux astres, dans l'heureux Herschell. Ces grands hommes, et beaucoup d'autres, ont réussi malgré les persécutions de leurs contemporains; mais il y en aurait sans doute un bien plus grand nombre, si leur génie n'eût éclos dans des patries ingrates, et ne se fût desséché comme des semences tombées sur des rochers. Au reste, tous les instincts des animaux n'approcheront jamais de ceux qui sont propres à l'homme, tels que de faire usage du feu, d'exercer l'agriculture, d'imiter enfin tous les ouvrages de la nature par l'invention des sciences et des arts. Que dis-je! il est le seul des animaux qui ait une idée innée de la Divinité, car elle se trouve chez tous les peuples de la terre : elle ne peut être une simple conséquence du spectacle de l'univers, puisque les animaux, qui en jouissent comme lui, ne manifestent aucun sentiment religieux. Cependant ils raisonnent et agissent comme lui dans leurs passions. Pourquoi a-t-il été donné à chacune de leurs espèces de parcourir un des rayons de la sphère d'intelligence, tandis que l'homme seul en occupe le centre, et en entrevoit l'ensemble et l'auteur ? Le sentiment religieux est donc dans l'homme un sentiment inné, ainsi que les instincts particuliers sont innés dans chaque espèce d'animaux. Nous verrons ailleurs que c'est de ce sentiment primordial, que dérivent dans l'homme les idées de vertu, de mépris de la mort, de gloire, d'infini, d'immortalité, qui sont les mobiles de toutes les sociétés humaines, même les plus sauvages.

Locke ne se serait pas égaré sur la nature de l'homme, s'il avait observé d'abord celle des animaux, des végétaux, et même des éléments: Pour étudier ce grand édifice du monde, il faut commencer par ses premiers étages.

Après avoir donné un aperçu de l'instinct des animaux, nous allons parler de la passion qui en résulte. La passion n'est dans eux que l'amour de leurs convenances et la haine de leurs disconvenances. L'instinct semble avoir son foyer dans leur tête, et la passion dans leur cœur. Leur intelligence voit d'abord ce qui leur est utile ou nuisible, et leur cœur le désire ou le craint : la passion est donc à-la-fois positive et négative. On peut y rapporter toutes les modifications auxquelles les philosophes ont donné, tantôt le nom de facultés, tantôt celui de passions, dont ils ont fait de longues énumérations sans aucun plan. Quant au mot de passions, quelques-uns le dérivent du mot latin *pati*, qui signifie souffrir;

mais cette étymologie ne me semble pas bien juste; car la passion ne souffre pas quand elle jouit. Quoi qu'il en soit, nous adoptons ce mot dans le sens le plus usité, comme signifiant une affection vive de l'ame, soit pénible, soit agréable. Les anciens philosophes, en analysant l'ame humaine, y admettaient trois facultés, la concupiscible, l'irascible et la raisonnable. Descartes rejeta cette division, quoique assez naturelle, parce que, dit-il, l'ame n'a point de parties; mais, par une espèce de contradiction, il substitue à ces trois facultés six passions primitives, qui sont : l'admiration, l'amour, la haine, le désir, la joie et la tristesse. Il y en ajoute ensuite beaucoup d'autres, telles que l'estime, le mépris, le courage, la honte, l'espérance et la crainte, comme des dérivés des six premiers genres. Ainsi, il ne fait qu'augmenter la confusion qu'il reproche aux anciens. Il y a plus; c'est que comme il s'occupe fort peu de la faculté raisonnable de l'homme, et qu'il tire les fonctions de son ame des esprits animaux, par une physique inintelligible; il s'ensuit qu'il ne donne à l'homme que les passions qui lui sont communes avec les animaux, qu'il ne regardait que comme des machines. D'ailleurs, l'admiration est-elle une passion comme l'amour? Y a-t-il en nous un penchant habituel à admirer comme à aimer? L'admiration n'est, ce me semble, qu'un étonnement accidentel de notre intelligence à l'occasion d'une surprise agréable. Descartes ne parle point, dans ses passions primordiales, de l'effroi, qui provient d'un éblouissement de notre esprit au sujet d'un objet épouvantable. Il n'oppose point la répugnance au désir. Il ignorait que les facultés de l'ame sont doubles, comme nos membres et nos organes; que nous en avons en contraste, comme l'amour et la haine, et d'autres en consonnance, comme l'intelligence et la réflexion. Notre ame paraît soumise aux mêmes harmonies que notre corps, où les parties inférieures contrastent avec les supérieures, et les parties latérales consonnent et se balancent entre elles; d'ailleurs la joie et la tristesse, l'estime et le mépris, l'espérance et la crainte, sont plutôt des effets d'une passion que des passions elles-mêmes.

Le désordre de tous les systèmes de l'ame humaine vient, en grande partie, de ce que leurs auteurs n'ont pas étudié les animaux avant l'homme, ainsi que nous l'avons déjà dit. Il faut commencer par le plus simple avant de venir au plus composé. Il n'y a, selon nous, qu'une passion dans l'animal, qui résulte de son instinct; c'est l'amour de ses convenances et la haine de ses disconvenances. De là dérivent toutes les sympathies et les antipathies innées dans les animaux, comme l'instinct qui les fait naître. Les facultés de leur intelligence y ajoutent diverses modifications. Quand leur imagination combine cet amour ou cette haine, elle les porte vers l'avenir, et produit en eux l'espérance ou la crainte. Quand leur jugement s'en saisit et les applique à un objet présent, il en fait résulter l'estime ou le mépris, la joie ou la tristesse, le désir ou le dégoût, et par suite, la jouissance ou la privation. Quand leur mémoire s'en empare, elle les ramène vers le passé; elle fait naître le regret, qui s'étend aux plaisirs évanouis, et la réjouissance, qui se rapporte presque toujours aux maux évités ou passés. Ainsi la nature, harmoniant les affections de l'ame, tire souvent la peine du plaisir, et le plaisir de la peine, en opposant les effets de la mémoire à ceux de l'imagination.

On voit par cet aperçu que la plupart des passions prétendues primitives de Descartes, et de nos moralistes en général, ne sont que des modifications de l'instinct même de la puissance animale, combiné avec ses facultés intellectuelles. Si donc on voulait avoir une échelle des passions, bien plus régulière et beaucoup plus étendue que celle que le père de la philosophie, en France, avait dressée pour l'homme, il suffirait d'en rapporter les échelons aux instincts des animaux, en leur donnant pour termes extrêmes l'amour et la haine, qui forment la passion proprement dite. En prenant seulement pour exemples ceux qui n'ont d'autre but que de peupler ; et qui ont l'amour pour harmonie principale ; on aurait toutes les nuances de cette passion dans les modifications de leurs instincts. Ainsi, en les rapportant à la sphère de nos harmonies générales, et en nous bornant ici aux élémentaires, nous aurions d'abord dans celle du soleil tous ceux qui brillent des plus riches reflets de sa lumière et de ses couleurs, tels que les papillons, les colibris, les faisans, les demoiselles de Nubie, les paons, qui offrent sur leurs robes les plus brillantes parures, et dans leurs mœurs toutes les allures de la coquetterie. Ils ne cherchent dans tous leurs mouvements qu'à plaire aux yeux. Le paon, quoi qu'on en dise, se pavane, non d'orgueil, mais d'amour. Il ne cherche à subjuguer aucun oiseau, même dans son espèce ; il n'est point intolérant comme le coq ; il ne veut plaire qu'à sa femelle : c'est pour l'éblouir qu'il fait la roue ; il n'a que la conscience de sa beauté. Les volatiles de cette classe si bien parée ne sont sensibles qu'aux plaisirs des yeux ; ils ne le sont point à ceux de l'ouïe ; car ils n'ont pas de voix, ou ils n'en ont que de discordantes. On peut les comparer à nos riches petits-maîtres, qui, uniquement occupés de leur parure, ne jouissent de l'amour qu'en surface. Il n'en est pas de même de ceux dont l'instinct amoureux se combine avec les harmonies de l'air : ceux-là ne s'en tiennent pas, pour plaire, aux avantages extérieurs que la nature leur a donnés ; ils y mettent des sentiments tendres, des expressions ravissantes. A la vérité, leur plumage n'a rien d'éclatant ; mais ils charment les oreilles par des sons qui pénètrent jusqu'au cœur : tels sont les fauvettes, les linottes, les rossignols. On peut rapporter à cette classe les amants auxquels l'amour inspire des talents : tels sont, en général, les musiciens, les peintres, les poëtes, revêtus souvent, comme ces oiseaux, des livrées rembrunies d'une humble fortune. Quelques-uns de ces animaux, qui vivent dans les eaux, expriment leurs amours par les mouvements les plus voluptueux. Une des grandes jouissances des épicuriens de l'Orient, est d'avoir dans leurs jardins des bassins où nagent des poissons pourprés, dorés, argentés, connus maintenant en Europe sous le nom de poissons de la Chine. Rien n'est plus agréable que les ondulations perpétuelles de ces êtres sensibles et muets, qui donnent à leurs corps des expressions aussi amoureuses que les oiseaux en donnent à leur voix, et redoublent l'éclat de leurs couleurs par les reflets des eaux. Mais je préfère encore à la grace de leurs mouvements, celle d'une petite sarcelle de la Chine, qu'on peut voir au Jardin des Plantes. Ces charmants oiseaux, dont le mâle ressemble exactement à la femelle pour le plumage, ainsi que les pigeons et les tourterelles, n'ont que des bandes ou fascioles blanches, bleues et pourpres, à la tête et sur leurs ailes, avec une espèce d'aigrette couchée, comme celle de l'alouette. L'étang où ils vivent est fort petit, car ce n'est qu'un tonneau plein d'eau, enfoncé en terre; mais on peut dire qu'ils ne se soucient guère de l'espace qui les environne, car ils y passent leur vie, à se caresser. Ils nagent sans cesse autour l'un de l'autre, entrelaçant leurs cous, leurs becs, et se donnant les plus tendres baisers. Dans ces tournoiements perpétuels, ils font contraster leurs bandes de couleurs avec tant de rapidité, que les yeux sont éblouis, de la variété des nouvelles formes qui en résultent. C'est une flamme au sein des eaux. Ils méritent, encore mieux que les tourterelles, le nom d'oiseaux de Vénus. Ils sortirent de l'onde avec cette déesse, et se caressèrent autour d'elle en silence, tandis que les tourterelles gémissaient sur le rivage. Le Tasse, le poëte des amours, a fort bien senti la grace et les effets de ces mouvements au milieu des eaux, lorsqu'il offre aux yeux de Renaud, dans le jardin d'Armide, deux nymphes séduisantes, qui, en chantant, se disputent un prix à la nage. Le paladin est bientôt captivé. Homère, avant le Tasse, avait employé les jeux et les chants des Sirènes pour séduire le sage Ulysse. Mais le favori de Minerve échappe à leurs attraits et au naufrage, en bouchant les oreilles de ses compagnons, et en se faisant attacher au mât de son vaisseau. On peut rapporter aux amours de ces dangereuses Sirènes, ceux de nos filles de théâtre, dont la danse fait la principale séduction. Les animaux de la terre proprement dits, tels que les quadrupèdes, offrent, dans la beauté et la grandeur de leurs formes, de nouvelles harmonies en amours. Qui pourrait décrire celles des taureaux mugissants, des coursiers indomptables, des caméléopards des déserts, des éléphants colossaux et des rhinocéros, que l'Amour attelle à son char? Mais qu'est-il besoin de porter nos recherches jusque dans la zone torride? Ce dieu, cette passion, cette flamme créatrice, cette harmonie, a varié ses lois à l'infini dans cette foule d'insectes qui pullulent au sein de la terre, des forêts, des eaux et des airs. Quand je représenterais ici les amours des divers animaux que j'ai vus peints sur les quatre faces d'un cabinet du palais de l'électeur de Saxe, à Varsovie, je n'offrirais qu'un bien petit nombre des nuances innombrables de cette passion dans les animaux, depuis ceux qui s'abandonnent aux seules impulsions de la lubricité, comme les porcs et les crapauds, jusqu'à ceux qui semblent s'élever à des affections platoniques, comme les tourterelles et les rossignols. L'homme, dans ses égarements, réunit toutes les nuances de cette passion, depuis les amours du sultan qui vit dans un nombreux sérail, jusqu'aux amours si fidèles et si malheureuses d'Abélard et d'Héloïse.

Si on opposait à ce tableau celui des animaux qui sont créés pour la destruction, tels que les carnivores, on trouverait en eux toutes les gradations de la haine réparties à chacun de leurs instincts. Parmi les beaux animaux que j'ai appelés solaires, parce qu'ils vivent à la lumière du soleil, et sur-tout au sein de la zone torride, il n'y en a point de cruels. Au contraire, les animaux de nuit ont tous des couleurs ternes, et en général sont malfaisants. Un papillon de ce genre nocturne, appelé haye, à cause de son cri, porte sur son corsélet la figure d'une tête de mort; le duvet qui s'échappe de ses ailes en volant, fait beaucoup de mal aux yeux. Tous les oiseaux de nuit sont oiseaux de proie; tels que la chauve-souris, le hibou, le grand-duc, etc. Ils ont des figures et des plumages lugubres; les oiseaux de proie même sont pour la plupart oiseaux de nuit; ils ne volent guère que le matin et le soir, ou au clair de la lune. On dit que l'aigle contemple le soleil; j'en doute. Mais il ne voit point les belles contrées qu'éclaire l'astre du jour; il n'habite que les ruines des monuments, les rochers et les sommets arides des hautes montagnes. Les poëtes en ont fait l'oiseau de Jupiter et son porte-foudre, parce qu'il vit aux lieux où se forment les orages; mais il est certain qu'il voyage la nuit, témoin celui qu'un astronome de Paris aperçut tout-à-coup au bout de son télescope, en observant les étoiles. Les hommes faibles ont toujours attribué des idées honorables à tout ce qui leur faisait peur : c'est sans doute par cette raison que les bêtes de proie sont devenues, en Europe, les principales pièces des armoiries des nobles. Les voix des animaux carnassiers sont aussi désagréables que leur figure et leur plumage; ils ne font retentir les airs que de sons aigus ou glapissants. Les poissons carnivores n'ont que des couleurs livides et des formes hideuses, tels que les chiens de mer et les raies. Quant aux quadrupèdes carnassiers, comme les loups, les renards, les martres, etc., la plupart ne sortent que la nuit, et leur peau, quoique variée de quelques couleurs tranchantes, comme les bandes du tigre et les anneaux de la panthère, ne présentent que le dur contraste du fauve et du noir; on retrouve ces couleurs dans les guêpes et quelques insectes carnivores : d'ailleurs, toute cette classe d'animaux a non-seulement des couleurs contrastantes qui l'annoncent au loin pendant le jour, mais elle exhale des odeurs fortes qui la décèlent au sein des nuits les plus obscures.

Je l'ai déjà dit, qui pourrait observer tous les instincts malfaisants des bêtes de proie, y trouverait toutes les nuances et les expressions de la haine : le lâche appétit des cadavres dans le vautour, la ruse taciturne dans le renard, la trahison dans l'araignée, les cris alarmants de la terreur dans l'orfraie, la soif du sang dans la fouine, la férocité dans le tigre, la cruauté dans le loup, le despotisme furieux dans le lion. On verrait dans les serpents, les requins, les polypes marins aux longs bras armés de ventouses, et dans d'autres tribus, des animaux qui pâlissent à la vue de tout être vivant, qui se glissent pour piquer, qui rampent pour mordre, qui flattent pour déchirer, qui embrassent pour étouffer; enfin, des êtres animés de colères silencieuses, de haines caressantes, d'affections meurtrières qui n'ont point de noms dans les langues des hommes, quoiqu'ils n'en offrent que trop d'exemples dans leurs mœurs.

De la passion des animaux résulte l'action, qui est la jouissance de l'instinct combiné avec l'intelligence. Leurs actions sont raisonnées par eux, comme le prouve l'expérience; leur instinct seul n'est pas le fruit de leur raisonnement, mais il est celui de la nature; il est, ainsi que nous l'avons dit, le pré-sentiment de leurs convenances. Voici comme nous supposons le mécanisme de ces trois facultés morales, l'instinct, la passion et l'action. L'instinct est dans la tête avec l'intelligence, la passion dans le cœur, l'action dans l'organe. L'instinct donne l'idée, l'intelligence l'éprouve, le cœur la sent, l'organe l'exécute, et produit une action sur un objet extérieur. D'un autre côté, un objet extérieur produit sur l'organe une action, l'action un sentiment sur le cœur, le cœur une idée dans l'intelligence.

L'instinct nous semble être à l'ame ce que la forme est au corps. C'est lui qui la constitue douce ou méchante, industrieuse ou stupide. Il y a plus, nous sommes portés à croire que c'est lui qui organise le corps, parce que lui seul a la conscience de ses organes, et qu'il en donne l'usage à l'animal, sans que celui-ci ait la moindre idée de leur construction. L'instinct a des facultés qui correspondent aux organes : celle de voir, à la vue ; celle d'aimer, au cœur ; celle de haïr, qui est en rapport avec les armes dont l'animal est pourvu. On en peut conclure qu'il a, comme le corps, des qualités qui contrastent, et d'autres qui consonnent entre elles. En effet, il a en opposition l'amour et la haine, et en consonnance l'intelligence et la réflexion, l'imagination et la mémoire. Il y a donc toute apparence que l'instinct a existé avant le corps de l'animal, qu'il l'a organisé dans le sein maternel ; que lui seul a le secret de sa construction, de l'usage de ses organes, de leur entretien, et quelquefois de leur réparation ; que c'est lui enfin qui a le plan de la vie entière de l'animal, qu'il dirige dans son ensemble ainsi que dans tous ses détails. Une autre preuve qu'il est antérieur à l'animal, et qu'il a organisé ses parties, c'est qu'il ne se détruit jamais, ni par l'éducation, ni par les habitudes, ni par le retranchement des organes. En vain on arracherait au loup ses dents, on ne lui ôterait point son naturel carnassier. Ceux-là sont donc, pour le dire en passant, dans une erreur bien cruelle, qui mutilent des enfants mâles, croyant les délivrer pour l'avenir de la passion de l'amour. La suppression des parties de leur sexe, ne fait que redoubler dans la jeunesse les ardeurs d'un feu qui ne peut plus s'exhaler par les jouissances. Les eunuques de l'Orient ont des sérails : ils étaient hommes par l'ame avant de l'être par le corps. L'instinct donc caractérise l'animal encore plus que ses organes, puisqu'il subsiste lorsqu'ils sont détruits, et qu'il ne fait que s'accroître par leur privation.

Les instincts des animaux n'ôtent rien à l'action de la Divinité : c'est sans doute sa sagesse qui les a créés, puisqu'elle les a balancés les uns par les autres, par toute la terre. Si elle n'avait établi entre eux le plus parfait équilibre, par la diversité même de leurs qualités, les carnivores auraient bientôt détruit tous les autres. Pour moi, j'aime à concevoir l'ame d'un animal renfermée dans son corps avec son instinct, comme un passager dans un vaisseau avec un pilote chargé seul du soin de la manœuvre, sans que le premier y connaisse rien. Un corps peut renfermer plusieurs âmes, comme un arbre renferme plusieurs végétaux, ainsi que nous l'avons démontré. Un arbre greffé en porte de plusieurs espèces. Mon hypothèse est peut-être la seule qui puisse expliquer, du moins dans l'homme, les combats de ses diverses passions, ainsi que nous le verrons aux harmonies humaines.

Nous en avons dit assez sur les animaux pour faire voir qu'ils ne sont pas de simples machines passives, comme le prétendait Descartes. Selon lui, ils ne devaient leurs actions qu'à celle des objets extérieurs : autant valait dire qu'ils leur devaient aussi leurs formes et leurs organes. Au reste, ce grand homme n'en est pas moins chez nous le père de la philosophie. C'est lui qui a appris à notre raison à secouer le joug de l'autorité. Mais, comme a dit Voltaire, il nous a si bien enseigné à douter de la philosophie des anciens, qu'il nous a appris à douter de la sienne. Après tout, rien n'est plus difficile que de tracer des méthodes dans l'étude de la nature, et sur-tout dans celle de la morale. D'abord notre langue manque souvent d'expressions justes : elles sont, ou trop faibles, ou trop fortes ; quelquefois elle n'en fournit point du tout. Nos mots dérivés et composés n'ont plus la même signification que les mots simples qui les ont produits; ils sont comme certains végétaux, dont les tiges ont d'autres vertus que leurs racines. Par exemple, j'ai défini l'instinct le pré-sentiment des convenances de l'animal. Pour conserver au mot pré-sentiment la signification que je lui donne, je suis obligé de séparer la particule *pré*, qui signifie *avant*, du mot sentiment : alors il signifie avant-sentiment, qui dit plus, ce me semble, que pressentiment, qui ne signifie guère qu'un sentiment douteux et confus de ce qui doit arriver; tandis que l'avant-sentiment de l'instinct dans l'animal, est sûr, décidé et clairvoyant.

Il en est de même des mots re-gret et ré-jouissance, que j'ai employés au même lieu, comme des effets de l'instinct combiné avec la mémoire. La particule *re* paraît une abréviation du mot latin *iterum*, ou de son vieux synonyme français, *derechef*. Ainsi, re-gret et re-grettable, viennent de *iterum gratus*, derechef agréable, et ré-jouissant de *iterum gaudens*, derechef jouissant. Celui-ci signifie, dans l'origine, jouissant une seconde fois, si on en sépare la particule *re* ; car, en le joignant immédiatement avec elle, il ne comporte qu'une idée unique de joie. Ce qu'il y a de singulier, c'est que ces deux mots composés, ayant deux racines du même sens à-peu-près et la même préposition, ils aient un sens tout-à-fait opposé; car le regret apporte de la peine, et la réjouissance du plaisir : c'est que le regret se porte sur les plaisirs perdus, et la réjouissance sur les plaisirs retrouvés.

En général, les mots composés ont beaucoup plus de force que leurs racines ; mais ils présentent souvent un tout autre sens. Tels sont ceux où entre la particule *in*, négative lorsqu'elle est synonyme de non. *Infans*, enfant, dit plus que *non fans*, qui ne parle pas ; insolent, que *non solens*, qui n'a pas coutume ; injurieux, que *non habens jus*, qui n'a pas droit ; impertinent, que *cui non pertinet*, à qui il n'appartient pas ; infidèle, que non fidèle ; impiété, qui suppose une injure à l'égard de la Divinité, que la non piété, qui n'affirme que de l'indifférence ; incrédulité, refus de croire par orgueil, vice du cœur, que la non crédulité, qualité du jugement ; car la crédulité est elle-même un défaut de l'esprit : d'où l'on voit qu'en séparant simplement d'un trait des mots composés, on leur donne quelquefois un sens différent de celui qu'ils avaient dans leur composition. Souvent ce nouveau sens est plus faible : *Vis unita major*, les forces augmentent par leur union.

Ce qu'il y a de plus embarrassant, c'est que ces particules adjectives ont souvent des significations opposées. Ainsi, *in*, privatif et expulsif dans les exemples ci-dessus, est positif et collectif dans incorporé, incarcéré ; mais ce qu'il y a de plus singulier, c'est qu'il signifie à-la-fois dedans et dehors dans les mêmes dérivés. Incorporé veut dire entré dans un corps, et *incorporable*, qui n'y est pas encore entré. Il en est de même d'incarcéré et d'incarcérable. Au reste, j'aurai attention de séparer par un simple trait les mots composés, de leurs prépositions, lorsque j'aurai besoin de les ramener à leur signification primitive; ce qui sera plus expédient qu'une périphrase, et plus usité qu'un mot nouveau.

Quant aux mots collectifs de règnes, de classes, d'ordres, de familles, de genres, d'espèces et de variétés, dont se servent les naturalistes, ils ont sans doute beaucoup d'insignifiance, d'arbitraire et de confusion. Le règne ne convient qu'à Dieu, comme nous l'avons dit dès le commencement de ces harmonies. La classe ne signifie qu'une agrégation, qui se rapporte autant au genre qu'aux ordres mêmes. L'ordre s'applique à tout ce qui est ordonné. La famille comporte l'idée de parenté, et convient encore mieux aux individus de la même variété, aux variétés de la même espèce, et aux espèces du même genre, qu'à des genres rapprochés, auxquels on l'applique, parce que ceux-ci ont entre eux moins de ressemblance. Celui de genre a une signification plus déterminée, parce qu'il engendre en effet les espèces. Nous avons suppléé à la plupart de ces noms en y substituant ceux de puissances, d'harmonies, de genres et d'espèces.

Malgré les embarras, l'insuffisance de notre langue, et les préjugés qui enveloppent notre raison, nous allons tâcher de donner une idée de la puissance animale et de ses développements. Comme les premiers navigateurs, qui se hasardèrent en pleine mer sans octant et sans boussole, vinrent cependant à découvrir les principales parties du globe en lâchant de temps en temps dans les airs un oiseau de terre, afin de découvrir par son vol et son instinct les îles qu'ils n'apercevaient pas sur leur horizon : ainsi, en consultant l'instinct des animaux comme le vol de leur ame, nous pourrons faire quelque découverte dans la sphère immense de la vie, et en déterminer au moins les principaux cercles. C'est ainsi que Noé, sous un ciel nébuleux, jugea, par le vol du corbeau et celui de la colombe, de l'état de la terre inondée par l'Océan. Ce fut surtout l'oiseau des amours qui, en lui rapportant un rameau vert d'olivier, lui fit juger que les montagnes apparaissaient au-dessus des eaux et devenaient habitables. Pour connaître donc les premières bases de la puissance animale, et même de la puissance humaine, nous nous guiderons aussi par leurs amours.

Les animaux doivent leurs noms, comme nous

l'avons déjà dit, au mot *anima*, *ame*, parce qu'ils sont animés. Du mot ame nous avons dérivé celui d'aimer, parce que la nature de l'ame est d'aimer. En effet, toutes ses affections ne sont que des amours, tels que l'amour de soi, l'amour de ses convenances, l'amour fraternel, conjugal, maternel. La cruauté même des bêtes féroces, ce principe de haine qui les anime contre d'autres espèces, n'est qu'un amour du sang et du carnage.

Les ames sont pré-existantes au corps des animaux ; ce sont elles qui le forment dans le sein maternel par la médiation même des amours. Le soleil et la lune en sont les premiers moteurs ; car leur gestation, leur naissance, leurs développements, leurs amours et leur mort, sont réglés dans chaque espèce d'après les diverses phases et périodes de ces astres. L'ame d'un animal n'est pas simple ; elle a deux facultés en consonnance, l'intelligence et la réflexion. Il ne suffirait pas à un animal d'avoir les idées de ses besoins par l'instinct ou l'intelligence ; s'il ne les rapportait à soi-même par la réflexion, elles ne se présenteraient à son ame que comme des images dans un miroir, il ne les verrait que comme des idées qui lui seraient étrangères ; mais c'est en se les appliquant par la réflexion, qu'il procède à l'action qui les suit. C'est ainsi que si son corps n'était formé que de sa moitié droite, encore que cette moitié renfermât tous ses organes, il resterait sans action, ne pouvant ni marcher, ni manger, ni se reproduire. Son ame est donc composée de deux moitiés en consonnance avec les mêmes facultés, comme son corps est formé de deux moitiés en consonnance avec les mêmes organes. Or, comme c'est l'ame qui développe le corps dans le sein maternel, on en peut conclure que les harmonies morales précèdent et ordonnent les physiques, et que la fraternelle est la première de toutes. C'est cette même harmonie fraternelle qui assemble, non-seulement les deux moitiés de la même ame et du même corps, en les rendant semblables, mais les ames des ames, et en forme des familles et des tribus. L'ame a deux moitiés en consonnance, elle en a aussi deux en contraste comme le corps; elle a ses inimitiés comme ses amitiés au dedans d'elle-même et au dehors : c'est ce que nous verrons aux harmonies fraternelles, positives et négatives. Non-seulement l'ame d'un animal n'est pas simple, mais elle n'est pas unique; elle semble composée de plusieurs ames qui agissent toutefois de concert, comme le corps lui-même est formé de plusieurs matières différentes, telles que les nerfs, la chair, les os, qui sont en harmonie. Au reste, il ne doit pas nous paraître plus étrange de concevoir plusieurs ames renfermées dans la peau d'un seul animal, que plusieurs végétaux sous l'écorce du même végétal, et d'y en voir même de greffés d'espèces différentes. La lumière du soleil, si pure, ne renferme-t-elle pas toutes les couleurs ?

Depuis le lumbis ou ver de terre, tout nu, qui n'a pas l'industrie de se revêtir d'un fourreau, jusqu'à Newton, qui forma un système du monde, nous distinguons cinq genres d'ames, l'élémentaire, la végétale, l'animale, l'intelligente, et la céleste. Les quatre premières appartiennent au plus petit insecte, et la cinquième à l'homme seul.

L'ame élémentaire des animaux est ce premier principe de l'existence qui leur est commun avec tous les corps, c'est l'attraction. L'attraction paraît adhérente à la matière; elle agit sur le rayon de lumière qu'elle détourne vers l'angle d'un corps qu'on en approche; elle arrondit en goutte de pluie la vapeur qui nage en l'air, et la cristallise en étoiles de neige à six rayons lorsqu'elle s'en échappe. Elle agrège dans le sein de la terre les grains de sable en cristaux, et les métaux en pyrites; elle fait monter la sève dans les vaisseaux capillaires des végétaux, et circuler le sang dans les veines des animaux; elle agit sur-tout sur leurs nerfs, dont elle paraît être le premier mobile; elle semble se décomposer ou se composer en magnétisme, en électricité, en feu et en lumière. Le grand foyer de l'attraction est le soleil, qui l'exerce sur tous les corps planétaires qu'il fait tourner autour de lui. Ceux-ci en sont pénétrés, et l'exercent à leur tour sur les satellites qui tournent autour d'eux, et tous ensemble sur les corps qui sont fixés à leur circonférence par la pesanteur, ou qui se meuvent sur elle, parce qu'ils paraissent avoir en eux un principe isolé d'attraction : tels sont les animaux. Les réservoirs et les conducteurs de l'attraction sont principalement les corps planétaires dans les cieux, et les métaux sur la terre. Les uns et les autres paraissent être en harmonie. Leur analogie se manifeste d'abord par l'identité de leurs noms dans l'ancienne chimie, ensuite par leur éclat, leur pesanteur, et leurs influences; car la valeur des métaux, parmi les hommes dans la zone torride, est dans la raison composée de leur distance de la terre et du soleil. L'or, par exemple, le plus pesant des métaux, a des rapports frappants avec le soleil par son poids, son incorruptibilité, sa couleur jaune, son éclat, sa ductilité, qui approche de celle de la lumière, et parce qu'il est le premier mobile des sociétés humaines, comme le soleil l'est du système planétaire. La lune, après le soleil, a le plus d'influence sur la terre, dans un rapport égal à celui que l'argent, qui lui est analogue par sa blancheur, a avec l'or : c'est-à-dire que l'argent, à son tour analogue à la lune par son éclat et son nom, ne vaut sous la Ligne qu'un peu plus de la douzième partie de l'or. Ainsi sa valeur est avec celle de l'or dans la même proportion que la lumière de la lune avec celle du soleil, puisqu'il faut environ douze mois et demi lunaires pour composer une année solaire, ou, si l'on veut, parce que la lumière de la lune est douze fois et demie plus faible, comme je crois m'en être assuré. On pourra voir, aux harmonies solaires, les harmonies des autres métaux avec les autres planètes; mais ce que je ne me rappelle pas y avoir dit, c'est que le platine, qui n'est, pour ainsi dire, pour nous qu'un métal de pure curiosité, a été découvert à-peu-près en même temps que la planète si éloignée d'Herschell. Il en est de même de plusieurs métaux, trouvés de nos jours aux mêmes époques que plusieurs satellites.

On me dira peut-être que je renouvelle d'anciennes erreurs par des rapprochements fort éloignés; mais je ne fais que suivre les ruines de l'ancien temple de la science, qui a été élevé bien plus haut que nous ne croyons : d'ailleurs tout est lié dans la nature. Les couches concentriques d'un ognon sont en harmonie avec les mois de la lune, et celles d'un arbre avec les années du soleil : pourquoi l'argent et l'or n'y seraient-ils pas avec ces deux astres ? Plusieurs métaux ont, comme les planètes, des principes connus d'attraction. L'or attire le mercure, que le soleil volatilise ; et l'aimant le fer.

Il paraît donc constant que les métaux ont des analogies avec les planètes par leur pesanteur, leur éclat, leurs attractions; ils en ont encore par leur électricité, dont le soleil est la source. Non-seulement ils en sont les conducteurs, mais les foyers permanents : c'est ce que prouvent les expériences du galvanisme, dont nous parlerons bientôt. En attendant, nous observerons que l'électricité est un fluide de feu, souvent non apparent, qui circule dans tous les corps, et passe de ceux qui en ont plus dans ceux qui en ont moins. Elle est divisée par ses effets en électricité positive et en électricité négative, et peut-être le serait-elle même en active et en passive.

Elle paraît un des premiers mobiles de la végétation et de l'animation. C'est après les orages les plus fulminants que les plantes végètent, fleurissent et fructifient avec le plus de vigueur ; c'est encore alors que les générations des insectes se multiplient avec tant de rapidité, que le vulgaire les croit quelquefois tombés du ciel. L'électricité semble être le flambeau des amours; elle en allume les feux dans l'âge adulte. De ces feux électriques, les uns sont soli-lunaires, et les autres luni-solaires. Les soli-lunaires se manifestent dans la vie des animaux mâles, dans les parures de leurs corps, qu'ils revêtent de couleurs plus vives, sur-tout ceux des mâles; dans les oiseaux, et même dans les quadrupèdes carnassiers, dont les yeux brillent dans l'obscurité, et dont les poils se hérissent et jettent des étincelles.

Nous sommes tentés de croire que l'électricité se communique aux plantes par l'entremise des métaux. Sans rapporter ici des exemples extraordinaires consignés dans des recueils savants, tels que celui d'un cep de vigne de Tokai en Hongrie, qui avait crû sur une mine d'or, et dans les feuilles duquel on trouva des filets d'or, nous citerons les expériences faites par un grand nombre de naturalistes, entre autres par le célèbre Geoffroy : elles prouvent qu'il n'y a pas un seul végétal dans les cendres duquel on ne trouve du fer. On peut aisément concevoir que ce métal, qui est dissous en particules invisibles dans les eaux ferrugineuses, se mêle à la sève des végétaux ; mais comme nous savons, d'un autre côté, qu'il est un des plus puissants conducteurs de l'électricité, nous ne nous éloignerons pas de là vraisemblance en le regardant comme la cause de ses phénomènes dans la végétation. Il se manifeste sur-tout dans les fleurs rouges ; car c'est lui qui leur donne cette couleur, comme j'en ai vu l'expérience sur une rose.

Le fer existe pareillement dans les animaux. Il donne à leur sang la couleur rouge ; il s'y fait sentir au goût même par une saveur ferrugineuse. C'est par le fer que le sang de bœuf contient, que, lorsqu'il est brûlé, il prend une couleur bleue, et devient ce qu'on appelle bleu de Prusse. Il est donc certain que le fer donne aux végétaux et aux animaux les couleurs rouge et bleue, et toutes les harmonies qui en dépendent, comme l'orangée, la pourprée, la violette. On pourrait y joindre encore la couleur noire, comme le prouve la teinture qui résulte de la combinaison de la noix de galle et du fer.

Si nous avons découvert que le fer entre dans la composition des végétaux et des animaux, c'est par le moyen de leur cinération et de l'aimant. Si on eût fait les mêmes expériences sur leurs cendres avec le mercure, qui est l'aimant de l'or, peut-être y aurait-on trouvé des parcelles de ce métal. Je suis porté à croire que les végétaux et les animaux qui ont des couleurs jaunes, les doivent à une teinture d'or. J'ai ouï dire au savant chimiste Sage, auquel j'ai vu faire les expériences sur le rouge des fleurs, du vin et du sang, que la couleur jaune annonçait dans les cailloux la présence de l'or. Pourquoi n'indiquerait-elle pas aussi ce riche métal dans les végétaux et les animaux? C'est la couleur du soleil, ou du moins la première décomposition de ses rayons, qui paraissent un or volatilisé. J'ai avancé quelque part que le diamant était une concrétion de sa lumière. Je hasardais cette opinion sur ce qu'en brûlant le diamant dans un creuset, il ne restait aucune matière. Une expérience du chimiste Morveau vient d'y trouver pour résidu un acide carbonique, au moyen duquel il a fait de l'acier. Il en conclut que le diamant est un charbon. Il reste à savoir si c'est le feu de l'expérience, ou le soleil, qui en a fait un charbon. Ce serait, dans cette dernière supposition, celui de la lumière, dont l'or, d'un autre côté, semble être une concrétion. Ce qu'il y a de certain, c'est que le soleil ne forme l'un et l'autre que dans la zone torride, comme on le voit par les latitudes des mines d'or et de diamants. S'il se trouve de l'or hors des tropiques, c'est que la mine qui le fournit, y a été renfermée autrefois, comme je l'ai prouvé; d'un autre côté, par les fossiles des végétaux et des animaux torridiens qui sont dans leur voisinage. Il y a des mines d'or en Sibérie; mais il y a aussi beaucoup de débris de palmiers, de squelettes et de dents d'éléphants. Quant aux diamants, je n'ai pas ouï dire qu'on en eût encore trouvé dans les zones tempérées ou glaciales, peut-être faute de les y avoir cherchés. Un diamant brut ne se découvre pas comme l'or par son éclat, car il ne ressemble qu'à un grain de sel; mais il a ceci de commun avec l'or, qu'il est le plus pesant de tous les cailloux non métallisés, comme l'or est le plus lourd des métaux.

Si donc la terre, sous l'influence la plus active

du soleil, sert de matrice à l'or, pourquoi les végétaux et les animaux qui pompent ses rayons, et combinent en leur propre substance leurs particules ignées, ne renfermeraient-ils pas aussi des parcelles d'or, comme ils en contiennent de fer ? Il est très-remarquable que la couleur jaune, indicatrice de l'or dans les pierres, se manifeste dans la plupart des germes des semences, et surtout dans cette poussière jaune des anthères qui féconde leurs fleurs. Presque toutes les anthères des fleurs sont jaunes, et elles sont placées au foyer d'un réverbère formé par des pétales, dont les courbes réfléchissent sur ces parties masculines toutes les influences des rayons du soleil. Au contraire, les stigmates, ou ouvertures du pistil, qui en sont les parties féminines, sont blancs, et semblent établir, par leur couleur, d'autres rapports avec les influences des rayons de la lune. Les fleurs de quelques plantes paraissent phosphoriques la nuit, entre autres la capucine. Enfin, lorsque les végétaux viennent à se décomposer, les feux dont ils s'étaient imbibés, semblent s'en dégager en partie, et apparaissent en lueurs bleuâtres : telles sont celles des bois pourris.

Les mêmes effets de la lumière et de l'électricité peuvent se reconnaître dans les animaux. Leur cerveau et leurs nerfs, qui sont en quelque sorte leurs premiers germes, sont d'un blanc mêlé de jaune. Leurs nerfs sont, comme les fils d'or et d'argent, de puissants conducteurs de l'électricité. Celui qui aboutit à leurs yeux, les rend quelquefois étincelants dans les transports de l'amour ou de la colère. Enfin, dans la dissolution des animaux, les particules de la lumière qui entraient dans leur composition, se manifestent souvent en lueurs phosphoriques, sur-tout dans les poissons marins, parce que la mer est le grand réceptacle des éléments. Elle est si imprégnée de celui du feu entre les tropiques, qu'elle en paraît la nuit toute lumineuse ; mais lorsqu'elle flue de la zône torride vers notre pôle, pendant notre hiver, non-seulement elle en adoucit la rigueur sur nos côtes, en attiédissant leur atmosphère par sa chaleur, mais elle est peut-être, par ses émanations phosphoriques et ses ondulations, la cause de ces aurores boréales ondoyantes qui, l'hiver, éclairent les nuits des contrées septentrionales, et qui n'y apparaissent qu'après l'équinoxe d'automne, époque de sa révolution du midi au nord. Non-seulement l'attraction, le magnétisme, l'électricité et la lumière sont dans les métaux, les végétaux et les animaux ; mais le feu lui-même qui les produit, y est en nature et dans un état de repos, que le mouvement manifeste. Des physiciens suédois viennent de produire, par le simple frottement de deux plaques de fer, une chaleur qui fait bouillir de l'eau dans un vase, sans que ces deux plaques s'usent sensiblement. C'est un nouveau moyen de se chauffer. Nous ne pouvons pas douter que le bois ne contienne beaucoup de feu, puisqu'il en fournit sans cesse à nos foyers.

Quant aux animaux, leur chaleur manifeste assez le feu qui les anime. L'homme en est le mieux pourvu; sa chaleur naturelle est la même que celle qui fait éclore les œufs des oiseaux; il peut l'augmenter par le simple frottement de ses membres : ils produisent alors de la chaleur, comme les deux plaques de fer de l'expérience suédoise; c'est une preuve de plus des rapports des nerfs avec les métaux. Les uns et les autres sont aussi des conducteurs et des foyers de l'électricité, comme nous le verrons par l'expérience du galvanisme.

Un animal a, avec son âme élémentaire, une âme végétale qui en est très-distincte. S'il n'avait qu'une âme élémentaire, elle mettrait son corps en boule par son attraction, ou en aigrette par son électricité, ou en telle autre forme analogue à celle des cristaux ou des pyrites. Mais l'âme végétale a, si j'ose dire, sous ses ordres la première avec toutes ses facultés mécaniques. Je la compare à un maçon servi par un apprenti qui lui apporte tous les matériaux dont il a besoin; tandis qu'il les dispose par assises et par chaînes pour élever son édifice. L'âme végétale organise le corps d'un animal ainsi que celui d'un végétal, mais d'une manière plus régulière, et sans contredit beaucoup plus compliquée. Elle le symétrise d'abord dans le sein maternel en deux moitiés parfaitement semblables, et en deux moitiés opposées tout-à-fait différentes. Après avoir établi ces consonnances et ces contrastes, elle développe et façonne son cerveau, ses nerfs, son cœur, ses veines, ses chairs, ses os, ses entrailles, sans qu'il en sente rien. Venu à la lumière, elle entretient la respiration de son poumon et la circulation de son sang, même pendant son sommeil, sans qu'il s'en mêle en aucune manière. Elle fait de même toutes les fonctions de sa digestion et de sa nourriture, au moyen de ses intestins, qui sont comme autant de racines. S'il vient à être blessé, elle répare ses plaies, et les cicatrise en les recouvrant d'une nouvelle peau. Quelquefois elle lui engendre des membres tout entiers quand il les a perdus, comme on le voit dans les crabes, dont les pates repoussent toutes façonnées, avec leurs articulations et leurs pinces. Elle fabrique de nouveaux bras à ces crustacées, comme aux arbres de nouvelles branches. Que dis-je! elle produit sur les corps des animaux plusieurs espèces de végétaux qui, toutefois, ne fleurissent et ne fructifient point, quoique bien enracinés : tels sont les poils, les plumes, les écailles, les ongles, les cornes. Chacune de ces végétations a ses lois particulières : les cornes lisses des bœufs sont permanentes, et les bois fourchus des cerfs tombent tous les ans. Elle varie à l'infini les formes des animaux ; cependant elle ne s'écarte jamais des lois des consonnances et des contrastes, qui composent chacun d'eux de deux moitiés égales et de deux moitiés opposées. Il est bien certain que chaque animal a en lui une ame végétale qui s'occupe de tous ces soins. Mais ce qui paraît le plus étonnant, c'est que pendant qu'elle développe en lui, je suppose, les parties du sexe mâle, une autre ame, souvent fort loin de là, fabrique à un animal de la même espèce les parties du sexe femelle ; et, comme si elles pouvaient s'entendre, elles leur donnent un instinct commun pour se rapprocher, et des formes ou des couleurs différentes pour se reconnaître. Les amours des animaux, comme ceux des végétaux, sont réglés sur les diverses périodes du soleil et de la lune. Lorsque la femelle est fécondée, elle reproduit de nouvelles ames. L'amour est une flamme qui, comme celle du feu, se communique et se multiplie sans s'affaiblir. Ce sont les astres des jours et des nuits qui en sont les premiers mobiles. La terre, dans sa course journalière et annuelle, déploie en spirale la circonférence de ses deux hémisphères ; le soleil l'entoure de ses rayons, comme de fils d'or tendus sur un métier; la lune, semblable à une navette céleste, les croise et les entrelace de ses rayons d'argent. Les végétaux et les animaux éclosent, se développent, et se perpétuent par ces harmonies soli-lunaires et luni-solaires : on ne peut en douter; mais comment celles-ci auraient-elles le pouvoir de créer des ames végétales si intelligentes, et de les mettre en rapport entre elles et avec les éléments? Comment, d'un autre côté, ces ames, séparées de ces rayons et renfermées dans des corps isolés, auraient-elles le pouvoir de les réparer et de les reproduire? Il faut donc admettre nécessairement une ame universelle souverainement puissante et intelligente, qui a créé d'abord et organisé des germes divers pour en composer l'ensemble du monde, et a donné à l'astre du jour et à celui des nuits le pouvoir de les développer par des ames mécaniques; ou, ce qui revient au même, qui a créé des ames végétales pour organiser la matière, et donné au soleil et à la lune de les mettre en activité. Si on peut comparer la faible industrie de l'homme à celle de l'Être suprême, ces ames mécaniques ou végétales ressemblent à ces machines conçues par un savant artiste, et dont les forces mises en mouvement par l'action du feu, ou par le cours des vents et des ruisseaux, expriment des liqueurs, pulvérisent des grains en farines, scient des planches, frappent même des monnaies avec leurs légendes, sans que ces moteurs si ingénieux aient le sentiment et la connaissance de leurs opérations.

L'ame végétale de l'homme réunit et développe dans son corps les plus belles formes, qui ne sont que réparties dans le corps des animaux; elle fixe sa taille et ses forces, avec une proportion admirable. Ainsi, en lui faisant occuper le centre de la sphère de leur puissance, elle lui en assure l'empire. C'est ce que nous verrons plus en détail, lorsque nous nous occuperons de l'ensemble du corps de l'homme, aux harmonies humaines.

Après les ames élémentaires et végétales des animaux, qui ne sont que des espèces d'aimants insensibles, nous en distinguons une troisième, qui est l'ame animale : c'est l'ame proprement dite. Elle donne son nom à l'animal, parce qu'elle l'anime; elle seule a le sentiment de son existence et de celle du corps; elle a la conscience de ses organes, dont elle fait usage sans rien comprendre à sa construction; elle est occupée principalement du soin de lui fournir des aliments, dont le premier est encore le feu solaire fixe, et combiné, comme nous l'avons vu, avec la substance des végétaux : il passe de là dans la chair des animaux, dont il entretient la vie. Ce feu nourricier s'y fixe encore pour servir, après leur mort, de pâture aux bêtes carnassières. Il ne s'harmonie point ainsi avec la terre, car les animaux n'en font point leur nourriture. Les substances végétales et animales sont les seules qui s'imbibent, comme des éponges, de ce feu alimentaire, auquel l'homme ajoute encore, pour ses besoins, le secours du feu terrestre.

L'ame animale est la seule qui soit susceptible de douleur et de plaisir, par l'entremise des nerfs répandus dans toutes les habitudes du corps, et sur-tout à la peau. Ce sont eux qui l'avertissent des dangers du corps par le tact ; elle ne sent plus rien, s'ils viennent à être paralysés. Le foyer de ses sensations est au cœur ; c'est encore là que réside l'instinct avec ses passions, dont la principale est l'amour de soi, qui se décompose dans chaque animal en amour de ses convenances et en haine de ses disconvenances ; mobiles de toutes ses actions.

Les ames élémentaires et végétales agissent toutes par des lois communes à tous les animaux ; elles sont si semblables dans chacun d'eux, qu'on est tenté de croire que c'est une ame universelle qui forme leur corps, l'entretient et le répare. Ces ames assemblent de la même manière le fœtus du loup et celui de l'agneau dans le sein maternel ; elles opèrent aussi également dans leur estomac la circulation du sang, la digestion, la nutrition, quoique l'un soit carnivore, et l'autre herbivore : mais l'ame animale est particulière à chacun d'eux, chacune a son instinct qui lui est propre. Celle du loup lui inspire, dès la naissance, le goût de la chair et du sang ; et celle de l'agneau, celui des herbes tendres et des ruisseaux limpides. Celle du loup diffère même de celle du chien, quoique leurs corps aient tant de ressemblance. L'instinct du loup l'éloigne de l'homme, et celui du chien l'en rapproche, sans que l'éducation et les habitudes puissent altérer ces différences. Chacun d'eux apporte en naissant son caractère paternel, dont l'empreinte est ineffaçable ; leur âme a préexisté à leur corps. Je suis très-porté à croire que c'est elle qui le façonne et lui donne sa physionomie ; elle imprime à celle du loup des traits féroces, que l'œil inattentif de l'homme confond avec ceux du chien de berger, souvent aussi hérissé que le loup ; mais l'agneau ne s'y méprend jamais : il distingue, au premier aperçu, au simple flairer, son tyran de son défenseur.

D'où viennent ces haines et ces affections innées ? Je n'en sais rien ; je vois bien que les résultats en sont bons, et qu'ils sont relatifs à l'homme. Il est certain que les animaux frugivores et herbivores auraient bientôt dépouillé la terre de tous ses végétaux, si les bêtes de proie n'en arrêtaient la population : d'un autre côté, celles-ci, en se multipliant, détruiraient bientôt toutes les espèces animées, si l'homme, à son tour, ne leur servait d'obstacle. Au fond, dans cette lutte meurtrière, on ne peut accuser la nature d'injustice et de cruauté. Quand elle fait manger un animal par un autre animal, elle n'enlève pas, comme un brigand à l'égard d'un autre homme, une vie qui ne lui appartient pas. C'est elle qui a tout donné à tous, elle peut donc tout leur reprendre ; elle a tiré du fleuve de la vie une infinité de ruisseaux qu'elle fait circuler sur la terre, elle peut les faire passer les uns dans les autres à son gré. La mort n'est pour chaque animal qu'une modification de son existence, sa vie est transportée de son corps dans celui qui l'a dévoré ; cependant l'ame qui l'animait a une autre destinée. L'ame de l'agneau ne passe point dans celle du loup : son sang si doux ne fait qu'accroître la soif cruelle de son tyran. Que deviennent donc à la fin l'ame innocente de l'un, et l'ame féroce de l'autre ? Je l'avoue, je ne sais pas plus où elles vont que d'où elles viennent. Cependant, s'il m'est permis dans un sujet si obscur de hasarder quelques conjectures, je serais porté à croire à la métempsycose, comme les Indiens. Ces peuples, les plus anciens de la terre, pensent, d'après les traditions de la plus profonde antiquité, que les ames des hommes passent, après la mort, dans le corps des animaux, suivant les passions qui les ont dominés pendant leur vie : celles des cruels, dans les tigres et les lions; des politiques perfides, dans les renards et les serpents; des gourmands, dans les porcs, etc. Il est certain que l'homme réunit en lui les passions de tous les animaux, et que celle qui y devient dominante ou par la nature ou par l'habitude, se manifeste dans sa physionomie par les traits de l'animal qui en est le type. On prétend qu'on peut en reconnaître l'expression en mettant sa main sur sa bouche, et ne laissant apparaître que le front, les yeux et le nez. Jean-Baptiste Porta a tracé des visages qui ont des traits sensibles de bœuf, de tigre, de porc, etc. Mirabeau, un des premiers moteurs de notre révolution, avait dans sa large tête, ses petits yeux et ses mâchoires proéminentes, je ne sais quoi de la hure d'un sanglier. J'ai vu telle femme à grand nez recourbé, et à petite bouche vermeille, qui ressemblait fort bien à une perruche. Enfin, l'homme et la femme sont susceptibles de toutes les passions des animaux, de leurs jouissances et de leurs maladies; le soleil et la lune en développent les diverses périodes.

Enfin, une quatrième ame se manifeste dans les animaux, c'est l'intelligente : c'est elle qui gouverne l'ame animale; elle a en partage l'imagination, le jugement et la mémoire; comme l'autre, l'instinct, la passion et l'action. L'âme intelligente réside dans le cerveau, et l'animale dans le cœur; chaque espèce d'animal a une portion de l'une et de l'autre, qui lui est particulière et qui la caractérise. La fourmi républicaine, comme l'abeille, aime aussi le miel; mais elle ne s'avise point de le recueillir sur les fleurs, et d'en faire des ruches dans ses souterrains; elle ne s'occupe qu'à y ramasser les débris des végétaux et des animaux, pour lesquels la nature l'a destinée. L'ame intelligente de chaque espèce d'animal n'est qu'un rayon particulier de la sphère de l'intelligence commune à tous les animaux, comme son ame animale n'est qu'un rayon de la sphère de leurs passions.

L'homme seul réunit en lui la plénitude de ces deux sphères; il est susceptible de toutes les industries comme de toutes les jouissances: on l'appelle par excellence l'animal raisonnable, parce que son esprit est susceptible de concevoir toutes les raisons ou les rapports des êtres; on pourrait le nommer encore par excellence l'animal animé, parce que son cœur est susceptible de toutes les passions des animaux.

Mais il a une ame bien supérieure aux deux précédentes, c'est une ame céleste. Il est le seul des animaux qui ait le sentiment de la Divinité; c'est là son instinct proprement dit. Celui de chaque être sensible l'attache à un site, à une plante, et celui de l'homme à Dieu. Ce sentiment naît avec lui et étend ses désirs au-delà de son horizon et de sa vie ; il est commun aux peuples sauvages comme aux peuples civilisés. C'est au sentiment de l'existence d'un Dieu que l'homme doit celui de l'infini, de l'universalité, de la gloire, de l'immortalité, lequel venant à s'harmonier avec son intelligence, lui a fait faire tant de progrès dans les sciences et dans les arts, et donne tant d'étendue à ses passions lorsqu'il se combine avec elles. C'est à cet instinct de la Divinité qu'il doit celui de la vertu, qui règle ses innombrables désirs vers le bonheur de ses semblables, dans la crainte ou l'espérance que lui inspire le sentiment d'un Être suprême, vengeur et rémunérateur. Cet instinct céleste est le fondement naturel de toute société humaine. Il a aussi des instincts animaux : tels sont les sympathies et les antipathies, les goûts et les répugnances pour certains états, qui produisent ou de grands talents, ou des non succès. Ces sentiments sont innés, et l'éducation ne peut les surmonter ; mais celui qui domine tout homme au sein de la nature, est le sentiment de son auteur, et c'est peut-être à ce sentiment qu'il doit celui de cette sphère universelle d'intelligence qui le rend si supérieur aux autres animaux. Ce qu'il y a de certain, c'est que les plus savants des hommes, les Socrate, les Platon, les Newton, ont été aussi les plus religieux. Nous développerons les effets de l'ame céleste aux harmonies humaines.

Résumons ce que nous venons de dire sur les diverses ames et leurs facultés principales. L'ame élémentaire, qui ne paraît être que le feu solaire, produit l'attraction, l'électricité, le magnétisme; l'ame végétale, les formes, les amours, les générations; l'animale, l'instinct, la passion, l'action; l'intellectuelle, l'imagination, le jugement, la mémoire; la céleste, le sentiment de la vertu, de la gloire, de l'immortalité. Toutes ces ames ont des harmonies avec le soleil.

Mais, me dira-t-on, peut-on supposer ainsi plusieurs ames renfermées dans un seul corps? Sans doute, comme j'ai supposé et démontré plusieurs couleurs renfermées dans un même rayon de lumière, plusieurs qualités dans le feu, telles que l'attraction, l'électricité; plusieurs airs dans l'atmosphère, plusieurs eaux dans l'Océan, plusieurs matières de différente nature dans le même minéral, plusieurs végétaux, et, qui plus est, de diverses espèces, dans le même végétal, comme dans un arbre greffé. Mais, comment des ames si différentes entre elles, peuvent-elles agir de concert dans une même action? Ce qui prouve leur différence, c'est qu'elles ne sont pas toujours d'accord. Je vais tâcher de faire comprendre leurs actions et leurs réactions par une comparaison bien simple.

En prenant pour termes extrêmes de la vie animale le ver de terre tout nu, qui, moins industrieux que l'huître, n'a pas l'intelligence de se revêtir d'une coquille, et en suivant jusqu'à l'homme qui a inventé tant de sciences et d'arts, nous comparerons tous les degrés d'intelligence des animaux destinés à voguer sur l'océan de la vie, aux diverses embarcations que l'homme a imaginées pour naviguer sur les eaux, depuis le tronc flottant d'un arbre qui sert au sauvage à traverser une rivière, jusqu'au vaisseau équipé de tous les arts et sciences nautiques, construit pour faire le tour du monde. Nous trouverons dans les intermédiaires la balse, la pirogue, la yole, le canot, la chaloupe, la goêlette, le brigantin, la frégate, et nous arriverons à nos gros vaisseaux de guerre, armés de cent canons et au-delà. Voilà pour les formes des corps des animaux. Quant aux ames et aux facultés qui les animent, nous comparons l'élémentaire aux mineurs, bûcherons, tisserands et cordiers, qui fournissent les premiers matériaux du navire, sans connaître l'usage qu'on en doit faire; l'ame végétale, aux forgerons, charpentiers et calfats, qui les emploient d'après les plans et proportions que leur donne la nature, ce savant ingénieur. Ils sont aussi chargés des réparations, et pour cela ils sont répandus dans tout le corps. L'ame animale, avec ses passions, ressemble à l'équipage, composé de matelots placés chacun à leur poste, et toujours prêts à obéir au maître et au contre-maître, qui résident au cœur. L'ame raisonnable, avec ses facultés intellectuelles, placée dans le cerveau étroit des animaux, est comme le pilote et ses aides, dont la cabane est située près du gouvernail et de la boussole. Il dirige la route du vaisseau, et commande la manœuvre à l'équipage. L'ame céleste de l'homme, avec ses instincts divers, est dans un cerveau plus spacieux, comme un capitaine dans une chambre de conseil. On peut le comparer à un homme de qualité qui ne connaît rien au vaisseau ni à sa construction ; mais il a seul le secret du voyage : son instinct en est la carte. Il donne chaque jour la route au pilote, qui, d'après ses ordres, commande la manœuvre à l'équipage. Veut-il marcher? les cuisses, les jambes, les pieds et leurs doigts sont en mouvement. Ne veut-il mouvoir que quelques-unes de ses parties? elles se remuent, et les autres s'arrêtent. Il semble qu'à chaque articulation de la bouche, du genou, du métacarpe, des orteils, il y ait des postes de matelots qui agissent seuls ou tous ensemble, suivant la volonté du capitaine. Celui-ci ignore au reste tout ce qui se passe au dedans; il ne s'occupe que du dehors; il a soin seulement que le vaisseau évite les écueils, et qu'il soit d'ailleurs bien approvisionné. Un beau jour, il s'avise de faire donner à cet équipage si docile une plus grande quantité de ce feu élémentaire qui les anime; il l'enivre de liqueurs spiritueuses : aussitôt le voilà tout en activité, et dans un mouvement extraordinaire. Les matelots circulent avec rapidité d'un bout du vaisseau à l'autre, n'obéissant plus à la voix de leur pilote. L'ame raisonnable n'a plus d'empire, le vaisseau va tout de travers. Mais c'est bien pis quand l'ame céleste appelle tout son équipage à son conseil; toutes les passions y entrent en foule, et s'emparent de ses facultés divines. La cupidité lui dit : C'est à moi qu'appartiennent les jouissances infinies ; la haine, à moi les ressentiments immortels; l'ambition, la gloire est mon partage. L'orgueil dit à l'humble vertu : Tu n'es qu'une illusion; et, jetant ses yeux égarés vers les cieux, il ajoute : Il n'y a d'autre Dieu que moi dans l'univers. Souvent l'ame raisonnable, séduite par eux, leur applaudit. La mémoire leur cherche des exemples dans le passé, et l'imagination leur trace des plans pour l'avenir ; le jugement les sanctionne. C'est ainsi que, dans la révolte d'un équipage, le pilote, le maître et le contre-maître se joignent aux matelots, et renferment le capitaine dans sa chambre; ils laissent aller ensuite le vaisseau au gré des vents. Ils ont bien la route de chaque jour, mais ils n'ont plus celle de tout le voyage ; ils finissent par embrasser la piraterie. Tel est l'état d'un homme livré à ses passions. La discorde se met bientôt entre elles:

quelquefois l'imagination enlève le timon au jugement; alors l'homme devient fou. Quelquefois l'ame animale et la raisonnable sont paralysées; alors il tombe dans l'état d'imbécillité. Mais, dans ces deux états, l'ame élémentaire et la végétale font toujours bien leurs fonctions; souvent les fous et les imbécilles jouissent d'une santé robuste. Quelquefois celles-ci tombent dans le désordre, comme dans l'état de maladie; cependant les passions conservent leur activité, mais l'ame intellectuelle jouit de toutes ses facultés : telle était celle de Pascal, dont les idées étaient profondes, quoique son corps fut cacochyme. Quelquefois l'ame céleste est la seule qui leur survive : telle est souvent celle des mourants, qui étonne par des pressentiments et des prédictions. L'ame céleste, prête à quitter la terre, est susceptible des plus sublimes conceptions, comme le soleil qui, à son couchant, brille de tout l'éclat de ses feux. Toutes ces ames peuvent agir ensemble ou séparément : nous en pouvons donc conclure qu'elles sont distinctes les unes des autres.

Ces ames ont précédé les corps. Ce sont elles qui, dans le sein maternel, assemblent leurs parties organiques, leur donnent les formes, les développements et les proportions assignés à chaque espèce par l'Auteur de la nature, et par rapport à l'homme, comme nous le verrons bientôt.

Non-seulement les harmonies physiques appartiennent aux ames, qui en ont seules le sentiment; mais c'est en elles seules que résident les harmonies morales, qui assemblent les harmonies physiques. Je n'en citerai ici pour exemple que la première de toutes, l'harmonie fraternelle. C'est elle qui compose les corps des animaux de deux moitiés égales; c'est dans la ligne qui les réunit que se trouve le profil qui caractérise chaque espèce. Le végétal n'a point de profil déterminé, ni de face proprement dite; mais l'animal a l'un et l'autre: l'expression de son ame se trouve dans son profil. C'est lui qui lui donne sa physionomie; c'est la ligne qui le divise en deux moitiés égales et semblables, qui exprime dans l'attitude basse du porc la gourmandise, dans le lion la férocité, dans la tourterelle les graces et les amours. Ce profil a la même expression dans chaque genre d'animal; mais il varie à l'infini dans chaque homme, suivant la passion qui le domine.

C'est dans le profil, tant intérieur qu'extérieur, que se trouvent les sensorium de tous les organes de l'animal, d'abord ceux de la glande pinéale, où réside, dit-on, l'ame intellectuelle; du nerf optique, des nerfs olfactiques, de la respiration, de l'ouïe, de la potation, de la nutrition; du cœur, siége de l'ame animale; des sexes, de la génération et des sécrétions. Si vous coupez un animal, tel qu'un insecte, dans sa largeur, vous verrez les deux moitiés se mouvoir encore. La tête d'une mouche, séparée de son corps, donne long-temps des signes de vie, tandis que son corps voltige çà et là; mais si vous fendez cet insecte dans sa longueur, en deux moitiés égales, il périt à l'instant. L'ame qui l'anime ressemble à la flamme qui naît de deux tisons rapprochés, et qui s'évanouit si on les sépare l'un de l'autre. Elle est donc une harmonie fraternelle des deux moitiés de son corps, ou plutôt c'est elle qui, dans l'origine, le forme de deux moitiés dans le sein maternel.

Non-seulement l'ame, j'entends la végétale, compose le corps d'un animal de deux moitiés en consonnance, mais elle en façonne toutes les parties, et les répare lorsqu'elles sont blessées. Elle développe, dans les espèces innombrables des animaux, toutes les formes imaginables, depuis les plus gracieuses jusqu'aux plus déplaisantes. Il est digne de remarque que les plus laides ont été données aux animaux nuisibles ou incommodes à l'homme, et les plus belles à ceux qui doivent vivre dans son voisinage ou sous son empire. L'ame végétale donne au loup un poil hérissé et des yeux étincelants; à l'agneau de douces toisons; au cheval une croupe arrondie, une encolure fière et des crins flottants; au pigeon, au coq, les plus charmants contours; au chien, fait pour être caressé, un poil soyeux. Les plus belles formes des animaux sont réunies dans l'homme et dans la femme, auxquels sont encore ordonnées leurs proportions d'après des plans arrêtés par l'auteur de la nature. Leurs développements viennent du soleil, cette sphère de feu mouvante et vivante, qui renferme dans son sein toutes les attractions, les répulsions, les électricités, toutes les températures dans ses rayons, toutes les couleurs dans sa lumière, toutes les courbes dans son globe, tous les mouvements dans son mouvement, et bien d'autres qualités connues et à connaître.

De dire maintenant où vont les ames élémentaires, végétales, animales, intellectuelles et célestes, lorsqu'elles sont séparées de leurs corps, c'est ce que je ne sais pas. Cependant, puisque j'ai osé parler de leurs différences et de leur origine, je hasarderai de parler aussi de leur fin. Ce sont des opinions que je présente, non comme des vérités, mais comme des vraisemblances.

Les ames élémentaires passent évidemment d'un élément à un autre. Quoiqu'elles viennent, dans leur principe, du soleil, elles paraissent fixées à la terre, qui en est un des réservoirs. La flamme qui consume une bougie, en s'éteignant va se rejoindre à la masse de feu répandue dans l'atmosphère. La pesanteur d'un corps ne s'évanouit point lorsqu'il est mis en poudre ; elle reste divisée entre chacune de ses parcelles, et se réunit à la pesanteur totale du globe. Il en est de même de l'électricité; elle circule d'un corps à l'autre, où elle est tantôt positive, tantôt négative, suivant qu'elle s'y trouve en plus ou en moins. Elle se fixe dans les métaux, qui non-seulement en sont de puissants conducteurs, mais des réservoirs constants; elle s'attache aussi aux nerfs des animaux, et y séjourne encore quelque temps après leur mort. Il y a donc à cet égard identité entre l'électricité, les métaux et les nerfs : c'est ce que prouve une expérience fort curieuse dont j'ai promis de parler. C'est un médecin italien appelé Galvani, mort depuis quelques années, qui a découvert l'influence directe de l'électricité des métaux sur les nerfs des animaux après leur mort; l'expérience qu'on en répète tous les jours, s'appelle, de son nom, galvanisme : je l'ai vu faire sur une grenouille morte depuis vingt-quatre heures. On la coupa en deux, transversalement; les intestins furent ôtés, et on détacha du dos l'extrémité du nerf des cuisses; la circonférence du nerf découvert fut ensuite enveloppée avec une petite feuille d'argent. Dans toutes ces opérations, aucun signe de mouvement ne se manifesta dans la grenouille, quoiqu'on se fût servi d'un couteau de fer; mais le professeur ayant pris une petite plaque d'étain, et l'appuyant d'un bout sur la lame d'argent, et touchant avec le milieu de cette plaque le bout du nerf découvert, dans l'instant le tronçon de la grenouille s'élança sur la table à plusieurs reprises, comme si elle eût été vivante. Il réitéra ces mouvements en levant d'une main l'animal en l'air par le bout d'une de ses pates, et lui appliquant son appareil de l'autre main, et le tronçon ne cessa de se mouvoir très-vivement, tant qu'il éprouva le contact de la plaque d'étain en harmonie avec la lame d'argent et le bout du nerf.

Le professeur nous fit voir ensuite que deux morceaux du même métal en contact, tel que l'argent sur l'argent, ne produisaient aucun effet sur les nerfs de la grenouille. Il nous fit sentir sur nous-mêmes un autre effet de l'harmonie de deux métaux différents. En mettant sur le bout de la langue une pièce d'argent ou une pièce d'étain, on n'en éprouve aucune sensation; mais en posant ces deux pièces l'une sur l'autre, de manière que la langue touche à leur point de contact, alors on y sent une saveur très-marquée. Il y a plus, en mettant dessus et dessous la langue l'argent et l'étain, de manière qu'ils se touchent par un bout, on voit dans l'instant briller un éclair : c'est le coup électrique. Tous les métaux en contact produisent ces effets, pourvu qu'ils soient différents, tels que le cuivre et le fer, mais sur-tout l'or et l'argent.

Ces expériences ne paraissent être que de simples objets de curiosité, mais je les regarde comme de petites portes qui ouvrent une grande entrée dans le champ de la nature. Nous en concluons que les harmonies soli-lunaires et luni-solaires, dont nous avons parlé jusqu'ici, sont non-seulement répandues dans les puissances élémentaires de la nature, comme nous l'avons démontré, mais que leurs attractions et leurs électricités, ainsi que celles des autres planètes, sont concentrées et déposées dans les métaux qui leur sont analogues, et qui en sont non-seulement des conducteurs, mais des réservoirs; que les harmonies métalliques, ainsi que les planétaires, manifestent leurs influences sur nos nerfs lorsque ces métaux y sont harmoniés deux à deux; et que nos nerfs sont les conducteurs et les réservoirs de ces influences, soit par eux-mêmes, soit par les métaux qu'ils renferment. Puisque les nerfs des animaux sont sensibles, après la mort, aux harmonies métalliques de l'étain et de l'argent, du cuivre et du fer, du plomb et du cuivre, de l'or et de l'argent, comment douter qu'ils n'éprouvent, pendant la vie, les harmonies planétaires analogues à ces métaux, telles que les soli-saturnales, les saturni-lunaires, les vénéri-martiales, et toutes les influences de leurs diverses combinaisons, comme l'a prétendu la plus haute antiquité? Il est certain que ces harmonies fraternelles existent dans les soli-lunaires et les luni-solaires, ainsi que nous l'avons démontré, sur-tout dans les développements de la puissance végétale.

Les feux électriques soli-lunaires et luni-solaires se manifestent non-seulement dans la vie des végétaux et des animaux, dans leurs amours, dans les parures de leurs corps qu'ils revêtent des plus belles couleurs, comme dans les oiseaux, ou par des flux périodiques, comme dans la femme; mais ils se font voir encore après la mort dans leur décomposition. C'est à ces feux électriques qu'il faut rapporter les lumières phosphoriques et bleuâtres, qu'on remarque la nuit dans les bois pourris et dans les cadavres en dissolution; mais c'est sur-tout dans la mer, où viennent se rendre les dissolutions de tous les corps, qu'on observe, principalement dans les saisons chaudes et entre les tropiques, ou dans tous les lieux les plus bas de l'Océan, un nombre infini de corpuscules phosphoriques, qui rendent pendant la nuit les flots tout étincelants de lumière. Ces corpuscules lumineux paraissent, dans un temps calme, agités de mouvements en tous sens. Ne seraient-ils pas des molécules organiques répandues par-tout, suivant Buffon? Seraient-ce les ames élémentaires des animaux, ou leurs ames animales mêmes?

Les ames végétales paraissent, de leur côté, se réunir à la puissance végétale. Les végétaux s'engraissent de leurs propres débris. Ces ames paraissent être, dans chaque espèce, en nombre déterminé. Celles qui organisent le blé, par exemple, ne subsistent qu'en certaine quantité dans le même champ. Si on y en sème plusieurs années de suite, il dégénère, et à la longue la terre lui refuse toute nourriture. Les laboureurs disent alors qu'il n'y trouve pas les sucs qui lui sont propres : n'est-ce pas plutôt parce que les ames végétales du blé n'y sont plus ? Cependant le champ épuisé n'est pas stérile ; il reste toujours fécond pour d'autres plantes : il en est de même des ames végétales des animaux. Lorsqu'une année a produit beaucoup de chenilles, l'année suivante il y en a fort peu, quoiqu'on dût s'attendre à en retrouver beaucoup par la multiplication rapide de ces insectes ; mais, ce qu'il y a de très-remarquable, c'est que ces ames végétales créent chaque année une matière nouvelle. Ce sont celles des plantes, qui augmentent tous les ans la couche d'humus qui recouvre la terre ; et ce sont aussi les végétales des animaux qui ont formé tous nos rochers de pierre calcaire. Chaque année, les animalcules des madrépores, et ceux qui animent les poissons à coquille, élèvent, au fond des eaux de l'Océan, de nouveaux lits de marbre, de pierre, de plâtre, des débris et des tritus de leurs travaux. Leurs ames végétales semblent avoir des analogies avec cette ame universelle qui va toujours créant ; elles font végéter le globe lui-même, qui, par leur moyen, croît chaque année en circonférence. Il semble qu'il y ait quelque chose de créateur dans les rayons du soleil, qui en est le mobile. Ils forment d'abord les diamants et l'or pur dans les matrices des minéraux, puis, se combinant avec les ames végétales des plantes et des animaux, ils créent de la terre et des pierres.

Quant aux ames animales ou passionnées, elles paraissent circuler de génération en génération dans chaque espèce d'animal. Serait-ce de ces transmigrations que viendraient les prévoyances innées des animaux pour une vie qu'ils ne connaissaient pas encore? Leur instinct de l'avenir ne serait-il qu'une expérience acquise dans une vie précédente? Pour nous, nous sommes portés à le croire. Ce n'est que par ces transmigrations que nous pouvons expliquer nous-mêmes les sympathies et les antipathies que nous apportons en naissant. Au reste, le nombre des ames animales, comme celui des végétales dans chaque espèce, paraît en rapport avec le nombre même des hommes.

Quoique nous ayons supposé que les ames intelligentes ou raisonnables étaient des ames particulières, elles ne sont peut-être au fond que des facultés semblables et communes, inhérentes à des instincts différents. L'intelligence des animaux est le sentiment de leurs convenances; elle est à leur ame ce qu'un rayon du soleil est à leurs yeux : l'un et l'autre sont les mêmes pour tous. L'intelligence d'un animal ne diffère de celle de l'homme qu'en ce qu'elle n'est qu'un point ou qu'un rayon de cette sphère universelle, dont l'homme occupe le centre, et Dieu la circonférence. Un petit reflet de la lumière du jour suffit aux travaux de l'abeille dans sa ruche obscure ; l'homme éclaire les siens la nuit par la clarté de la flamme du feu dont il dispose ; mais l'auteur de la nature illumine les siècles et les mondes par des soleils. Une abeille fait son alvéole hexagonale avec autant de géométrie que Newton, mais elle ne fera jamais d'autres figures géométriques. Elle n'imaginera jamais la vis où se renferme le coquillage, ni même la coupe concave où la rose lui présente ses glandes nectarées : elle n'en a que faire. Des alvéoles à six pans lui suffisent pour déposer son miel. Mais l'ame de Newton a de plus grands besoins. Elle trace sur la terre les courbes que parcourent les astres dans les cieux ; elle s'étend avec eux dans l'infini, et s'anéantit par le sentiment de celui qui les a créés.

Les intelligences des animaux sont donc inhérentes à leurs ames, et paraissent les accompagner dans leurs transmigrations. Quelles doivent donc être, après la mort, celles de l'homme qui a pendant sa vie de si sublimes instincts ?

Quant à l'ame céleste, je l'ai déjà dit, elle

n'appartient qu'à l'homme. C'est elle qui répand dans ses traits non encore défigurés par les passions animales, les charmes ineffables de l'innocence, de la bonté, de la bienfaisance, de la justice, de l'héroïsme. Elle imprime sur sa physionomie un caractère qui soumet à la houlette même de ses enfants les fiers taureaux, les chevaux indomptés, et jusqu'à l'éléphant colossal. Harmoniée dans son corps avec les passions animales qui doivent lui être soumises, comme les ames des autres animaux sur la terre, si elle s'en laisse subjuguer, elle leur transmet le sentiment de l'infini, de l'universalité, de l'immortalité, qui n'appartiennent qu'à elle ; mais si elle les tient sous son empire, elle se dirige vers les cieux, d'où elle tire son origine, et où elle espère son retour, par un instinct qui lui est naturel. C'est cette lutte, soutenue par de si sublimes espérances, qui constitue la vertu, dont l'homme seul est capable. Les passions peuvent varier à l'infini le visage de l'homme, parce qu'elles sont toutes renfermées dans son cœur ; une seule étend son uniformité sur tous les animaux de la même espèce. Dans une assemblée d'hommes, vous en trouverez qui ont des physionomies de renard, de loup, de chat, de sanglier, de bœuf ; mais dans un troupeau de moutons, tous se ressemblent si parfaitement, que le berger même est obligé de marquer ceux qu'il veut reconnaître.

Voyez même comme les traits du même homme varient dans la joie, la tristesse, le ris, les larmes, l'espérance, le désespoir, et dans les divers âges de sa vie : vous diriez de plusieurs êtres différents. C'est par les ames animales que les hommes sont en guerre les uns avec les autres et avec eux-mêmes ; c'est par leurs ames célestes qu'ils sont en paix, qu'ils communiquent entre eux, et se rapprochent de leur centre commun, qui est le sentiment de la Divinité. Mais où vont ces ames célestes lorsqu'elles sont séparées du corps? Les Indiens croient que celles qui ont été subjuguées par leurs passions, vont dans le corps des animaux qui en sont les types : celles des gourmands dans les porcs, etc. Quant à celles qui ont acquis quelque degré de perfection par la vertu, elles passent dans un des sept paradis ou mondes, dont ils font diverses descriptions, et qui paraissent être les planètes. Pour nous, nous sommes portés à croire que les plus parfaites vont dans le soleil, astre éclatant d'où émane tout ce qu'il y a de plus beau sur la terre.

LIVRE VI.

HARMONIES HUMAINES.

Le sentiment est la conscience du cœur, comme la raison est la science de l'esprit. C'est au cœur que la nature fait aboutir à-la-fois tous les sens de notre corps et toutes les lumières de notre esprit. Prenons pour exemple le sens de la vue. Nous avons, à la jonction de nos deux nerfs optiques, un sensorium qui reçoit les images des objets ; ce sensorium, qui nous donne la science de la lumière, a des communications avec le cœur, sans lequel nous n'aurions point la conscience de la vision. Le cœur est-il oppressé ? la vue se trouble. Il en est de même des vérités purement intellectuelles : telles sont, par exemple, celles de la géométrie. Toutes ses démonstrations se terminent à l'évidence : or l'évidence est un sentiment ; c'est la raison de la nature, et le *nec plus ultrà* de la nôtre en harmonie avec la sienne. On ne peut raisonner au delà sans déraisonner. Voilà pourquoi les recherches trop profondes des métaphysiciens les ont jetés dans l'absurde. C'était pour avoir outrepassé l'évidence, que le subtil Malebranche avait conclu que les animaux n'avaient point de sentiment. C'est en suivant la même route, que nos idéologistes modernes sont tombés dans l'athéisme. La vérité est comme un rayon du soleil : si nous voulons fixer nos yeux sur elle, elle nous éblouit et nous aveugle ; mais si nous ne considérons que les objets qu'elle nous rend sensibles, elle éclaire à-la-fois notre esprit et réchauffe notre cœur. C'est au cœur qu'aboutit le sentiment de son évidence : il excite la joie, l'admiration et l'enthousiasme dans le géomètre même le plus impassible. C'est ce sentiment qui fit sortir tout nu du bain, et courir hors de luimême dans les rues de Syracuse, Archimède, que le sac de cette grande ville et l'épée de son meurtrier ne purent émouvoir. L'évidence est une harmonie de l'ame et de la Divinité. Son premier sentiment est un ravissement céleste, tel que serait celui d'un rayon de lumière au milieu d'une obscurité profonde.

Ainsi l'esprit n'a point de science si le cœur n'en a la conscience. La certitude est donc, en dernière analyse, un sentiment, et ce sentiment ne résulte que des lois de la nature ; car celles des hommes sont trop variables. Il n'y a de vrai dans leurs systèmes que ce qui produit en nous le sentiment de l'évidence, c'est-à-dire que ce qui est fondé sur les lois de la nature même. Il est remarquable encore que la nature ne nous laisse connaître de ses lois que celles qui ont des rapports avec nos besoins, car il n'y a que celles-là dont nous ayons le sentiment.

Je définis donc la science le sentiment des lois de la nature par rapport aux hommes. Cette définition, toute simple qu'elle est, est plus exacte et plus étendue qu'on ne pense ; elle circonscrit les limites de notre savoir, et nous montre jusqu'où nous pouvons les porter : car il s'ensuit que lorsque nous n'avons pas le sentiment d'une vérité, nous n'en avons pas la science ; et que d'un autre côté, il en peut résulter une science, dès que nous en avons le sentiment.

Cette définition de la science en général convient à toutes les sciences en particulier. La théologie, qui s'occupe de la connaissance de tous les attributs de Dieu, ne peut être que le sentiment des lois que Dieu a établies entre lui et les hommes. L'astronomie, dont les prétentions ne sont pas moins étendues dans leur genre, n'est que le sentiment des lois qui existent entre les astres et les hommes. Il en est de même de toutes les autres, même de celles qui, comme la chimie, croient décomposer les éléments de la nature, et les réduire à leurs premiers principes.

Je ne parle ici que des sciences humaines; car quant aux sciences véritables, elles ne sont connues que de Dieu : lui seul a le secret de son intelligence, de sa puissance, des principes de la nature, de son origine, de sa durée et de son ensemble. Il y a bien plus; c'est que chaque animal a la science incommunicable de ce qui lui est propre. Tous les philosophes du monde ne parviendront jamais à savoir d'où dérivent les instincts si variés des animaux. Celui d'une chenille qui file sa coque en automne pour passer chaudement un hiver qu'elle n'a jamais vu, et qui y ménage une ouverture pour en sortir en papillon au printemps qu'elle ne connaît pas, suffit pour renverser tous les raisonnements de Locke contre les idées innées.

La science humaine n'étant donc que le sentiment des lois de la nature par rapport aux hommes, la morale, dont nous cherchons les éléments, ne peut être que le sentiment des lois que Dieu a établies de l'homme à l'homme. On peut tirer de cette définition cette conséquence importante, c'est que toutes les sciences ont des relations avec la morale, puisqu'elles aboutissent aussi toutes à l'homme.

En effet, un homme seul sur la terre formerait ses mœurs de tout ce qui l'environnerait; il pourrait se livrer à la paresse ou à l'inquiétude, par la chaleur ou la froidure du climat; à l'intempérance par l'excès des fruits, à la cruauté envers les animaux innocents, et à tous les désordres des sens et de l'ame avec lui-même. Tous les objets envoient des rayons moraux à son cœur, comme des rayons visuels à son cerveau. Sa vie morale, comme sa vie physique, n'est qu'une harmonie de ces deux organes, ou plutôt des facultés de son ame qui y réside. Son intelligence lui présente les objets, son sentiment les adopte ou les repousse.

Mais c'est sur-tout au milieu de ses semblables qu'il est au foyer de toutes les impulsions morales. La nature, qui a fait les hommes sujets à une infinité de besoins pour leur donner les jouissances de tous ses biens, et pour les obliger de s'entr'aider, a mis dans le cœur de chacun d'eux le sentiment primitif de la sociabilité, qui dit : Faites à vos semblables ce que vous voudriez qu'ils vous fissent. C'est donc par sa raison en harmonie avec toutes les lois de la nature, que l'homme se met d'abord à la place d'un autre homme, et qu'en même temps naissent dans son cœur les lois de la morale, par le sentiment de son propre intérêt et de celui de ses semblables. Malheur donc à ceux qui séparent ce que la nature a joint, et qui mettent une barrière entre leur raison et leur cœur ! Le méchant est celui qui circonscrit sa raison autour de lui seul, qui voit les autres hommes, et qui ne sent rien pour eux.

La morale étant donc le sentiment des lois que Dieu a établies de l'homme à l'homme, il s'ensuit qu'un simple traité de morale ne peut servir à des enfants : un enfant n'est pas plus capable d'acquérir de la morale en spéculation, qu'il ne le serait de développer sa faculté de voir par la théorie de la vision. Je dis plus, il ne comprendrait rien à ce traité, fût-il composé avec toute la dialectique de Bayle, rempli des images les plus intéressantes, et écrit avec les graces du style de Fénélon et l'énergie de celui de Jean-Jacques.

Supposez un enfant élevé dans une galerie de tableaux de paysages sans avoir jamais vu la campagne, il n'y apercevrait que des couleurs et des surfaces ; et lorsqu'il verrait la campagne pour la première fois, il en jugerait tous les objets sur le même plan, comme dans sa galerie ; il serait semblable à cet aveugle-né auquel on donna tout-à-coup l'usage de la vue, en lui ôtant des cataractes qu'il avait sur les yeux. Il crut au premier instant que tous les objets de sa chambre étaient à la même distance, et il fallut qu'il marchât vers les uns et les autres pour se convaincre qu'ils n'y étaient pas.

Nous formons d'abord notre vue sur notre

toucher, ensuite sur notre marcher ; tant la nature a harmonié entre eux tous nos sens. Elle a lié encore les différents âges de notre vie pour notre instruction. J'en ai reçu de ma fille, âgée de quatre mois ; elle croyait toucher une fleur qui était à un pied de son visage ; elle tournait ses mains autour de ses yeux pour la saisir ; elle s'imaginait que cet objet était au bout de son nez ; il fallait que sa mère lui alongeât le bras vers la fleur, et lui apprît à la toucher, pour lui apprendre à la voir : ce n'a été que quand elle a marché qu'elle a pu juger des distances plus éloignées. C'est pour accélérer cette connaissance que Jean-Jacques veut qu'on porte l'enfant vers l'objet qu'il désire, et non l'objet vers l'enfant, comme on a coutume de faire. Ce n'est donc que par les expériences acquises par la réalité des objets, que nous pouvons juger de leurs images. Un amateur ne prend plaisir à voir un tableau de Vernet, que parce qu'il lui rappelle une série d'effets qu'il a observés lui-même, et je tiens qu'il n'en peut connaître tout le mérite, s'il n'a vu la mer, et même s'il n'y a navigué.

Il en est d'un traité de morale comme d'une galerie de tableaux ; il n'intéresse que le philosophe qui connaît le monde : c'est par cette raison que tant d'à-propos nous échappent dans les comiques chez les Grecs et les Latins, et que nous saisissons toutes les beautés de sentiment dans leurs auteurs tragiques, parce que les mœurs des anciens nous sont inconnues en partie, et que nous avons l'expérience de la pitié, de la générosité, dont les sentiments nous sont communs dans tous les âges. Mais un traité de morale ne fera pas d'impression sur un enfant, qui, n'ayant pas vécu avec les hommes, n'a pas encore l'expérience de leurs passions et des lois que la nature leur a données pour les régir. Un enfant cité par Jean-Jacques, n'apercevait que la difficulté d'avaler une médecine dans le trait sublime d'Alexandre malade, qui prend une potion de la main de son médecin, en lui faisant lire une lettre qui l'accusait de trahison : le jeune cœur de cet enfant n'ayant jamais été trahi, il ne connaissait d'autre amertume que celle du goût. Je me souviens moi-même qu'étant enfant, les fables de La Fontaine m'amusaient beaucoup, parce que leurs images naïves vont au cœur, comme celles de la nature, et que je connaissais les mœurs de quelques animaux; mais leur application m'ennuyait, parce que j'ignorais celles des hommes : je lisais la fable et je laissais là la morale; je traitais ma leçon comme mon déjeuner, j'en mangeais la confiture et j'en jetais le pain.

Ce serait bien pire, si on ne présentait aux enfants que la métaphysique de la morale sans la revêtir d'images. Comment leur apprendrait-on par de simples raisonnements ce que c'est que conscience et justice ? Ils sauraient faire des définitions comme Aristote, et des analyses comme Locke et Condillac, qu'ils n'en seraient pas meilleurs; ils seraient, comme bien des hommes, vertueux en spéculation, et non vertueux en réalité. Toute science ne s'acquiert que par l'expérience. Enseigner aux enfants la vertu par la théorie de la morale, c'est leur enseigner à parler par la grammaire, et à marcher par les lois de l'équilibre : sur tous ces points, leurs mères nourrices leur feraient faire plus de progrès que tous les professeurs des académies. L'ame, comme le corps, ne se développe que par l'exercice. Il faut commencer l'éducation morale par la pratique des vertus; la théorie n'en appartient qu'aux docteurs ou aux vieillards, qui ne veulent ou ne peuvent plus agir.

Pour apprendre la morale aux enfants, il faut donc leur faire connaître d'abord les hommes. L'éducation domestique leur en donne le premier apprentissage, en les faisant vivre avec leurs mères, leurs pères, leurs sœurs, leurs frères, leurs serviteurs ou leurs maîtres; c'est d'après les sentiments qu'ils y prennent enfants, que se forment ceux qu'ils auront un jour en devenant hommes.

Il y a à l'amirauté de Londres et à celle d'Amsterdam un grand navire construit sur terre avec tous ses agrès; on y loge de jeunes élèves de la marine pendant plusieurs mois; ils y manœuvrent comme s'ils étaient sur mer; on leur apprend à orienter les voiles suivant le vent, à les amener dans les tempêtes, à jeter et lever les ancres, et par ces exercices on les instruit à devenir d'excellents marins. Ne pourrait-on pas faire de même un petit modèle du grand vaisseau du monde ? Il ne peut être immobile et à sec comme celui d'une école nautique; les vents des passions l'agitent déjà sur les ondes de la vie; même dans le port nous avons besoin de bons pilotes.

Si un collége doit être une image de la maison paternelle, l'éducation doit être la théorie de la vie; mais comment s'y prendre pour la tracer d'une manière facile et durable dans l'esprit des enfants ? En leur donnant des éléments de morale, j'ai senti qu'il fallait parler à leur jugement, et j'ai essayé de le faire. Je vais ici montrer le chemin par où j'ai marché, et j'ai tracé dans quelques pages le résultat de plusieurs années de méditation.

Le cerveau voit et le cœur sent, l'intelligence juge et le sentiment agit. Dans la plupart des animaux, le cerveau reçoit les images d'une autre grandeur, mais dans les mêmes rapports que nous. Les insectes voient avec des microscopes, et plusieurs oiseaux avec des télescopes; mais l'intelligence de chacun d'eux est bornée à une seule industrie, et leur cœur à un seul instinct. L'entendement de l'homme est capable de recevoir toutes leurs lumières, et son cœur toutes leurs passions. L'homme, livré à tous les besoins, ébloui par tant de lumières, et agité par tant de désirs, serait abandonné à tous les égarements de la folie, si Dieu ne l'avait placé au centre de toutes les harmonies, n'avait éclairé sa tête par les lumières d'une raison universelle, qui n'est que l'intelligence des convenances de la nature, et s'il n'en avait mis le sentiment dans son cœur. C'est à sa raison que l'homme, seul de tous les êtres organisés, doit la connaissance d'un Être suprême, qui ne résulte que des harmonies de l'univers, et l'amour de ses semblables, sans lesquels il ne pourrait en jouir. De là est né le sentiment de la vertu, qui est un effort fait sur nous-mêmes pour le bonheur des hommes, dans l'intention de plaire à la Divinité. La vertu est donc produite par ces deux mobiles, Dieu et les hommes; elle est donc la véritable harmonie de l'homme; non-seulement en la considérant, comme les sages la définissent, un milieu entre deux extrêmes, entre un excès et un défaut, mais comme produite par l'amour de la Divinité et celui des hommes, qui sont à la vertu les deux plus grands extrêmes qui existent dans l'univers, Dieu étant tout et les hommes n'étant rien.

C'est du cours même des harmonies de la nature que résulte celui des vertus de l'homme. Dans sa longue et faible enfance, il fait l'apprentissage des éléments sur le sein maternel, et il y puise les premiers sentiments de la reconnaissance. Il tire de l'usage des végétaux nécessaires à sa vie, le sentiment d'une Providence; et des animaux, compagnons de son enfance, les premières leçons de l'amitié. Ensuite il apprend de ses frères, la justice; de l'amour conjugal, la constance; de la paternité, la prévoyance; de sa tribu, l'amour du travail; de sa nation, le patriotisme; du genre humain, l'humanité, qui renferme toutes les vertus.

Je ne fais qu'en nommer les principales, nous en indiquerons bientôt le développement avec celui des lumières des hommes, qui sont toujours en harmonie avec leurs vertus; je n'ai voulu donner ici qu'une idée de l'homme physique et moral. Tel est le vaisseau où la nature embarque chacun de nous pour lui faire parcourir la sphère de la vie. Elle nous y fait entrer par l'enfance, région pleine d'obscurité et de frimas, d'où, entraînés par l'océan du temps, nous traversons la zone tempérée de l'adolescence : nous passons ensuite dans la zone orageuse d'une jeunesse ardente, puis dans la tempérée de l'âge viril, qui nous conduit vers un pôle opposé à l'enfance, dans la région glacée et ténébreuse de la vieillesse. Les extrémités de la vie, comme celles du globe et de l'année, sont commencées et terminées par deux hivers : heureux encore si, sur une mer aussi remplie d'écueils, nous nous embarquions avec tous nos agrès ! Mais au départ, notre vaisseau n'est qu'une faible nacelle, notre raison un pilote sans expérience, notre cœur une boussole sujette à toutes les variations. Ce n'est que d'après les leçons de nos pères que nous pouvons naviguer dans ce voyage de la vie : j'en vais présenter la carte à l'enfant, comme une mappemonde à un voyageur qui doit faire le tour du globe.

Soyez mes astres, filles du ciel et de la terre, divines harmonies ! C'est vous qui assemblez et divisez les éléments, et qui organisez tous les êtres qui végètent et qui respirent : la nature a remis dans vos mains le double flambeau de l'existence. Une de ses extrémités brûle des feux de l'amour, et l'autre de ceux de la discorde. Avec les feux de l'amour vous touchez la matière, et vous en faites naître le rocher et ses fontaines, l'arbre et ses fruits, l'oiseau et ses petits, trois aimants différents, réunis par de ravissants rapports. Avec les feux de la discorde, vous enflammez la même matière, et il en sort le faucon, la tempête et le volcan, qui rendent l'oiseau, l'arbre et le rocher aux éléments. Tour-à-tour vous étendez sur la terre et vous retirez à vous les filets de la vie, non pour le plaisir d'abattre ce que vous avez élevé, mais pour conserver l'équilibre de la nature d'après des plans inconnus aux mortels. Si vous n'y faisiez pas mourir, rien ne pourrait y vivre; si vous n'y détruisiez pas, rien n'y pourrait renaître. Sans vous, tout serait dans un éternel repos; et vous liez ces mondes les uns aux autres par les harmonies d'une vie qui produit la mort, et d'une mort qui reproduit la vie.

Par-tout où vous portez vos doubles flambeaux, vous faites naître les doux contrastes de l'existence du jour et de la nuit, du froid et du chaud; des couleurs, des formes, des mouvements; les amours vous précèdent, et les générations vous suivent. Toujours vigilantes, vous ne vous levez point avec l'astre des jours, et vous ne vous couchez point avec celui des nuits. Vous agissez sans cesse au sein de la terre, au fond des mers, au haut des airs. Planant dans les régions du ciel, vous entourez ce globe de vos danses immortelles, vous tenant toutes par la main, parées d'habits différents, et dans des attitudes ineffables. Vous étendez vos cercles infinis d'horizon en horizon, de sphère en sphère, de constellation en constellation, et, ravies d'admiration et d'amour, vous attachez les chaînes innombrables des êtres au trône inébranlable de celui qui est.

Sœurs immortelles, du sein de la gloire abaissez-vous vers un enfant de la poussière; donnez-moi, sur le penchant de la vie, d'en tracer le cours sans m'égarer! Filles de la sagesse éternelle, harmonies de la nature tous! les hommes sont vos enfants; ils ont sans cesse besoin de vos secours; sans vous, ils sont nus, misérables, discordants de langues, d'opinions, de passions; mais vous les appelez par leurs besoins à toutes les jouissances; par leur diversité, à la concorde; par leur faiblesse, à l'empire. Vous les admettez, par les lumières et la vertu, au partage de vos bienfaits et de votre puissance immortelle. Ils sont les seuls de tous les êtres qui jouissent de vos travaux, et les seuls qui les imitent; ils ne sont savants que de votre science; ils ne sont sages que de votre sagesse; ils ne sont religieux que de vos inspirations. Sans vous, il n'y a point de beauté dans les corps, d'intelligence dans les esprits, de bonheur sur la terre, et d'espoir dans les cieux.

HARMONIES

DE L'ENFANCE.

L'homme entre dans la sphère de la vie par l'harmonie filiale; c'est un des contrastes de l'harmonie maternelle, qui est la dernière dans l'ordre des harmonies sociales, et la première en puissance. Ainsi les plans de la nature n'ont point de terme comme ceux des hommes, et tous les degrés de sa sphère la terminent et la recommencent.

C'est sur le sein maternel que l'enfant fait le premier usage de ses sens et l'apprentissage des éléments : de la chaleur, par celle de sa mère; de l'air et de la respiration, par son haleine; de l'eau et du goût, par son lait; du corps et du toucher, par la forme ronde du sein maternel. En même temps naissent en lui les sentiments de la confiance, de la reconnaissance et de l'amour filial. C'est avec les premières notions de la pensée et les premières expressions du langage, que son ame se développe en même temps que son corps, et son moral dans la même proportion que son physique.

L'amour filial est la première racine du chêne

de la patrie, qui doit résister à toutes les tempêtes de la politique : il est le seul fondement inébranlable des sociétés ; c'est sur lui que repose le plus ancien empire du monde, celui de la Chine. Il est le premier des cinq devoirs auxquels est attachée sa constitution, sans doute la meilleure de la terre jusqu'à présent, puisqu'elle dure depuis plus de quatre mille ans. Ces cinq devoirs regardent les pères et les enfants, les maris et les femmes, les souverains et les sujets, la mutuelle amitié, et la manière dont les frères doivent vivre ensemble. Confucius les a rédigés et commentés ; il les appelle les grands et les fondamentaux. Quoiqu'il n'ait pas suivi le même ordre que nous, il est très-remarquable qu'il pose l'amour filial comme la base de toutes les lois politiques. En effet, l'empereur étant considéré comme le père de son peuple, c'est sous ce rapport que ses sujets lui sont si soumis. Dans quelque gouvernement que ce soit, c'est particulièrement de l'amour filial que naît l'amour de la patrie. Plutarque veut, par cette raison, qu'on l'appelle *maitrie*, parce que, dit-il, nous devons plus de reconnaissance à nos mères qu'à nos pères. Il est donc nécessaire de rappeler à ses enfants les soins que leurs mères ont pris de leur première enfance. Il faut que l'instituteur, et encore mieux l'institutrice, leur apprennent comment leur mère les a portés pendant neuf mois dans son sein, parmi des infirmités de toute espèce; comme elle les a mis au monde au péril de sa vie; comment elle les a allaités nuit et jour, les réchauffant contre son cœur, calmant leurs convulsions par ses caresses, essuyant leurs larmes par ses baisers, prévoyant tous leurs besoins lorsqu'ils ne pouvaient encore les exprimer que par des gémissements, et leur donnant ensuite, avec une patience inaltérable, les premières leçons de la vue, du goût, du toucher, du marcher et du parler.

Il faudrait commencer toutes les leçons par un hymne adressé à la Divinité, et chanté alternativement en chœur par les filles et les garçons : ce serait leur donner à-la-fois une idée bien naturelle de la Providence, en la leur présentant sous l'image de l'amour maternel, et une idée de l'amour maternel en le leur montrant sous celle de la Providence ; on pourrait y comprendre en peu de mots les devoirs de l'amour filial. Ce concert d'enfants chantant ensemble les louanges de l'amour maternel, les disposerait à se regarder mutuellement comme membres de la même famille. Des préceptes de morale mis en musique simple, mais touchante, se graveraient profondément dans de jeunes cœurs; mais des exemples de piété filiale n'y feraient pas moins d'impression, par les images qu'elles laissent dans l'esprit. Il faut donner, tant qu'on peut, un corps aux idées et une action aux sentiments. Je leur citerais donc quelques grands hommes qui se sont rendus célèbres par leur amour envers leurs mères. Le plus grand des Grecs, si la vertu donne le premier rang parmi les hommes, Épaminondas, disait que la joie la plus vive qu'il eût jamais éprouvée, était d'avoir gagné la bataille de Leuctres du vivant de son père et de sa mère. Il répétait souvent ce propos, dit Plutarque. Ainsi il rapportait l'amour de sa patrie à son origine, c'est-à-dire à l'amour de ses parents. Il leur sauva la vie par cette victoire, ainsi qu'à ses compatriotes; car si les Lacédémoniens l'eussent gagnée, ils avaient résolu d'exterminer tous les Thébains. J'ajouterai, à ce sujet, un trait qui caractérise bien sa profonde vertu, ennemie de toute vanité. Le lendemain de cette fameuse bataille, il parut en public, morne, pensif, et en habit sale, lui qui ne s'y montrait jamais que simplement, mais proprement vêtu et avec un visage gai : ses amis, voyant ce changement subit, lui demandèrent s'il ne lui était pas arrivé quelque accident fâcheux. « Non, leur répondit-il ; mais je sentis hier que je m'étais élevé plus que je ne devais, par la joie de ma victoire ; je la corrige aujourd'hui, parce qu'elle fut hier trop excessive. » Je joindrai à cet exemple celui de Sertorius, qui portait tant d'affection à sa patrie, quoiqu'elle l'eût exilé, qu'à la tête d'une armée victorieuse il écrivait à Métellus et à Pompée ses ennemis, qu'il était prêt à mettre bas les armes, et à vivre à Rome en homme privé, pourvu qu'on l'y rappelât par un édit, et qu'il aimait mieux être le dernier citoyen de sa patrie, que d'être appelé empereur du reste du monde : sentiment, certes, bien contraire à celui de l'ambitieux César, qui disait qu'il aimerait mieux être le premier dans un village que le second à Rome. « Une des principales causes, dit Plutarque, pour laquelle Sertorius désirait tant d'être rappelé dans sa patrie, était l'amour qu'il portait à sa mère, sous laquelle il avait été nourri orphelin de son père, et avait mis toute son affection entièrement en elle : de sorte que quand les amis qu'il avait en Espagne le mandèrent pour y venir en prendre le gouvernement et y être leur capitaine, après y avoir été quelque temps, ayant eu nouvelle que sa mère était décédée, il en eut une si grande douleur, que peu s'en fallut qu'il n'en mourût de regret. Il demeura sept jours entiers couché par terre en pleurant, sans donner le mot du gué à ses gens et sans se laisser voir à aucun de ses amis, jusqu'à ce que les autres capitaines principaux et de même qualité que lui vinrent à l'entour de sa tente, et l'importunèrent tant par prières et remontrances, qu'ils le contraignirent d'en sortir, et de se montrer et parler aux soldats, et d'entendre à ses affaires, qui étaient très-bien acheminées. »

Si les actions des gens de bien sont très-utiles pour exciter à la vertu, celles des méchants ne le sont pas moins pour éloigner du vice. On ne produit d'effet que par des contrastes ; la beauté d'un paysage redouble par l'horreur d'un précipice. Citez donc aux enfants des traits de scélératesse filiale ; parlez-leur de l'horrible Néron, qui fit poignarder sa mère ; représentez ce monstre au faîte de la puissance humaine, se plaignant jour et nuit que les Furies le déchiraient avec leurs fouets ; dévoré par ses remords, cherchant à les étouffer par de vaines expiations ; objet de mépris et de douleur, malgré les congratulations de l'armée, du sénat et du peuple, qui le félicitèrent sur son action atroce ; et périssant enfin l'objet de l'exécration de ce même peuple corrompu, qui l'avait flatté dans sa puissance, et de l'exécration de la postérité, qui ne flatte jamais.

Si j'avais à élever des enfants sortant des mains de la nature, et destinés à vivre dans une île déserte, je ne leur parlerais ni de l'erreur ni du vice : l'un et l'autre sont étrangers à l'homme. Nés dans le sein de l'ignorance et de l'innocence, ils seraient sages et heureux sans effort ; mais il n'en est pas ainsi de ceux qui doivent vivre dans notre ordre social : il faut les prémunir contre la contagion des préjugés, des vices et des mauvais exemples, qui les environnent souvent dès le berceau. Il faut donc leur offrir de grands modèles, qui leur montrent la vertu dans toute sa beauté, et le vice dans toute sa laideur. Je ferai, à cette occasion, une réflexion que je crois très-importante, c'est que, lorsque vous leur raconterez quelque acte vicieux, il faut toujours le faire suivre par le récit d'une action louable, afin que leur ame s'y arrête et s'y repose. Disposez toujours leurs jeunes cœurs à aimer, ils ne trouveront un jour que trop de sujets de haïr. Si vous commencez par leur présenter des tableaux du vice, ceux de la vertu ne leur paraîtront ensuite que plus aimables. Si, au contraire, vous faites précéder ceux de la vertu, vous leur rendez le vice plus odieux; mais vous habituez leur cœur à la haine, car la dernière impression est toujours la plus durable.

Ainsi, vous pouvez opposer à la conduite de Néron envers sa mère Agrippine, au fond très-ambitieuse, celle d'Alexandre envers sa mère Olympias, qui ne l'était guère moins. Alexandre étant en Asie, Olympias lui écrivait souvent des lettres où elle se plaignait qu'il était trop généreux envers ses favoris; que par ses bienfaits il les rendait égaux aux plus grands rois, et leur donnait les moyens de se faire beaucoup d'amis en se les ôtant à lui-même. Il gardait secrètement ses lettres sans les communiquer à personne, sinon qu'un jour, comme il en ouvrait une, Éphestion s'approcha, suivant qu'il avait

coutume, et la lut avec lui : Alexandre ne l'en empêcha point ; mais, après qu'il eut achevé de la lire, il tira de son doigt l'anneau dont il scellait ses lettres, et il en mit le cachet sur la bouche d'Éphestion. Il envoya à sa mère de magnifiques présents, mais il lui manda de ne pas se mêler du gouvernement. Elle entra à ce sujet dans une grande colère, qu'il supporta avec patience ; et comme Antipater, qu'il avait laissé pour son lieutenant en Macédoine, lui écrivit un jour une longue lettre où il se plaignait d'elle, après l'avoir toute lue, il dit : « Antipa-
» ter ne sait pas qu'une seule larme de ma mère
» efface dix mille lettres semblables. »

Il est sans doute aisé à un fils de chérir la mère dont il est aimé. On peut ajouter à ces considérations que Domitius, père de Néron, fut un très-méchant homme, tandis qu'on ne peut reprocher à Philippe que la ruse en fait de politique ; mais Alexandre s'en préserva par son éducation, car personne n'eut plus de loyauté que lui. Ceci nous amène à parler d'un cas fort amer de la vie, et fort embarrassant. Un enfant peut avoir des parents durs, brutaux, et même cruels : comment lui faire aimer ce qui est haïssable ? C'est ici qu'il faut lui parler le langage de la vertu ; il faut lui rappeler les peines qu'il a données à ses parents par ses infirmités, ses besoins, ses caprices même. On peut citer des exemples d'enfants qui ont réformé leurs parents vicieux, à force de douceur et de patience. On en trouve plusieurs de célèbres dans l'histoire de la Chine; car le gouvernement y est attentif à récompenser la vertu dans les enfants même, et sur-tout la piété filiale, qui lui sert de base. Dites enfin à votre élève cette grande vérité, que la Providence vient au secours de ceux que la société abandonne, que Dieu adopte les enfants malheureux. Vous trouverez dans nos histoires assez d'exemples d'enfants délaissés ou persécutés par leurs parents, qui sont devenus des hommes illustres.

La route de l'homme est facile à tracer quand il se trouve entre deux vices, ou entre une vertu et un vice; mais il n'en est pas de même quand il est entre deux vertus. Si un enfant a un père dénaturé, il doit fuir sa présence plutôt que de lui manquer; la barbarie du père ne peut justifier l'ingratitude du fils. Mais s'il doit opter entre l'amour qu'il doit à ses parents et celui qu'il doit à sa patrie, comment se conduira-t-il? Si son père conspire contre l'état, ira-t-il le dénoncer? Verra-t-il de sang-froid sa patrie sur le bord du précipice, ou donnera-t-il la mort à celui dont il a reçu la vie? On cite l'exemple du consul Junius Brutus qui fit périr ses deux fils pour avoir trahi Rome. Mais il ne s'agit pas ici du devoir d'un père revêtu d'une magistrature souveraine envers ses enfants criminels, mais du devoir des enfants à l'égard de leur père coupable envers la patrie. Si Tatius et Tibérius, enfants de Brutus, avaient été revêtus du consulat, et que leur père fût entré dans la conspiration des Tarquins, auraient-ils dû le condamner à la mort ? Non, certes, ils ne l'auraient pas dû. Vous me direz : On doit plus à sa patrie qu'à sa famille : oui, sans doute ; mais, par la même raison, on doit plus au genre humain qu'à sa patrie : or, les droits du genre humain sont ceux de la nature. Ce n'est que pour en jouir que la patrie elle-même est fondée, et c'est en renverser les fondements que de détruire les devoirs de l'amour filial par les devoirs de l'amour patriotique ; c'est couper la racine d'un arbre pour en conserver le tronc. On ne doit point anéantir une vertu par une autre vertu, ni punir un crime par un autre crime. Si un fils a un père coupable envers son souverain, il doit faire tout ce qui est en lui pour empêcher le succès de ses projets ; mais s'il ne peut y réussir, les lois doivent le récuser non-seulement comme juge, mais comme témoin. Il y a plus, l'amour de la patrie ne vient que de l'amour de nos pères ; et si je livre ma famille, parce qu'elle est coupable envers ma patrie, je serai donc fondé aussi à livrer ma patrie lorsqu'elle sera coupable envers le genre humain, dont elle n'est qu'une famille. On voit que le même principe peut mener à de terribles conséquences.

Toutes les vertus politiques n'ont d'autres appuis que les vertus morales, et c'est en renverser la première base, posée par la nature, que de détruire, sous quelque prétexte que ce soit, la piété filiale. Les Romains, dont nous avons quelquefois exagéré les principes, ne pensaient pas autrement. Plusieurs de leurs grands hommes ont blâmé la cruelle justice de Junius Brutus. Ses enfants sans doute devaient être punis, mais un père devait se récuser pour leur juge. Plutarque dit que ses mœurs austères n'avaient pas été adoucies par la raison, et il le compare à une épée de trempe trop aigre. Mais, certes, les Romains n'eussent vu qu'avec horreur des enfants dénoncer leur propre père, comme il arriva du temps des proscriptions. Voyez, dans les beaux jours de la république, comme on honorait l'amour filial! Un homme était condamné à mourir de faim dans la prison. A juger du crime par le supplice, il devait être bien grand! Peut-être était-il dirigé contre l'état; n'importe : la fille du coupable s'introduit dans son cachot et l'y nourrit de son propre lait. Le sénat, instruit de cette action, ordonna que le père fût rendu à la fille, et qu'à la place de la prison on élevât un temple à la Piété.

On ne doit conclure en aucune manière de

ce que je viens de dire, qu'il soit ordonné d'aimer sa famille plus que sa patrie : au contraire, on doit, dans tous les cas, préférer celle-ci à sa famille et à soi-même. Mais c'est pour l'amour même de la patrie qu'on doit aimer ses parents. Comment serons-nous fidèles à celle qui rassemble autour de nous tous les moyens de soutenir notre vie, si nous ne le sommes pas à ceux qui nous ont donné la vie? Mais enfin, que fera un fils s'il rencontre son père les armes à la main parmi les ennemis de sa patrie? Épaminondas disait que si on y voyait un ami, il fallait détourner sa lance de sa poitrine. Certes, un fils ne dirigera pas la sienne contre le sein paternel. Mourons, s'il le faut, pour le salut de la patrie, mais vivons pour le bonheur de nos parents. Ce n'est qu'en vivant vertueusement pour eux, que nous serons dignes de mourir généreusement pour elle.

Les vertus n'ont pas toujours à combattre des passions ; elles se heurtent aussi les unes contre les autres, sur-tout dans les dissensions civiles. La justice, l'intérêt du peuple sont souvent réclamés par deux partis ennemis : comment se conduire alors? Je ne connais qu'un moyen, c'est de tenir tant qu'on peut un juste milieu; puisque c'est la place qu'occupe toute espèce de vertu. Au reste, les lois de la nature sont précises, mais leur application est souvent embarrassante. Sans doute c'est une prière bien sage et bien proportionnée à nos besoins, que celle qui nous apprend à demander à Dieu de ne pas nous exposer aux tentations.

Si vous avez besoin de quelques conseils, dit Juvénal, laissez faire aux Dieux : ils savent mieux que l'homme ce qui convient à l'homme; l'homme leur est plus cher qu'il ne l'est à lui-même.

Les noms des enfants influent souvent sur leurs caractères, comme je l'ai remarqué ailleurs : il importe donc beaucoup de leur donner, dès la naissance, des surnoms d'hommes vertueux. Ce n'est pas qu'il leur soit permis de mépriser ceux de leurs parents. On doit leur citer le mot de Cicéron, dont le nom dérive en latin de *cicer*, qui signifie pois chiche. On lui conseillait d'en changer. Je le rendrai, dit-il, si célèbre, qu'on se fera honneur de le porter. Au reste, l'influence des noms sur les hommes est plus grande qu'on ne le pense. C'est par l'effet d'une bonne politique, que Rome moderne donne aux enfants naissants et aux jours de l'année, les noms des saints qu'elle a elle-même canonisés. Ces noms réveillent les souvenirs de toutes les vertus.

SCIENCE DES ENFANTS.

PREMIÈRES IDÉES DES PEUPLES.

Je me souviens qu'étant enfant je m'étais formé des idées assez singulières du soleil et du ciel. Je les rapporterai ici, parce que tout sert à l'histoire de l'esprit humain, et que les premiers systèmes des peuples doivent souvent leur origine à des idées d'enfant. Je croyais, sur le rapport de mes yeux, que le soleil se levait derrière une montagne et se couchait dans la mer; que le ciel était une voûte qui allait en s'abaissant vers l'horizon, de sorte que je pensais que, si je parvenais jamais jusque-là, je serais obligé de marcher courbé, sans quoi, je me casserais la tête contre le firmament. J'entrepris un jour d'atteindre à l'extrémité de la voûte céleste; après avoir marché une heure, voyant qu'elle était toujours à la même distance de moi, j'en conclus qu'il y avait trop loin : mais je n'en restai pas moins persuadé qu'elle existait, et que si je ne parvenais pas à la toucher, c'est que je n'avais pas d'assez bonnes jambes. Au reste, je me figurais, à la vue des étoiles, que le ciel était percé d'une infinité de petits trous par où la pluie tombait sur la terre, comme par un crible, et que les étoiles n'étaient que la lumière de Dieu, qui sortait la nuit par ces petits trous. Cette dernière idée n'était pas si enfantine.

Les Grecs si fameux, de qui nous tenons les éléments des sciences, n'avaient pas des opinions plus saines de la nature. Ils s'imaginèrent d'abord que le soleil était né à Délos, une des îles Cyclades, et qu'il allait tous les soirs se coucher dans la mer. J'estime que les premiers qui eurent cette opinion étaient des Grecs du Péloponèse, et peut-être des Arcadiens, qui en étaient les habitants les plus anciens, puisqu'ils se vantaient d'être sortis de la terre du pays, avant que la lune existât. Délos était, par rapport à eux, à l'orient, car cette île est une des plus orientales des Cyclades. Comme ils voyaient donc le soleil tous les matins se lever au-dessus de Délos, ils jugèrent qu'il y était né ; et comme ils le voyaient chaque soir se coucher dans la mer, ils en conclurent qu'il allait se reposer dans les bras de Thétis, autre divinité de leur invention. Au reste, ils donnèrent au soleil, pour faire sa route, un char, des chevaux, un arc et des flèches. Ils l'équipèrent comme un de leurs guerriers. Il n'y a que le premier pas qui coûte. Dès qu'il fut reçu que Délos avait donné naissance au soleil, dieu du jour, on en fit, comme de raison, la patrie de la lune sa sœur, déesse de la nuit; et bientôt chaque île ou chaque grande montagne fut le berceau d'un dieu et d'un astre. Vénus était née à Cythère, Mercure en Arcadie, et Jupiter, le maître des dieux, au mont Ida.

Il en était de même des autres peuples : chacun faisait lever et coucher le soleil dans son pays, chacun aussi avait ses dieux; on ne saurait croire combien de désordres dans la morale, et de guerres dans la politique, sont nés de toutes ces théologies et de ces physiques partielles. Il a fallu que les hommes se soient liés d'abord par le commerce dans toute la terre. Ils observèrent le cours des planètes autour du soleil, et en conclurent que l'astre du jour éclairait d'autres mondes, qu'il était immobile, et qu'enfin c'était la terre qui tournait autour de lui sur elle-même, ainsi que les autres planètes qui en reçoivent leur lumière. Les autres sciences ne se sont perfectionnées de même que par le rassemblement des observations des hommes. Cette vérité est très-importante; car il s'ensuit que la nature ne fait dépendre l'intelligence des hommes, comme leur bonheur, que de leur union, et qu'un enfant ne doit pas être élevé seulement pour son pays, mais pour le genre humain.

Laissons donc les enfants croire quelque temps, s'il le faut, qu'ils peuvent atteindre le soleil à l'horizon à force de marcher, comme le croyaient quelques peuples de l'antiquité. Il est bon même qu'ils se convainquent de leur ignorance naturelle par leur expérience, afin qu'ils sentent les obligations qu'ils ont aux hommes qui les instruisent, et à ceux qui les ont précédés. Par-là vous leur donnerez une conviction de leur faiblesse, vous les préviendrez contre la présomption du savoir lorsqu'ils en acquerront, parce qu'ils sentiront que, quoiqu'ils en aient l'usage, l'honneur ne leur en appartient pas, puisqu'ils le tiennent d'autrui. Si chaque docteur était obligé de remettre chaque partie de sa science où il l'a prise, que lui resterait-il en propre? Au moins, conservons à nos enfants la modestie, cette compagne naturelle de la faiblesse, et par-là même de ceux qui ont de grands talents, parce que, voyant plus loin que les autres hommes l'immensité de la nature, ils sont d'autant plus pénétrés de leur impuissance.

Il n'est pas nécessaire de commencer par rendre les enfants astronomes pour leur apprendre à connaître le cours du soleil: ils en trouveront aisément les points principaux en se tournant vers lui à l'heure de midi; ils auront son orient à leur gauche, son couchant à leur droite, et son nord derrière eux. Son aurore, son midi, son couchant et son nord leur donneront une idée du jour et de ses heures, de l'année et de ses saisons, de la vie et de ses différents âges; car un seul jour est une image du cours de la vie.

Choisissons ce jour dans l'enfance de l'année, au mois de janvier. Observons le soleil au matin, à la naissance de l'aurore : sa clarté se fait voir au ciel bien avant qu'il s'y montre lui-même, et y produit ce qu'on appelle le crépuscule; c'est l'effet de la réfraction de sa lumière dans l'air condensé par le froid, ou plutôt c'est un effet de la Providence, qui, par cette qualité de l'atmosphère, plus douce en hiver, nous prolonge les bienfaits de la chaleur et de la lumière du soleil à son lever et à son coucher, à proportion de la longueur des nuits. Les jours sont les plus courts de l'année en hiver, mais les crépuscules en sont les plus longs. Quoique le soleil s'y montre d'une grandeur démesurée, il se distingue à peine entre les vapeurs de l'atmosphère; ses rayons décolorés ne répandent que quelques teintes jaunâtres sur un ciel couleur de plomb, et sur des coteaux tout blancs de frimas. Les ruisseaux, glacés et ensevelis sous la neige, ne se distinguent plus des prairies, ou plutôt il n'y a plus ni prairies ni ruisseaux. Une triste uniformité est répandue sur la terre; tout y présente l'aspect de la mort : les arbres, sans feuilles avec leurs branches hérissées de givre, ressemblent à de grands chardons; aucun oiseau ne vient y saluer par ses chants une aurore qui n'annonce que le deuil de la nature : seulement des nuées de corbeaux traversent les airs en croassant, et mêlent leurs cris funèbres au gémissement des vents qui secouent les arbres des forêts; ils s'approchent des villes, ils s'étendent comme un manteau noir sur les voiries couvertes de neige; ils viennent s'y repaître des cadavres des animaux que l'hiver a fait périr : d'autres se répandent le long des plages. Déjà des tourbillons épais de fumée sortent des toits de chaume, et annoncent le lever du laboureur; le faible roitelet et le timide rouge-gorge, pressés par la faim, ne craignent pas d'entrer dans son habitation; ils viennent y solliciter une part des biens que la nature a répandus pendant l'été sur la terre, pour tous les animaux, et que l'homme seul a recueillis dans ses greniers.

L'homme, sans ailes, sans plumage, tout nu, serait plus misérable dans nos climats, que le corbeau carnivore et que le faible roitelet, si la Providence n'avait réuni entre ses mains le feu, cette ame de la nature. Quel tableau lamentable il présente! Combien il est à plaindre celui qu'on a nommé le roi de l'univers! Qui pourra vanter sa raison qui lui est inutile, son cœur et ses sentiments, qui lui causent tant de maux? Voici un animal tout nu que la nature a abandonné aux injures des éléments, et auquel elle n'a pas même donné de climat particulier pour vivre; qu'elle a posé en équilibre sur deux pieds, et qu'elle fait naître si imbécille, qu'il est obligé d'apprendre à marcher et même à manger; à qui seul des animaux elle a refusé l'instinct de connaître les végétaux, soutiens de sa vie ; dans le cœur duquel elle a logé toutes leurs passions aveugles, sans avoir éclairé son cerveau d'une seule de leurs idées innées; qui ne peut satisfaire ses besoins les plus communs sans le secours de ses semblables, et qui est sans cesse en guerre avec eux; qui les persécute et en est persécuté, qui les massacre et en est massacré, et qui, devenu à lui-même son plus dangereux ennemi, finit souvent par mourir de chagrin, et quelquefois par se tuer de désespoir : cet animal si misérable, c'est l'homme. D'un autre côté, voici un être que la nature a mis, par ses jouissances, en relation avec ses semblables par toute la terre, et à qui elle a confié le feu, ce premier moteur de l'univers. Il respire dans tous les climats, navigue sur toutes les mers, habite par tout le globe, tourne à son usage tous les végétaux, et dompte tous les animaux; cet être a reçu de la nature les plus belles formes dans son corps, des affections célestes sur son visage, le sentiment inné de la Divinité dans son cœur, l'intelligence de ses ouvrages dans son esprit, l'instinct de l'infinité et de l'immortalité dans ses espérances; et par les harmonies de son intelligence, de sa vertu et de sa raison, il s'est rendu le maître de toute la terre, et se dirige vers le ciel : cet être sublime, c'est encore l'homme.

Il y a des animaux qui vivent environnés de tout l'éclat du soleil, comme l'aigle; d'autres, comme l'abeille et la fourmi, travaillent dans l'obscurité; les oiseaux de proie semblent avoir les yeux comme des télescopes, tandis que les insectes les ont comme des microscopes. Il est certain que les uns et les autres ne voient pas les objets de la même grandeur; la vue de l'homme, comme ses autres organes, tient un milieu harmonique entre les animaux : mais, par le moyen du feu, il se procure tous les degrés de lumière et de chaleur dont il a besoin : on peut dire que pour lui seul il n'y a point véritablement de nuit ni d'hiver.

Il n'est pas difficile de concevoir comment l'homme a découvert le feu : la nature l'a mis en évidence dans les incendies des forêts occasionés par le tonnerre; dans les fermentations des végétaux, comme nous le voyons dans les fumiers qui s'échauffent jusqu'à s'enflammer; dans le feu des volcans, qui ne provient pas de la chute d'une pierre sur un amas de soufre, comme l'a dit Newton, mais qui doit son origine à la fermentation des rivages des mers, imbibés des nitres et des huiles des animaux et des végétaux que leur apportent les courants. La faculté de faire usage du feu est un des caractères essentiels qui distinguent l'homme de la bête ; elle n'appartient qu'à la raison d'un être qui est en consonnance avec la raison de la nature. L'homme le plus sauvage fait usage du feu et sait le produire, tandis que le singe le plus civilisé et le plus frileux n'a pas l'idée même de l'entretenir dans nos maisons, quoiqu'il se plaise auprès du foyer. Le feu est le mobile de la société humaine, comme le soleil est celui de l'univers. Je n'entrerai pas dans le détail infini des arts qui emploient le feu; mais je crois pouvoir dire sans exagération, qu'il n'y en a pas un seul qui n'en fasse usage : de sorte que, si le feu était anéanti sur la terre, le genre humain périrait. Je suppose un homme sans feu, dans la zone torride même : il ne pourrait en aucune manière cultiver la terre, soit en se procurant des outils pour la labourer, soit en élaguant les forêts et les herbes qui s'emparent de toutes les cultures de l'homme, et que le feu détruit; il ne lui serait pas possible, sans feu, de se tailler des pieux pour bâtir une cabane, ni même de se faire une massue pour se défendre des bêtes féroces, que la vue d'une simple étincelle, pendant la nuit, suffit pour éloigner de son habitation : il y a donc grande apparence que sans le feu il ne pourrait subsister.

Mais ce n'est pas dans l'isolement, dans la solitude, qu'il faut considérer l'homme ; c'est dans la société de ses semblables, c'est dans ces vastes assemblées qu'on appelle nations, qu'il est utile de l'étudier. Les divers gouvernements qu'il inventa pour se garder de lui-même, pour se forcer à la justice et à la vertu, mériteraient d'attirer nos regards ; cependant ils ont été si souvent l'objet des réflexions des philosophes, que je ne leur consacrerai que peu de pages. Je reviendrai de suite à la peinture des sentimens qui font la véritable force de l'homme, parce qu'il les tient du ciel, et que c'est par leur secours qu'il s'élève vers ce ciel, sa première, son unique patrie.

Les philosophes ont beaucoup écrit sur la barbarie des peuples naissans, mais je suis persuadé que cette maladie est étrangère à la nature de l'homme ; elle n'est souvent qu'une réaction du mal qu'une nation dans son enfance éprouve de la part de ses ennemis. Ce mal lui inspire une vengeance d'autant plus vive, que la constitution de l'état est plus aisée à renverser. Ainsi les petites hordes sauvages du Nouveau-Monde mangent réciproquement leurs prisonniers de guerre, quoique les familles de la même peuplade vivent entre elles dans une parfaite union. C'est par une raison semblable, que les animaux faibles sont beaucoup plus vindicatifs que les grands. L'abeille enfonce son aiguillon dans la main qui s'approche de sa ruche, mais l'éléphant voit passer près de lui la flèche du chasseur sans se détourner de son chemin. Quelquefois la barbarie s'introduit dans une société naissante par les individus qui s'agrégent à elle. Telle fut dans l'origine celle du peuple romain, formé en partie de brigands rassemblés par Romulus, et qui ne commencèrent à être civilisés que par Numa. D'autres fois elle se communique, comme une épidémie, à un peuple déjà policé, par la simple fréquentation de ses voisins. Telle fut celle des Juifs, qui, malgré la sévérité de leurs lois, sacrifiaient des enfants aux idoles, à l'exemple des Cananéens. Le plus souvent elle s'incorpore à la législation d'un peuple par la tyrannie d'un despote, comme en Arcadie, sous Lycaon; et encore plus dangereusement par l'influence d'un corps aristocratique, qui la perpétue, pour l'intérêt de son autorité, jusque dans les âges de civilisation. Tels sont de nos jours les féroces préjugés de religion inspirés par leurs brames aux Indiens si doux, et ceux de l'honneur inspirés par leurs nobles aux Japonais, si polis.

Je le répète pour la consolation du genre humain, le mal moral est étranger à l'homme ainsi que le mal physique; ils ne naissent l'un et l'autre que des écarts de la loi naturelle. La nature a fait l'homme bon. Si elle l'avait fait méchant, elle qui est si conséquente dans ses ouvrages, elle lui aurait donné des griffes, une gueule, du venin, quelque arme offensive, ainsi qu'elle en a donné aux bêtes dont le caractère est d'être féroces. Elle ne lui a pas seulement donné des armes défensives comme au reste des animaux; mais elle l'a créé le plus nu et le plus misérable de tous, sans doute pour l'obliger de recourir sans cesse à l'humanité de ses semblables, et d'user de miséricorde envers eux. La misère de l'homme donna naissance à toutes ses vertus. La nature ne fait pas plus des nations entières d'hommes jaloux, envieux, médisants, désirant se surpasser les uns les autres, ambitieux, conquérants, cannibales, qu'elle n'en fait qui ont constamment la lèpre, le pourpre, la fièvre, la petite-vérole. Si vous rencontrez même quelque individu qui ait ces maux physiques, attribuez-les à coup sûr à quelque mauvais aliment dont il se nourrit, ou à un air putride qui se trouve dans son voisinage. Ainsi, quand vous trouvez de la barbarie dans une nation naissante, rapportez-la uniquement aux erreurs de sa politique ou à l'influence de ses voisins, comme la méchanceté d'un enfant aux vices de son éducation ou au mauvais exemple.

Un arbre ressemble à sa branche, et une branche à son arbre : de même le cours de la vie d'un peuple est semblable au cours de la vie d'un homme. Ainsi on peut rapporter aux quatre âges de la vie humaine les quatre principales périodes de la durée d'une nation, et en tirer des conséquences qui ne sont pas indifférentes au bonheur du genre humain. J'en vais rapprocher les similitudes en peu de mots.

Un enfant d'abord existe long-temps dans un état de faiblesse. Combien de chutes ne fait-il pas avant de pouvoir se tenir debout et marcher ! Combien de meurtrissures avant de discerner les corps durs de ceux qui sont mous ! Pour qu'il puisse distinguer l'épine de la rose, il faut qu'il se soit piqué; pour qu'il apprenne à se ressouvenir de son chemin, il faut qu'il se soit égaré. Il n'acquiert son expérience que par ses maux, et sa science que par ses erreurs: sa raison fait autant de chutes que son corps. Il estropie tous les mots de sa langue avant de pouvoir parler, et quand le premier rayon de l'intelligence commence à luire à son esprit, combien de préjugés n'adopte-t-il pas comme des vérités ! Il se modèle en tout sur l'exemple d'autrui; il pleure s'il voit pleurer, il rit s'il voit rire. Ses principes se forment sur ses préjugés, et ses mœurs sur ses habitudes. Prévenu dans tous ses besoins par sa mère, il ne voit long-temps en elle qu'une femme chargée de lui donner à manger, et de le porter sur son dos ou dans ses bras. Ne connaissant pas les maux innombrables qui menacent sa frêle existence, il n'a jamais réfléchi sur les inquiétudes de l'amour maternel, ni ressenti toutes les obligations de l'amour filial. D'un autre côté, sa mère ne pouvant le guider par la lumière de la raison, le subjugue souvent par le sentiment de la crainte. Elle l'effraie par des contes de fées, d'ogres, de revenants. Rien n'est aussi crédule qu'un enfant. Ayant tout à redouter par sa faiblesse, il croit à tout ce qui lui fait peur; d'ailleurs il ne connaît de mal que la douleur, et de bien que le plaisir. Emporté par les impressions vives que font sur ses sens tout neufs des objets nouveaux, ses passions varient à chaque instant. Il aime ce qui brille et ce qui fait du bruit; il court après un papillon qui vole; il s'efforce d'escalader l'arbre où il entend chanter un oiseau; il donnera son vêtement pour une poupée, et il laissera demain la poupée qui le passionne aujourd'hui. Désireux de tout ce qu'il n'a pas, il méprise tout ce qu'il a. Il prend sans scrupule ce qui est à sa bienséance, et donne sans prévoyance ce qui est le plus nécessaire à ses besoins. Sans ambition comme sans modestie, il admet indifféremment à ses jeux l'enfant du pâtre comme celui du roi. Au reste, confiant, généreux, gai, toujours en mouvement, ne connaissant de bonheur que dans la liberté, ses amitiés sont aussi rapides que ses haines, ses plaisirs que ses chagrins, et ses projets que ses réflexions.

Tel est l'homme dans l'état sauvage. Il ignore la plupart des arts utiles à la vie. Comme un enfant, il combat souvent avec des pierres et des bâtons. Sa langue, stérile comme sa raison, ne renferme que peu de mots, et n'exprime qu'un petit nombre d'idées. C'est un être animal qui ne connaît d'autre supériorité que celle de la force, et d'autres besoins que les physiques. Méprisant tout ce qui est plus faible que lui, il opprime, souvent sans s'en douter, la compagne de ses peines; il oblige sa femme de labourer son champ, de moissonner son maïs, de lui préparer ses repas. Dans ses courses longues et fréquentes, il lui charge sur le dos ses provisions, ses petits enfants et tous ses équipages. Mais, par une juste réaction, il est opprimé à son tour par sa religion; car la religion, par toute la terre, étant le refuge naturel des infortunés, tyrannise d'autant plus les tyrans, que les femmes ont plus à se plaindre d'eux. Ce sont elles qui, par leur faiblesse et leur nombre, donnent un pouvoir redoutable à toutes les superstitions populaires. Si elles s'attroupent devant quelque rocher d'une couleur étrange, et qu'elles s'y inclinent, les hommes s'y agenouillent, et bientôt leurs chefs s'y prosternent. C'est ainsi que, dans l'île d'Iona, l'ancienne métropole des îles Hébrides, les chefs des montagnards écossais prêtaient serment en tremblant sur deux pierres noires. Sans ce serment, les tribus sauvages ne se seraient pas fiées à leur conscience. Ainsi, dans nos siècles de barbarie, Louis XI, qui enfreignait sans scrupule les lois de l'humanité, craignait de se parjurer sur la croix de saint Louis. Les superstitions des tyrans sortent du sein des misérables; ce sont des nourrices qui effraient à leur tour leurs nourrissons. L'homme, dans l'état sauvage, est plus ému des objets qui étonnent ses sens, que de ceux qui éclairent sa raison; de là vient qu'il aime beaucoup toutes les cérémonies d'éclat, et les révère d'autant plus qu'il en pénètre moins le sens. Comme un enfant, il imite toutes celles qu'il voit faire; il se revêt, quand il le peut, de la chemise de l'Européen, il se coiffe de sa perruque, et après s'en être paré, il les suspend comme des manitous à un arbre voisin de son village. Il est avide de tout ce qu'il voit, et prodigue de tout ce qu'il a. Il donne le produit de ses chasses pénibles et de sa laborieuse industrie pour des grains de verre et des sonnettes. Il s'efforce, la nuit, d'enlever l'ancre du vaisseau avec lequel il a traité pendant le jour, et le lendemain il porte en présent le lit dont il aura besoin le soir. Sans prévoyance, il cède en automne le terrain qu'il doit ensemencer au printemps, et ses alliances ne durent qu'autant que ses intérêts. Regardant tous les hommes comme égaux, il présente son calumet à un matelot comme à un amiral, et s'il admet entre eux quelque distinction de rang, ce n'est que celle de l'âge. Au reste, gai, naïf, généreux, toujours errant, il ne connaît de bonheur que la liberté : un sauvage n'est qu'un enfant robuste.

Tels ont été, dans leur origine, la plupart des peuples de l'Europe, et tels sont encore de nos jours ceux de l'Amérique.

Dès qu'un enfant a atteint l'âge de puberté, sa taille commence à se former; ses traits prennent du caractère, sa voix mue et se renforce; ses yeux, encore voilés par la timidité de l'enfance, s'animent des premiers feux de la jeunesse : cet âge est l'aurore de la vie. C'est alors qu'une lumière nouvelle écarte les nuages de l'ignorance. Dans l'état de nature, un adolescent pourvoit déjà à ses besoins : il harponne le poisson au fond des eaux, il abat d'un coup de flèche l'oiseau au haut des airs, il atteint la bête fauve à la course. Des désirs inconnus viennent l'agiter. Autrefois, un ami suffisait pour calmer ses inquiétudes, maintenant il s'étonne de soupirer au sein d'un ami; il cherche un cœur qui réponde plus parfaitement à son cœur : bientôt il trouve la moitié de lui-même dans une maîtresse. Jusqu'alors il n'avait aperçu dans une jeune fille qu'un être plus faible que lui, maintenant il sent dans celle qu'il aime une puissance supérieure à lui; elle éclaire son intelligence en la subjuguant, et redouble sa force en la soumettant au pouvoir de ses charmes; elle lui inspire des lumières et des vertus qu'il ne connaissait pas. Pour lui plaire, il chante, il fait des vers, il perfectionne son industrie, il s'occupe de l'arrangement de son habitation, des soins d'un époux, d'un père, d'un citoyen. Dans son ardeur inquiète, il observe toute la nature, et il sent dans toute la nature un Être puissant qui aime comme lui. Son cœur se dégage des préjugés de l'enfance et des terreurs de la superstition; sa religion devient confiante et sublime : c'est l'amour qui le fait homme. L'amour fait couler dans ses veines tous les feux de l'héroïsme. Il est prêt à donner sa vie pour une patrie qui l'attache par de si doux liens; que dis-je! si l'objet aimé le lui commande, il tentera de subjuguer l'univers. O Pélopidas! vous ne donnâtes à Thèbes que de saintes victimes de la patrie, avec un bataillon d'amis; vous lui auriez donné des héros qui en auraient étendu au loin l'empire, avec un bataillon d'amants.

Tel est un peuple qui passe de l'état sauvage à l'état policé. Il perfectionne d'abord tous les arts utiles, et bientôt il invente les arts agréables. Les femmes, aidées de leurs moyens, donnent plus de pouvoir à leurs charmes; elles secouent le joug de l'oppression domestique où elles étaient retenues par les lois du plus fort. Les mœurs s'adoucissent : il se forme des associations de chevalerie qui s'occupent du soin de réprimer les injustices, sur-tout celles qui sont commises envers les femmes. La religion, dégagée des terreurs de la barbarie, prend de l'élévation et de la majesté. Bientôt se développent tous les arts qui donnent à l'amour son empire, et qui en reçoivent à leur tour leur perfection ; la musique, la poésie, la peinture, la sculpture, l'architecture, les théâtres. Les femmes deviennent le sujet et l'objet de toutes les fêtes publiques ; elles président aux spectacles, aux bals, aux tournois, aux exercices militaires. L'art de la guerre, qui les effraie dans les combats, leur plaît dans ses jeux ; et leurs applaudissements redoublent l'ardeur des guerriers. Pour mériter l'estime des femmes, tout citoyen veut devenir soldat : l'art de la guerre se perfectionne, la nation sent ses forces, et s'enflamme bientôt du désir des conquêtes. Alors un état a toute l'énergie de la jeunesse et de l'héroïsme : les siècles des amours sont aussi les siècles de gloire.

Tel a été le développement de plusieurs états de la Grèce jusqu'à Alexandre ; de Rome (où, selon Ovide, Vénus avait plus de temples qu'en aucun lieu du monde) jusqu'à Auguste ; et de la France depuis François Ier jusqu'à Louis XIV.

Vient l'âge viril : le feu des passions se calme. L'homme, formé par l'expérience du passé, s'occupe particulièrement de l'avenir. Son soin principal est de consolider sa fortune : il sent alors que l'argent sert plus que la gloire. Il quitte les choses agréables pour les utiles, et préfère la commodité à la magnificence ; il fait des projets de commerce et d'agriculture; il cherche à se former des alliances avantageuses et à établir sa postérité; il n'est plus l'amant de sa femme, mais il en est l'époux; son amour se change en estime; sa religion s'épure, il est moins touché de sa pompe que de son esprit; ses vertus, plus solides, se portent sans éclat au bonheur de ses semblables. L'âge viril est l'âge de la force et de la raison.

Tel est l'état d'un peuple après le dernier période de sa civilisation. Le siècle de la philosophie y succède à celui des beaux-arts; on sent moins, mais on raisonne mieux : tout est soumis à l'analyse. Les arts de goût déclinent, mais les arts utiles se perfectionnent. La forme des meubles, la distribution des maisons, la police des villes, l'agriculture, le commerce, la navigation, tous les arts et toutes les sciences politiques font des progrès rapides. Chaque citoyen sent que son bonheur particulier dépend du bonheur général; les conditions se rapprochent. La population s'accroît sensiblement; l'état établit au dehors des colonies; au dedans, les femmes sont plus compagnes que maîtresses. La religion dirige ses vues plus directement vers le bonheur des hommes; elle gagne en services d'humanité ce qu'elle perd en cérémonies. Le crédit de la gloire diminue, et celui de l'argent augmente. On préfère une paix utile à une guerre glorieuse;

le repos paraît d'autant plus doux que l'agitation des âges précédents a été plus grande ; souvent même le malheur passé accélère cette révolution, comme un ver qui pique un fruit en rend la maturité plus précoce quand il ne le fait pas périr ; comme de longues infortunes, en frustrant un jeune homme des plaisirs de son âge, donnent à son jugement la perfection de l'âge mûr, quand elles ne le renversent pas.

Tel est devenu le caractère de l'Angleterre, de la Hollande et de la Suisse, après avoir long-temps gémi sous le joug de leurs tyrans. Tel commence à devenir le nôtre, par le bénéfice des siècles et la sagesse de nos rois. S'opposer à notre maturité politique, c'est empêcher qu'une fleur ne donne son fruit, et qu'un enfant ne devienne homme ; c'est vouloir contenir toute la sève d'un arbre dans son tronc, et opérer dans un état les mêmes révolutions qui perdirent les principales républiques de la Grèce et l'Empire romain.

Enfin la vieillesse arrive, et ne laisse plus à l'homme d'autre besoin que l'amour du repos et des jouissances paisibles. Il s'entoure de commodités ingénieuses, et comme on ne les acquiert qu'avec de l'argent, son ambition décline tout-à-fait en avarice ; il devient sédentaire ; il ne va plus chez les autres, mais il les attire chez lui. Comme il ne voit plus que sa fin dans l'avenir, il en détourne sa pensée, et la rejette vers le passé. Il se rappelle avec délices les époques de son enfance. Ses premières habitudes renaissent. Comme un enfant, il incline vers la superstition; il est plus ému des cérémonies de sa religion que touché de son esprit. Sa femme, de même, a plus de part à ses respects qu'à son amour; il l'environne d'étiquettes, et se gouverne, ainsi que toute sa maison, par l'autorité de la coutume. De là vient qu'il préfère un abus ancien à une nouveauté utile. Cependant, si l'âge affaiblit son tempérament, il y supplée par l'exactitude de son régime; il évite tout ce qui peut ébranler sa constitution. L'absence des passions tumultueuses donne plus de liberté à son ame : il calcule avec prudence ses démarches et celles d'autrui. Comme sa faiblesse le rend attentif à tous les événements qui peuvent lui nuire, il les prévoit de loin, et sait en profiter par sa longue expérience. C'est à lui qu'appartient de gouverner les membres d'une nombreuse famille.

Tel est le caractère d'un empire qui a vieilli : il ne songe qu'à se maintenir en paix, et à attirer chez lui l'argent et le commerce des autres nations. Ainsi, quoique despotique par sa nature, il est tolérant par intérêt. Il perfectionne les arts de luxe, et il néglige les arts utiles. On y loue beaucoup les temps passés; on y fait plus de cas d'une vieille médaille que d'une invention moderne, et des fondateurs de l'empire que de ceux qui le régissent. La coutume y est tout, et la mode rien. Les anciennes pompes sont rétablies et augmentées dans les assemblées politiques et religieuses. Le cérémonial règle toutes les démarches du gouvernement, et pénètre jusque dans l'intérieur des familles. La gravité devient le caractère général de la nation. Les femmes y rentrent dans un esclavage, non de barbarie, mais de bienséance. L'esprit militaire s'affaiblit, mais l'esprit politique se perfectionne. Si on y est exposé aux invasions des ennemis, on repousse leurs armes par des négociations; et telle est la supériorité de la sagesse sur la force, qu'un état ancien étend son autorité bien au-delà de ses domaines; il rejette dans le sein de ses ennemis les discordes qu'ils lui préparaient, il leur en suscite à son tour de nouvelles, et s'il vient à succomber sous leurs efforts, il finit souvent par conquérir ses propres conquérants.

Tel est l'état de la Chine.

Cette comparaison des quatre âges de la vie d'un peuple avec les quatre âges de la vie d'un homme, me semble d'autant plus juste, que beaucoup de hordes sauvages périssent avant de devenir des peuples parfaits, ainsi que beaucoup d'enfants meurent avant de devenir des hommes. Tel a été le sort de quantité de petites nations en Amérique et en Tartarie. D'autres, comme des jeunes gens, se détruisent dans la vigueur de l'âge, par l'abus de leurs propres forces. Tel fut l'empire d'Alexandre, qui ne put atteindre à l'âge viril. Il y en a qui parviennent tout d'un coup de la jeunesse à la caducité, sans passer par l'âge mûr, comme l'Empire romain, qui se détruisit par le luxe même qui fait fleurir l'Asie depuis tant de siècles. C'est que les Romains n'avaient que le goût du luxe, et que l'Asie en a de plus les matières premières et les manufactures. Enfin il y a des états qui périssent dans le cours de leur jeunesse, par leur mauvaise constitution, comme la Pologne; et d'autres qui passent tout d'un coup de l'enfance à l'âge viril, comme la Russie y passa par l'influence du génie de Pierre-le-Grand.

On peut reconnaître par ces aperçus, que le caractère primitif d'une nation, ainsi que celui d'un homme, est souvent altéré par le commerce de ses voisins : ainsi les mœurs françaises ont hâté la maturité des peuples du Nord. Au fond, ce n'est qu'une réaction; car la barbarie des anciens peuples du Nord, qui ont inondé l'Europe à plusieurs époques, a retardé long-temps notre civilisation. Aujourd'hui notre influence y est devenue plus étendue, plus puissante et plus rapide que celle d'aucun peuple barbare ou policé, grace aux talents de nos gens de lettres. C'est par leurs immortels ouvrages que la langue française est devenue universelle dans toutes les cours de l'Europe, et c'est par la douce philanthropie qu'ils inspirent, que les peuples de cette partie du monde se rapprochent insensiblement les uns des autres.

La nature tire ses harmonies des contraires; elle fait contraster dans ce vaste corps du genre humain les âges des peuples, comme elle oppose dans une même famille les âges de ses différents membres. Elle y met à-la-fois des enfants, des jeunes gens, des hommes faits et des vieillards, afin que la force soit utile à la faiblesse, et l'expérience à l'ignorance. Mais afin qu'il n'arrivât pas que le genre humain fût à la fin dominé par un seul de ces caractères, qui entraînerait sa destruction, comme il arriverait à une famille, qui ne pourrait subsister toute seule, si elle était uniquement composée de faibles enfants, ou de jeunes gens pleins de passions, ou de vieillards caducs; il me semble qu'elle a donné à chacune des quatre parties du monde un caractère analogue à chacun des quatre âges de la vie humaine. Il me semble de plus qu'elle a imprimé ce caractère non-seulement au territoire, mais aux peuples, quelles que soient les périodes particulières de leurs développements, puisqu'elle a placé dans plusieurs parties du globe, malgré la variété des saisons, des foyers constants de froidure et de chaleur, d'humidité et de sécheresse, qui influent sur toute la terre, et y entretiennent sans cesse la chaîne de ses harmonies.

Ainsi la nature paraît avoir assigné le caractère de l'enfance à l'Amérique ; elle a rendu sa température en général douce et humide, telle que celle des enfants. Elle a placé une grande portion de son territoire dans la zone torride, mais elle la rafraîchit par l'élévation de son sol, par l'ombrage des plus vastes forêts qu'il y ait au monde, par le souffle perpétuel des vents alizés, par une longue chaîne de montagnes à glaces, d'où découlent vers sa partie la plus chaude les plus grands fleuves de la terre. Elle y a pourvu aux besoins simples de ses habitants par des productions végétales, qui demandent peu d'apprêt et d'industrie. Elle y a mis leur nourriture en terre, à l'abri des ouragans et des oiseaux, dans les racines du manioc et de la patate; leurs vêtements sur le cotonnier, arbrisseau qui se couvre de flocons de laine, comme une brebis; leurs meubles dans les branches du calebassier, qui se chargent de fruits cucurbités, dont on peut faire toute sorte de vaisselle; leurs logements, sous les arcades du figuier d'Inde et de plusieurs espèces d'arbres. Là on ne rencontre que très-rarement des bêtes féroces dangereuses à l'homme; mais on y voit des troupes de singes qui se livrent à mille jeux innocents; des oiseaux qui charment les yeux par les plus vives couleurs, ou les oreilles par les plus doux ramages. Telles sont les températures et les productions les plus communes du Mexique, du Pérou, du Brésil, de la Guiane, de la Terre-Ferme d'Amérique, et des îles innombrables qui avoisinent leurs rivages. Ces vastes et paisibles contrées semblent réservées à l'enfance du monde ; et si j'avais à représenter un de leurs heureux habitants dans cette passion ravissante où chaque être se montre avec son caractère naturel, je veux dire l'amour, je le peindrais vêtu de plumes, couché dans un hamac de coton suspendu à des bananiers, et servi par sa maîtresse, qui lui présente une calebasse pleine de fruits délicieux.

Le caractère bouillant de la jeunesse semble appartenir à la brûlante Afrique. Cette partie du monde est traversée d'une longue zone de sable qui y redouble les ardeurs du soleil à son zénith. Son atmosphère embrasée y teint de noir tous les habitants, et n'est rafraîchie que par des ouragans et des tonnerres. La terre y porte beaucoup de fruits qui lui sont particuliers, comme la datte ; mais ceux qui lui sont communs avec l'Europe, tels que l'abricot, la grenade, la figue, le raisin, l'olive, y viennent beaucoup plus gros que dans aucune partie du monde. Qui n'a pas ouï parler de la fertilité de l'Égypte ? L'Afrique donne, dans la plupart de ses régions, jusqu'à deux moissons par an ; cependant ces campagnes si fécondes sont désolées par des bêtes féroces. Là, les amants n'osent se donner de rendezvous dans les bocages, qui servent souvent de retraite à un rhinocéros, à un tigre perfide, ou à un buffle furieux, ou à un lion toujours en courroux; les voyageurs ne traversent qu'en nombreuses caravanes ses profondes solitudes, dont les échos répètent, de tous les points de l'horizon, les hurlements des animaux qui demandent de la proie. Le berger, armé jour et nuit pour la défense de ses troupeaux, s'y exerce à une guerre impitoyable. Là, sont des vengeances implacables comme celle d'Achille; là, des peuples entiers prennent les armes, et, sans projet de conquête ni de butin, massacrent des peuples entiers : hommes, femmes, enfants, en boivent le sang et se repaissent de leur chair.

Approchez des bords de la Méditerranée, vous verrez en opposition des villes commerçantes et tranquilles de l'Espagne et de l'Italie, telles que Cadix, Livourne, Ceuta, les États orageux de Maroc, de Tunis, d'Alger; retraites de pirates qui alarment sans cesse le commerce de l'Europe. Les guerres, les révolutions, l'esclavage, auraient bientôt dépeuplé ces contrées, si les femmes n'y étaient aussi fécondes que la terre qui les nourrit. Mais l'amour même qui répare les maux que fait la guerre, ne fait qu'ajouter à la férocité des hommes. Là, la beauté appartient au plus redoutable : ce n'est point avec des larmes que l'amour s'exprime, c'est avec du sang.

Le Maure, couvert d'une peau de tigre, se montre à sa maîtresse la poitrine ensanglantée et les bras percés de son poignard. Il fait de sa sultane son esclave, et quelquefois sa victime. L'Afrique présente dans son climat, ses animaux et ses habitants, la force, le délire et les fureurs de la jeunesse.

L'Europe a une température semblable à celle de l'homme dans l'âge viril; elle n'a ni l'humidité de l'Amérique, ni les ardeurs de l'Afrique; ses campagnes sont suffisamment arrosées par un grand nombre de rivières navigables. Cependant les végétaux nécessaires à la vie humaine y demandent plus de culture et d'apprêts que dans aucune autre partie du monde. C'est là qu'il faut greffer, tailler les arbres fruitiers, labourer la terre avec de lourdes charrues, la fumer, battre les blés, les moudre, et en préparer le pain par une multitude d'arts qui ont rendu cet aliment, particulier à ses peuples, le plus coûteux de tous ceux qui servent à la subsistance du genre humain. C'est là que les rivières, les collines, les plaines, sont couvertes de moulins et de fabriques en tout genre : l'industrie humaine y paraît dans toute son énergie. L'esprit de l'homme accroît ses forces à proportion des difficultés que lui oppose la nature. Là, les forêts ne périssent pas inutilement aux lieux qui les ont vues naître : la hache européenne les façonne en vaisseaux qui vont naviguer sur toutes les mers. Les sciences, les arts agréables et utiles, mais sur-tout les arts de la puissance, tels que la navigation et la guerre, y sont dans leur perfection. Cette petite partie du monde doit au seul progrès de ses lumières et de ses forces la prépondérance qu'elle a acquise sur les trois autres. Seule, elle a subjugué l'Amérique; elle a établi des forts inexpugnables en Afrique et en Asie; elle est la seule dont toutes les puissances se lient tour-à-tour par des traités, et semblent n'être que les membres d'une famille unique. Heureuse, si ses lois intolérantes, et sur-tout l'éducation ambitieuse de ses peuples, ne les armaient pas sans cesse les uns contre les autres, et ne les divisaient encore plus que les traités politiques ne les rapprochent! C'est là que la femme, chargée de l'intérêt public par les malheurs des peuples, détruit par l'inconstance des modes la servitude des anciennes institutions, et par l'empire des graces celui de la barbarie : les lois gauloises la livraient comme esclave à son époux, la religion chrétienne la lui présente comme une compagne, mais la coutume l'a faite souveraine.

Le caractère de la vieillesse peut se rapporter à l'Asie, la plus anciennement peuplée des quatre parties du monde. Elle réunit de plus les avantages des trois autres par la variété de ses températures; car, la Cochinchine et le royaume de Siam y sont aussi humides que l'Amérique; l'Indoustan, aussi chaud que l'Afrique; la Perse et une partie de la Tartarie, aussi tempérées que l'Europe. En général, le sol y est plus élevé, le ciel plus serein, l'air plus pur et plus sec que dans le reste du globe. La nature y a rassemblé toutes les richesses qui sont dispersées ailleurs, et elle y a mis, dans les productions de chaque règne, des espèces d'une qualité supérieure à toutes celles que l'on trouve dans les autres contrées du monde : comme si l'Asie était en tout genre la patrie des pères. L'acier de Damas, l'or et le cuivre du Japon, la perle d'Ormus, les diamants de Golconde, les rubis du Pégu, les épiceries des Moluques, le coton, les mousselines et les riches teintures de l'Inde, le café de Moka, le thé de la Chine, ses belles porcelaines et ses brillantes soieries; les chèvres d'Angora avec leurs douces toisons, le paon de Java, et le faisan de la Chine avec son plumage, enfin, presque tout ce qui fait l'objet principal des délices, du luxe et du commerce de l'Europe, vient de l'Asie. Les Grecs et les Romains en avaient tiré la plupart des arbres à fruit que nous cultivons aujourd'hui. Nous en avons exporté les végétaux qui font la richesse de nos colonies en Amérique, tels que le café, l'indigo, la canne à sucre : nous lui devons le ver-à-soie qui fait fleurir en Europe tant de manufactures; enfin, c'est d'elle que sont sortis les arts, les sciences, les lois, les religions et les peuples de toute la terre. La nature semble avoir réservé cette abondance magnifique à la patrie de ses fils aînés et des pères du genre humain, comme parvenus à l'âge où il convient à l'homme de recueillir les fruits de ses longs travaux, et d'en rassembler toutes les jouissances. Si je représentais donc un Asiatique amoureux, ce serait comme un patriarche avec une barbe vénérable, couché sur un sopha, entouré de parfums, servi par des femmes somptueusement vêtues, respectueuses, et attentives à lui plaire.

Il y a encore dans les quatre parties du monde des qualités physiques et morales relatives aux quatre âges de la vie que nous leur avons assignés : par exemple, les Américains sont imberbes comme des enfants; les Nègres ont pour barbe une espèce de coton, tel que celui qui couvre le menton des jeunes gens. Les Européens rasent leur barbe, comme des hommes faits; mais les Asiatiques la portent longue, comme des vieillards. Ils conservent avec le plus grand respect ce caractère patriarcal. Le plus grand affront qu'on puisse faire à un Asiatique, est de l'en priver; comme le serment le plus sacré qu'on puisse exiger de lui, est de le faire jurer sur sa barbe. Peut-être le climat, qui est humide en Amérique, brûlant en Afrique, sec en Asie, est cause des diverses modifications de cet ornement naturel, que nous autres Européens regardons comme une superfluité incommode dans nos climats pluvieux. Mais il n'en est pas moins vrai que les variétés de la barbe s'accordent, dans chaque partie du monde, avec les périodes de la vie humaine que nous leur attribuons, et se combinent parfaitement avec les autres traits de la physionomie. Ainsi les Indiens de l'Amérique ont en général le front étroit, de gros yeux à fleur de tête, le nez court, des traits peu prononcés ; ce qui, avec leur menton imberbe, leur donne un air de simplicité qui convient à l'enfance. Les noirs d'Afrique, avec leur menton cotonné, ont des nez épatés, des yeux dont le blanc, ainsi que celui de leurs dents, contraste durement avec la noirceur de leur visage, dont ils augmentent la rudesse par des balafres qu'ils se font; ce qui leur donne un air violent et hardi: d'ailleurs ils sont d'une vigoureuse constitution. Les Européens ont des corps très-bien proportionnés et de beaux traits, témoin ces belles statues des deux sexes que la Grèce nous a laissées, et dont je ne sache pas que ses artistes, si curieux de rechercher le beau en tout genre, aient été prendre des modèles en Afrique ou en Asie. C'était, je pense, dans l'intention de montrer toute la beauté de la figure humaine, et leur ingénieux savoir, qu'ils ont représenté tant de figures sans vêtements, et beaucoup d'hommes sans barbe, pour ne rien voiler de la beauté européenne. En Asie, les Turcs, les Persans, les Indiens, portent les barbes les plus amples qu'il y ait au monde, qui, avec leurs grands fronts et leurs nez aquilins, donnent à leur visage une gravité particulière. Le costume est parfaitement d'accord avec ces caractères : car les peuples du Pérou et du Mexique sont simplement vêtus d'une chemisette de coton; ceux du Zara, de l'Atlas et de la Nigritie, de peaux de bêtes féroces; les Européens, d'habits courts et justes, qui font paraître toute la taille; les Asiatiques, de robes longues qui la voilent jusqu'aux pieds : de sorte que les Américains ont l'air innocent et doux, les Africains effronté, les Européens viril, et les Asiatiques vénérable, tel qu'il convient à l'enfance, à la jeunesse, à l'âge mûr et à la vieillesse.

Les plaisirs et les mœurs de ces nations sont analogues à leurs caractères. Les habitants de l'Orénoque, les Mexicains et les Péruviens, aiment passionnément les jeux qui exercent le corps, entre autres le jeu de balle; les Maures d'Afrique les exercices de l'adresse, de la force et du courage, tels que les courses de bague et les combats de taureaux, dont ils introduisirent le goût en Espagne lorsqu'ils en firent la conquête; les Nègres, la musique la plus bruyante; les Européens, les spectacles convenables à des peuples qui cultivent leur esprit; les Asiatiques, les assemblées où la raison s'exerce en silence, telles que les cafés, où ils fument leur pipe sans parler, où ils jouent aux échecs; car ce jeu nous est venu de ce pays, ainsi que le trictrac des Indes. Il y a un autre exercice qui caractérise par-tout l'esprit des nations; c'est la danse : celle des Américains est pantomime, car ils imitent, comme des enfants, tout ce qu'ils voient faire; celle des Nègres est querelleuse, et on y voit pour l'ordinaire deux champions armés de bâtons ou de zagaies, qui feignent de se battre. Le menuet règne sur les bords de la Seine, et paraît la danse la plus propre à combiner à-la-fois les graces d'un cavalier et de sa dame; pour les Asiatiques, cet exercice leur paraît si contraire à la gravité de leur caractère, qu'ils se croiraient déshonorés s'ils s'y étaient jamais livrés : ils aiment cependant les danses, sur-tout celles qui sont libres et voluptueuses. Pour se procurer ce plaisir, ils introduisent des baladins dans leurs grands festins, qui durent quelquefois plusieurs jours, comme ceux d'Assuérus, car le goût de la table est encore celui des vieillards; mais jamais aucune femme honnête ne paraît dans leurs divertissements publics. Enfin, on se formera une idée précise des mœurs domestiques de ces diverses nations, en y considérant le sort des femmes, qui par tout pays en sont le principe et la fin. Dans les quatre parties du monde, elles ont des fonctions analogues aux quatre âges de la vie : elles sont nourrices en Amérique, esclaves en Afrique, compagnes en Europe, et servantes en Asie.

Les mêmes nuances se retrouvent dans les gouvernements de ces contrées. On y reconnaît d'abord les deux puissances temporelle et spirituelle, ou militaire et ecclésiastique, qui, par toute la terre, se disputent la domination des hommes ; et chacune d'elles y a plus ou moins d'autorité, suivant le degré de maturité de chaque partie du monde. Ainsi, parmi les peuples enfants de l'Amérique, ce sont les prêtres qui ont la puissance, et qui gouvernent par les terreurs de la superstition. Les Mexicains et les Péruviens, déjà avancés en civilisation, avaient à la vérité des souverains ; mais ces souverains, quoique très-despotes, étaient les premiers esclaves des idoles. Chez les peuples de l'Afrique, le pouvoir militaire ou royal l'emporte sur le pouvoir religieux. Les Nègres, quoique fort superstitieux, changent souvent de dieux et de religion, même dans leur pays natal. Lorsqu'ils sont esclaves dans des pays étrangers, ils prennent aisément la religion de leurs maîtres, et la quittent avec la même facilité ; comme ils ne connaissent d'autre puissance que la force, ils sont toujours de la religion du plus fort ; et cette mobilité de caractère, produite par la fougue de leur tempérament, ne se trouve chez aucun peuple de l'Amérique, de l'Europe ou de l'Asie. Dans le régime viril de l'Europe, les puissances temporelle et spirituelle se rapprochent ou se divisent à proportion de la maturité des nations ; mais chez celles de l'Asie, elles se réunissent et se confondent dans la personne du souverain, comme au temps des patriarches. Les monarques de l'Asie sont à-la-fois rois et pontifes, de manière cependant que, quoique la religion du prince préside à toutes les opérations de l'état, toutes les autres religions y sont publiquement tolérées : il n'y a pas un souverain en Asie qui n'y règne au nom de la religion. Dans la religion mahométane, les chefs de l'état se disent les descendants du Prophète : tel est le grand-seigneur chez les Turcs, le sophi de Perse, le grand mogol, le prince de Moka, les émirs des Arabes, les anciens califes d'Égypte et de Bagdad, et les schérifs, qui se sont emparés d'une si grande partie de l'Afrique. Dans les religions idolâtres de l'Asie, comme celles de l'Indoustan, du Pégu, de Siam, de la Cochinchine, les monarques prennent les titres de frères du soleil et de la lune ; dans la religion de la Chine, l'empereur sacrifie publiquement à l'Esprit du ciel. Les autres parties du sacerdoce pontifical passent aux mandarins des villes, et même à tous les pères de famille, qui offrent souvent des hommages religieux à Confucius et aux esprits des ancêtres. Lorsque les deux puissances militaire et ecclésiastique se sont séparées dans la personne du prince, comme au Japon, l'empereur ecclésiastique ou daïri s'est réservé le droit très-important de conférer tous les premiers titres d'honneur de la cour de l'empereur séculier, qui de plus est obligé chaque année de lui payer de grands tributs : ces titres d'honneur sont des titres de sainteté. Ainsi, on peut dire que, dans toute l'Asie, le gouvernement des peuples est véritablement théocratique; les édits mêmes des souverains y renferment des leçons de morale, ou des exhortations à la vertu, comme il convient aux ordres des vieillards : de sorte que, si on s'arrête au langage des lois dans chaque partie du monde, on y retrouvera les caractères de leurs habitants; car elles font parler en Amérique le courroux des dieux, en Afrique la colère des rois, en Europe leur bon plaisir et quelquefois l'intérêt des peuples, et en Asie la volonté du ciel.

Il ne faut pas conclure de ces rapprochements, que j'attribue les vices et les vertus de chaque peuple à son climat : j'ai réfuté ailleurs par des preuves de fait cette erreur, mise au jour par de célèbres écrivains. Ce que je viens de dire, même sur les diverses températures de chaque

partie du monde, en est une nouvelle réfutation.
Il est certain que les chaleurs de l'Afrique n'en
rendent pas les Nègres efféminés, comme les
noirs, habitants du Bengale, qui vivent sous un
climat presque semblable; de même que les
chaleurs du Bengale et de la côte d'Arisca ne
rendent pas les Indiens barbares, comme les
Nègres de Jaïda ou les Maures de l'Afrique. La
barbarie et le luxe ne sont pas des effets du
climat, mais des maladies et de l'âge des nations.
La première les attaque dans toute sa force à
leur naissance, et s'affaiblit à mesure qu'elles
vieillissent; l'autre, au contraire, croît avec elles,
et est dans toute sa vigueur à leur décadence.
La barbarie naît de la faiblesse d'un peuple enfant, gouverné par le despotisme d'un monarque ou d'un corps, et elle a toujours pour
base quelque opinion religieuse. Le luxe, au
contraire, vient de la faiblesse d'un peuple vieillard, et est fondé sur des besoins physiques,
qui se multiplient avec l'âge. La barbarie et
le luxe n'adhèrent à aucune nation, puisque la
simple progression de l'âge, ou de bonnes lois,
suffisent pour les en guérir ou les en préserver.
On peut rapporter tous les vices d'une nation à
ces deux maladies des corps politiques; et comme
il est très-important d'assigner, dans les maux du
genre humain, les sources principales qui les produisent, nous allons les déterminer par leurs

effets. Ainsi, considérant la guerre comme le résultat de la barbarie de chaque peuple, et son commerce comme celui de son luxe, nous verrons ces deux thermomètres politiques hausser ou baisser, suivant les degrés de civilisation de chaque partie du monde.

En Amérique, les guerres sont fréquentes et très-cruelles parmi les sauvages, comme nous l'avons dit. Elles naissent de l'état de faiblesse de ces petites nations, qui proportionnent toujours leurs vengeances à leurs craintes; mais ce que je n'ai pas encore dit, c'est qu'elles y sont presque toutes allumées par quelque fanatisme religieux. Le premier homme qui égorgea un animal domestique pour sa subsistance, en dévoua les entrailles aux dieux, pour expier cette espèce de crime en les associant à ses besoins. Volà, dit-on, l'origine des sacrifices. Mais celui qui le premier tua son semblable, en offrit sans doute le sang aux dieux infernaux, pour les associer à sa vengeance : et voilà, selon moi, l'origine de la férocité des guerres de l'Amérique. Les sauvages n'entreprennent aucune hostilité sans consulter leur manitou, et celui d'entre eux qui le fait parler, ne manque jamais de promettre un heureux succès, pourvu qu'on s'engage à fournir à la parure du manitou au moins quelques crânes ou mâchoires des ennemis. Aussi ils traitent leurs prisonniers de guerre avec la plus horrible barbarie. Ils leur arrachent la chevelure, ils les rôtissent tout vifs, ils les mangent, et ils en attachent les ossements à la cabane ou au sac qui renferme le manitou. Les Mexicains et les Péruviens, ces peuples naturellement si doux et déjà avancés en civilisation, offraient chaque année à leurs dieux un grand nombre de victimes humaines; ils faisaient même uniquement la guerre pour en avoir. Leurs prêtres s'écriaient de temps en temps qu'il fallait à manger aux dieux. Aussitôt les peuples tremblants prenaient les armes, se jetaient sur les peuples voisins, d'où ils amenaient quantité de prisonniers, auxquels les prêtres ouvraient la poitrine pour en tirer le cœur, qu'ils offraient tout palpitant à leurs idoles; l'empereur du Mexique s'était abstenu même de faire la conquête de plusieurs nations de son voisinage, uniquement afin d'avoir de quoi fournir à ces affreux sacrifices. C'est sans doute cette barbarie qui a attiré la vengeance divine sur ces peuples, dont le gouvernement ne subsiste plus; car puisque Dieu ne se propose que le bonheur du genre humain, la barbarie est sans doute le plus grand des crimes à ses yeux. La guerre en Afrique est aussi fort inhumaine, quoique beaucoup moins qu'en Amérique, parce qu'elle n'est pas mêlée de fanatisme. Les Nègres n'ont ordinairement d'autre but que de faire du butin et des esclaves: ainsi ils épargnent au moins le sang des prisonniers. En Europe, la guerre est aujourd'hui le simple effet de la cupidité des peuples et de l'ambition de leurs princes. Quoiqu'elle y soit fréquente, elle se propose souvent l'intérêt du commerce ou des peuples. Elle a ses lois, qui en modèrent les fureurs. Il n'y a qu'une petite partie de chaque puissance belligérante qui combat; et comme l'argent est son premier mobile, dès qu'il manque de part et d'autre, la paix s'ensuit. Dans la plus grande partie de l'Asie, les guerres sont rares et peu meurtrières. La Loubère dit que le roi de Siam ordonnait à ses généraux de s'abstenir de tuer. Les Chinois, ainsi que les Indiens, ne sont pas belliqueux. Ces grandes nations n'emploient guère que les ruses de la politique pour résister à leurs ennemis. Les Turcs et les Persans sont plus guerriers; mais ils sont à cet égard inférieurs aux Européens, dont la tactique est beaucoup plus parfaite. Cependant, quoique le luxe de l'Asie dût en adoucir les mœurs, comme les extrémités se touchent, le luxe y a introduit un autre genre de barbarie, c'est celui d'y faire des esclaves et des eunuques. Ces coutumes barbares sont déjà bien anciennes en Orient; ce qui me porterait à croire qu'elles sont nées dans l'enfance de ces peuples. Quoi qu'il en soit, l'esclavage est incomparablement plus doux dans cette ancienne partie du monde que dans toutes les autres. Il n'est pas rare de voir des esclaves s'allier à leur maître, sur-tout s'ils en embrassent la religion. Ainsi, en considérant le mal que la guerre fait au genre humain, nous verrons qu'elle produit en Amérique des victimes, en Afrique des esclaves, en Europe des prisonniers, en Asie des serviteurs.

On peut voir par ces aperçus que la barbarie s'affaiblit à mesure que les nations avancent en âge : nous allons voir maintenant le luxe augmenter dans les mêmes rapports.

Le commerce, qui est le fruit du luxe, est fort borné chez les sauvages de l'Amérique. Nous ne faisons aucun usage de leurs meubles, de leurs armes et de leurs étoffes : mais comme ils vivent plus près que nous de la nature, nous leur sommes redevables d'une foule de biens naturels, qui l'emportent sur les fruits de l'art et de l'industrie de toutes les autres parties du monde. Ce sont eux qui ont donné à nos colonies le manioc et la patate ; à nos tables, les pêches inépuisables du banc de Terre-Neuve; à nos potagers, la pomme de terre ; à nos délices, la vanille et le chocolat ; à nos soucis, le tabac ; à nos jardins, une multitude de végétaux utiles ou agréables ; à notre commerce et à nos manufactures, le coton, l'indigo, les pelleteries, l'écaille de tortue, la cochenille, etc. Nous leur devons encore le café et la canne à sucre, transplantés de l'Asie dans leurs terres, et dont les productions coûteraient beaucoup plus cher, s'il fallait les aller chercher dans les lieux de leur origine. Ils ne se donnent pas la peine de recueillir pour nous la plupart de ces richesses, mais ils nous en ont montré l'usage. Celui qui fait présent au genre humain d'une plante utile, lui rend plus de services que l'inventeur d'un art. Pendant combien de siècles serait tombée dans nos parcs la fève amère du cacao, sans que nous eussions imaginé de la torréfier, et de la combiner avec une substance sucrée pour en composer un aliment délicieux? Pendant combien de temps nos botanistes auraient-ils proscrit le tabac comme un poison dangereux, si les sauvages de l'Amérique ne nous avaient enseigné que c'était un puissant remède contre le chagrin? Je compte pour rien, ou plutôt pour un grand mal, cette abondance prodigieuse d'or et d'argent que nous tirons de leurs montagnes. Elle a été la cause de la destruction presque totale de ces peuples enfants, auxquels on ne pouvait reprocher d'autre crime que la religion de leurs tyrans; mais, par une juste réaction, ces mêmes métaux sont aujourd'hui la cause de la plupart des guerres de l'Europe, et en entraîneront tôt ou tard la ruine.

Le commerce de l'Afrique annonce un peu plus d'industrie de la part de ses habitants; elle n'a pas besoin de cultivateurs étrangers pour recueillir ses productions. Nous tirons de ses côtes septentrionales, subjuguées par les Maures, des maroquins, des dattes, de l'huile, de la cire et des blés en abondance. Ses côtes occidentales, habitées par les Nègres, nous donnent un peu d'or, de l'ivoire, et une foule d'esclaves que sa malheureuse fécondité fournit à nos travaux de l'Amérique.

Le commerce de l'Europe s'étend, comme les besoins de son luxe, jusqu'au bout du monde. Il exporte fort peu d'objets naturels et de productions de ses fabriques; les peuples étrangers ne veulent guère que les fruits de nos arts et de notre industrie. C'est avec de l'eau-de-vie, de la poudre à canon, des fusils, des sabres, du fer, que nous commerçons principalement avec les Américains et les Africains. Les Asiatiques ne reçoivent de nous que de l'argent.

Quelque étendu que soit notre commerce, il n'égale pas à beaucoup près celui de l'Asie. Nous allons chez tous les peuples chercher des jouissances; mais tous les peuples viennent en acheter en Asie. Je ne parle pas du commerce de l'Inde, où tant de vaisseaux abordent, mais seulement de celui de la Chine. Cet antique empire, reculé dans la partie la plus orientale de notre continent, renferme le seul grand peuple chez lequel la plupart des autres peuples de la terre viennent commercer, et qui ne va tout au plus que chez ses voisins. Les Tartares, les peuples du Thibet, les Russes, les Coréens, les habitants de la Cochinchine, du Tunquin, de Siam, du Pégu, de l'Inde et de ses îles innombrables, de l'Arabie, de la Perse, de la Turquie asiatique, arrivent chez lui en flottes ou en longues caravanes. Ils font refluer ses productions, ses manufactures, son commerce et ses usages dans toute l'Asie et jusqu'en Afrique. Nos vaisseaux de l'Europe y abordent des extrémités de l'Occident. Il pourvoit même aux besoins et au luxe de l'Amérique, car les vaisseaux espagnols de Manille portent tous les ans au Pérou et au Mexique des étoffes, des porcelaines et des meubles de cette industrieuse partie du monde. Un simple impôt mis, dans l'Amérique septentrionale, sur une production végétale de ce riche empire, a fait prendre les armes aux colonies anglaises, et les a séparées de leur métropole; et on peut dire que c'est un peu de thé et le roseau qui renferme le sucre, qui ont causé une partie des guerres de l'Europe.

En assignant un des âges de la vie à chaque partie du monde, je n'ai pas voulu dire que chaque peuple ne puisse passer par les quatre périodes de la vie humaine; nous savons le contraire par notre expérience. Il y a loin du siècle des druides à celui de Louis XIV; les vertus de chaque âge peuvent se naturaliser dans tous les pays. Si l'extrémité septentrionale de l'Afrique est habitée par des pirates, son extrémité méridionale, sous des latitudes à-peu-près semblables, est devenue sous les Hollandais l'asyle du commerce. La puissance de l'Europe et la sagesse de l'Asie se transplanteront peut-être un jour par les Anglais dans l'Amérique septentrionale, et pourront y devenir le partage des sauvages de l'Amérique; mais au milieu de ces grandes révolutions, je pense que chaque peuple conservera toujours quelque chose de son caractère territorial. La vieillesse de l'aubépine n'est point celle du chêne, et cependant le buisson et l'arbre suivent également le cours des siècles. Ils ont chacun leurs oiseaux qui viennent se reposer sous leur feuillage, et l'embellir par leurs harmonies. La nature se plaît dans cette variété; quelquefois même, lorsqu'un vieux arbre est renversé par les tempêtes, elle fait sortir de ses racines moussues un rejeton vigoureux qui lui redonne une nouvelle jeunesse. Peut-être un jour le temps, nos malheurs, quelque génie bienfaisant comme la nature, un Lycurgue, un Penn, un Fénélon, ramèneront l'Europe à l'heureuse simplicité des peuples américains, sans rien diminuer de ses forces et de ses lumières.

Mais s'il est presque impossible à de grands peuples de rétrograder vers l'âge de l'innocence; si les feux de l'ambition et des cupidités une fois allumés ne peuvent plus s'éteindre, tâchons au moins de tirer de ceux qui nous consument une lumière qui éclaire nos vieux jours.

C'est dans l'Asie que nous trouverons des empires dont le régime peut nous servir de modèle : tel est celui des Chinois qui a quatre mille sept cents ans d'antiquité. Ce peuple vieillard compte ses années par celles du globe ; il est l'aîné de tous les peuples de la terre, qui viennent de toutes les régions lui rendre hommage. Pour nous, qui parcourons l'âge viril avec les vices de la jeunesse et les défauts de l'enfance, nous devons chercher à raffermir la légèreté de notre constitution par les mêmes lois qui assurent la pondération de ce vénérable empire. La vieillesse couronne la fin des nations; et comme elle prépare l'homme à une autre existence, elle change aussi la nature d'un état, et le ramène en quelque sorte à la simplicité des éléments. Ce n'est plus un fleuve qui va se perdre à la fin de son cours; c'est un océan qui engloutit tous les fleuves et les reproduit de ses émanations. Un état vieux et bien ordonné attire à lui et s'incorpore ses voisins, ses alliés, et ses conquérants même ; la nature le réserve pour être la tête du genre humain, dont les autres peuples ne sont que les membres. Cet empire universel, dont le désir agite tour-à-tour les peuples de l'Europe, est offert par la nature à tous ceux du globe : il a été présenté successivement aux Assyriens, aux

Scythes, aux Mèdes, aux Perses, aux Grecs, aux Romains, aux Tartares, aux Arabes, et il leur a été enlevé à tous; il n'est le prix ni de la force ni de la ruse, mais de la sagesse. Un Européen vantait à un Chinois la puissance de nos royaumes modernes, leur tactique, leur navigation, leurs conquêtes; il lui faisait l'éloge des peuples anciens de l'Europe, dont il n'avait jamais ouï parler; des Athéniens, des Lacédémoniens, des Romains. « Sans doute, lui répondit
» le Chinois, ces peuples ont été puissants et vous
» l'êtes aussi; mais vous passerez avec eux, et
» nous autres nous durons. »

On doit affermir la base du bonheur public sur les saintes et éternelles lois de la nature. C'est la nature qui, en donnant des griffes aux animaux de rapine, avec l'instinct de la férocité, a fait l'homme nu et lui a donné l'instinct de la bienfaisance, afin qu'il secourût ses semblables par le sentiment de ses propres besoins. Elle a gravé dans son cœur cette loi inaltérable : NE FAITES PAS A AUTRUI CE QUE VOUS NE VOUDRIEZ PAS QU'ON VOUS FÎT. C'est cette loi que Confucius appelle la vertu du cœur, qu'il recommande sans cesse dans ses écrits, comme le principe de toute conduite particulière, et qui est la base des neuf maximes de gouvernement qu'il a présentées aux souverains de son pays. C'est elle qui, en rendant à la Chine les récompenses et les punitions personnelles à tous ses habitants sans exception, les a rassemblés sous leur monarque comme une famille sous un père, et a rendu leur constitution inébranlable; c'est elle qui, malgré la corruption des mandarins, les guerres civiles, les invasions des Tartares, a maintenu ce grand empire, comme le pivot d'un vieux chêne soutient son tronc caverneux contre les tempêtes du ciel et les débordements des eaux : loin d'en être abattu, il accroît ses forces de ce qui devrait le renverser; son vaste feuillage se nourrit d'orages, ses racines boivent l'inondation des fleuves.

C'est cette loi que l'Evangile nous recommande comme le second de nos devoirs; elle est pour chacun de nous l'extrémité de ce rayon dont la Divinité est le centre, et le genre humain la circonférence. C'est elle seule qui nous fait hommes, et qui nous rappelle à la nature, dans quelque partie du monde que nous soyons nés; elle nous force d'abjurer, au moins intérieurement, les préjugés de familles, de corps, de nations, et nous défend d'être Turcs, Juifs, Brames, Africains, lorsque nous ne pouvons l'être sans cesser d'être hommes. Au milieu de tant d'opinions qui arment les nations les unes contre les autres, elle nous montre notre intérêt personnel dans celui du genre humain, et celui du genre humain dans notre intérêt personnel. Voulez-vous savoir si une maxime est juste par rapport à autrui? appliquez-la à vous-même; par rapport à vous-même? appliquez-la à autrui, et étendez-la à tous les hommes : si elle ne convient pas à tous, elle ne convient à aucun. Enfin cette loi est l'heureux instinct qui rapproche tous les peuples de la terre les uns des autres, et elle est la seule règle invariable de ce qui est juste, bon, décent, honnête, vertueux et religieux dans tous les temps et dans tous les pays du monde.

LIVRE VII.

HARMONIES FRATERNELLES.

Nous avons présenté jusqu'ici les harmonies que les puissances de la nature ont les unes avec les autres, nous allons décrire maintenant celles que chacune d'elles a avec elle-même. Les premières sont simples, les secondes sont composées. Les premières nous ont offert l'organisation élémentaire des individus; les secondes nous donneront celle de leurs espèces et de leurs genres. Les premières composent les matériaux primitifs de l'édifice de la nature, et les secondes en forment l'assemblage. Les unes sont physiques, et les autres sont morales ou sociales. Ici va commencer un nouvel ordre de choses, dont le soleil est toujours le premier mobile : toutes les lois qui gouvernent la terre ont leur origine dans les cieux.

Considérons le soleil au lever de l'aurore, lorsqu'il passe de l'hémisphère inférieur dans le supérieur. D'abord il dilate l'air de notre horizon, et aussitôt un vent frais s'élève de l'orient pour le remplacer. La rosée de la nuit, suspendue dans les airs, tombe sur la terre ; les plantes se raniment, les oiseaux font entendre leurs premiers chants, l'homme commence le cercle de ses travaux et de ses jouissances. Chaque heure amène une harmonie nouvelle*, et toutes ensemble, comme une troupe de sœurs de différents âges, qui se tiennent par la main, vont se réfugier sous le manteau constellé de la nuit.

Voyons maintenant le soleil, au lever de l'année, au matin de ce grand jour qui va éclairer et chauffer notre pôle pendant six mois.

Alors les phénomènes de notre horizon s'opèrent en grand sur notre hémisphère. D'abord toute son atmosphère est dilatée, et celle de l'hémisphère opposé s'efforce de prendre sa place. Aussitôt des vents chauds et humides soufflent avec violence de la partie du sud ; les glaces de notre pôle se fondent, s'ébranlent et s'écroulent ; l'Océan, chargé de leurs débris, prend son cours vers le midi, et circule autour du globe ; les rosées et les pluies du printemps, qui résultent d'une atmosphère tiède et vaporeuse, fertilisent les terres ; les végétaux ranimés poussent tour-à-tour leurs premiers feuillages ; les animaux, joyeux, préparent de nouveaux nids ; l'homme se livre aux travaux renaissants de l'agriculture, de la navigation et du commerce. Chaque jour apporte de la part de la nature de nouveaux bienfaits, et tous ensemble, après avoir entouré notre hémisphère d'une guirlande de fleurs et de fruits, vont se réfugier dans le sein de l'hiver, comme les heures du jour dans celui de la nuit.

Si une révolution d'heures amène les diverses harmonies du jour, et une révolution de jours celles de l'année, une révolution d'années amène à son tour celles de la vie. Après un certain nombre de périodes du cours annuel du soleil, les éléments eux-mêmes subissent des crises qui varient leurs harmonies : les ouragans, les volcans, les tremblements de terre, donnent à l'atmosphère une autre température, à la mer des îles naissantes, et aux continents de nouveaux rivages. Des périodes de mois lunaires et d'années solaires déterminent, dans chaque végétal, l'âge de sa floraison ; dans chaque animal celui de sa puberté, et dans tous les harmonies de leur vie. L'homme, vers l'âge de sept ans, sort de sa première enfance ; il entre dans son aurore. Cette époque, comme celle de la naissance du jour et de l'année, est précédée d'une révolution : de nouvelles dents lui annoncent avec douleur qu'il a besoin de nouveaux aliments ; souvent son sang s'allume, et son corps se couvre d'ébullitions. Les petites-véroles, les rougeoles et les éruptions cutanées, sont les giboulées de son printemps.

Une révolution morale accompagne la révolution physique : le premier feu des passions commence à échauffer son cœur et à éclairer son esprit ; l'amitié maternelle ne peut plus lui suffire ; il lui faut des égaux, des compagnons, des amis, de nouveaux plaisirs et de nouveaux travaux. Il entre ainsi dans la carrière humaine, dont il doit parcourir toutes les harmonies, jusqu'à ce que la mort, semblable à l'hiver et à la nuit, couvre ses jours, ses années et sa vie d'un voile funèbre.

Un cercle de vies humaines produit à son tour les harmonies des tribus, celui des tribus celles des nations, celui des nations celles du genre humain. Sans doute notre globe, avec tous ses habitants, a des relations avec les globes qui tournent autour du soleil ; et l'astre du jour lui-même, avec sa sphère immense, en a encore avec les astres innombrables, ordonnés dans l'infini et dans l'éternité, suivant des plans inconnus aux mortels.

Mais il suffit à ma faiblesse de m'occuper des puissances de la nature qui se manifestent sur la terre. Je les y ai présentées simples et en repos, je vais les montrer combinées et en action ; je vais décrire leurs relations avec les harmonies des temps. Je ne prétends point, comme Phaéton, mener de front les chevaux du Soleil, mais, comme l'hirondelle, régler ma carrière fugitive sur celle de l'astre du jour. En volant terre à terre, je peux, comme lui, faire le tour du monde, et en étudier les lois d'où dépendent les destinées du genre humain.

Rappelons-nous d'abord une des lois fondamentales de la nature, celle de la consonnance. Nous avons vu que tout corps organisé était formé de deux moitiés semblables qui s'entr'aidaient: j'appelle cette consonnance harmonie fraternelle.

Cette loi se manifeste dans les astres, formés de deux moitiés semblables, puisqu'ils sont sphériques. Il y a plus, la sphère pouvant se diviser en une infinité de moitiés égales, par tous les points de sa circonférence, il en résulte qu'elle réunit en elle une infinité de consonnances, qu'elle renferme toutes les formes, et qu'elle en est la plus parfaite. En effet, toutes les courbes s'engendrent des différentes révolutions de son cercle; toutes les formes angulaires, des combinaisons de ses cordes et de ses rayons: et ses parties diverses étant en équilibre autour d'un centre unique, elle seule est susceptible de tous les mouvements.

Cette consonnance, qui est sphérique dans les corps célestes, se trouve simple dans les corps organisés de la terre. Tout végétal et tout animal n'est formé que de deux moitiés semblables, dont les organes sont en nombre pair.

Je ne m'arrêterai pas à cette autre loi des contrastes, qui met dans les corps organisés deux moitiés en opposition, comme celle des consonnances en met deux en rapport. Nous avons vu que ces deux lois existaient dans le globe même de la terre, dont l'hémisphère oriental consonne avec l'occidental, et le septentrional contraste avec le boréal. Ce contraste regarde l'harmonie conjuguée; je me bornerai ici à la consonnance qui établit l'harmonie fraternelle.

La nature, non contente d'avoir mis en consonnance tous les membres d'un corps organisé, afin qu'ils s'aidassent mutuellement, a mis les corps organisés eux-mêmes en harmonie fraternelle, les uns avec les autres, afin de lier toutes les parties de son ouvrage. Ainsi, dans les cieux, l'astre du jour est en harmonie fraternelle avec celui des nuits; car l'un vient éclairer de sa lumière l'hémisphère que l'autre abandonne. Cette concordance avait fait imaginer aux anciens que ces astres étaient frère et sœur; et ils les désignaient sous les noms d'Apollon et de Diane; mais cette harmonie fraternelle est encore plus marquée entre la lune et la terre, qui se réfléchissent mutuellement la lumière du soleil. Elle s'étend jusqu'aux satellites qui entourent Jupiter, Saturne, Herschell, qui s'éclairent et se réchauffent réciproquement des mêmes rayons paternels.

Cette consonnance règne sur la terre parmi les éléments. Les vents de l'orient et du nord consonnent entre eux en froidure et en sécheresse, comme ceux de l'occident et du midi en chaleur et en humidité. Quelque irrégularité apparente qu'offre le globe à sa surface, il n'y a pas un seul lieu, soit au milieu des mers ou au sein des terres, soit dans la zone torride ou dans les zones glaciales, qui n'ait à-la-fois des vents froids et chauds, secs et humides. Les sources se joignent fraternellement dans la vallée, et les collines qui la bordent, ont des angles rentrants et saillants en consonnance. Les eaux ont des reflets, et les terres des échos qui consonnent de genre à genre, et jamais un paysage n'est plus intéressant que quand le reflet du ruisseau répète la forme de la colline, et l'écho de la colline le murmure du ruisseau.

Les harmonies fraternelles qui groupent les végétaux, présentent des spectacles non moins admirables. Nous avons du plaisir à voir un arbre isolé, avec toutes ses harmonies élémentaires; mais nous en goûtons un plus grand et d'un autre genre, quand nous le voyons entrelacer ses rameaux avec un arbre de son espèce, et s'appuyer l'un l'autre contre les tempêtes. C'est l'harmonie fraternelle qui les unit; elle est la source du plaisir que nous éprouvons à la vue d'un bocage, ou d'une longue avenue, ou d'une lisière de gazon. J'ai déjà dit que la nature nous indique un moyen assuré de disposer chaque espèce de végétal dans l'ordre qui lui convient le mieux;

c'est de le planter suivant l'harmonie fraternelle où ses semences sont rangées dans leurs capsules. Ainsi le chêne robuste, dont les glands naissent un à un ou deux à deux, présente un port majestueux, soit qu'il soit seul, soit qu'il soit groupé avec un autre chêne ; mais les sapins, les pins et les cèdres, dont les pignons croissent rangés circulairement et en pyramide dans un cône, produisent un effet bien plus imposant lorsqu'ils forment, dans le même ordre, un sombre bocage au sommet d'une montagne, que lorsqu'ils y sont isolés et dispersés. Ainsi le vignoble plaît moins dans une plaine, que lorsque ses ceps sont rangés autour d'une colline, dans le même ordre que ses grains le sont autour d'une grappe. Non-seulement l'harmonie fraternelle groupe les individus, mais les genres eux-mêmes : elle donne des vrilles à la vigne pour s'attacher à l'orme, et des griffes au lierre pour saisir le tronc des chênes. Sans doute la variété des arbres d'une forêt et celle des fleurs d'une prairie nous donnent encore des sentiments de plaisir ; mais ils naissent d'harmonies d'un autre ordre, et je ne m'occupe ici que des sentiments qui résultent de la disposition des végétaux de la même espèce.

L'harmonie fraternelle se fait sentir encore avec plus de charmes dans les animaux, parce qu'ils y sont sensibles, et qu'ils pourvoient eux-mêmes à leurs besoins, plus nombreux que ceux des végétaux. La nature leur a donné d'abord deux organes, pour communiquer entre eux à de grandes distances : l'un est actif et l'autre est passif; c'est la voix et l'ouïe. L'organe de la voix a son origine dans la poitrine, près du cœur, siége des passions; et celui de l'ouïe a la sienne dans la tête, près du cerveau, siége de l'intelligence.

Je suis rop tignorant pour parler ici de la construction admirable de ces organes, et de leur variété merveilleuse dans les diverses espèces d'animaux : il me suffit d'observer qu'en général la portée des animaux est en raison inverse de leur faiblesse; que toutes les sensations de la haine et de l'amour, de la joie et de la tristesse, de la crainte et de l'espérance, et toutes les passions, sont réparties entre eux à proportion de leurs besoins, et exprimées par des modulations innombrables. Cependant ces expressions sont si déterminées, que les animaux d'une autre espèce, et l'homme même, ne se méprennent pas à leur caractère, quoiqu'ils n'en pénètrent pas le sens. Quel grammairien pourra recueillir ces éléments invariables de la langue primitive de la nature ? Il y trouverait sans doute tous les sons des langues humaines, et même des mots entiers articulés. Quel géomètre calculera les courbes ovales qui expriment des sons si différents, et les courbes acoustiques qui les recueillent sans les confondre? Peut-être. les oreilles des animaux ne reçoivent pas les mêmes bruits dans les mêmes proportions, non plus que leurs yeux ne reçoivent la lumière. L'aigle, au haut des airs, contemple le soleil, et découvre les plages lointaines avec des yeux qui ont la portée des télescopes; tandis que l'abeille, dans sa ruche obscure, travaille à ses alvéoles avec des yeux taillés en microscopes.

En général, les animaux carnivores ont l'ouverture des oreilles tournée en avant, pour éventer leur proie, et les frugivores les ont tournées en arrière et mobiles, pour entendre de tous côtés le bruit de leurs ennemis; mais la voix et l'ouïe ont été données à chaque espèce, pour vivre en société avec ses semblables. Les animaux qui n'ont point de voix, vivent solitaires: tels sont beaucoup d'insectes; mais dans la saison des amours, ils se réunissent par des bourdonnements ou des bruits: le scarabée pulsateur fait entendre la nuit le tic-tac d'une montre, pour appeler sa femelle; la mouche luisante allume sa brillante étincelle dans les ténèbres; les poissons de l'Océan se communiquent entre eux par l'éclat de leurs écailles au sein des flots, et la nuit par les feux phosphoriques que leurs mouvements y font naître.

Au reste, si l'harmonie fraternelle nous charme, dans les végétaux, par les groupes qu'elle y forme, elle nous plaît encore davantage par ceux qu'elle établit entre les animaux : ils vivent dans l'ordre où ils sont nés ; le plan de leur vie est renfermé dans leurs berceaux. Les tourterelles volent deux à deux, et les perdreaux par compagnies, dans le même nombre que les œufs dont ils sont éclos ; les sangliers se rassemblent d'eux-mêmes par troupes, les chiens par meutes, les poissons vivipares par couples, les ovipares par légions. On peut juger des mœurs fraternelles des animaux par le nombre des œufs de leurs nids et par les tétines de leurs mères. Cette concordance s'étend jusqu'aux insectes, et les abeilles ne vivent dans une société si intime, que parce qu'elles naissent d'une seule mère, et qu'elles sont élevées dans la même ruche. Une série d'individus nés ensemble forme leur famille, et une série des mêmes familles voisines et contemporaines, compose une tribu dont tous les membres s'entr'aident : telle est celle des castors, telle est celle des pigeons sauvages de l'Amérique, dont une partie s'occupe à abattre avec les ailes les glands des chênes, tandis que l'autre partie les recueille à terre.

Pendant que le matérialiste s'efforce de ramener toutes les lois de la nature à une attraction aveugle, l'animal réclame en faveur de l'harmonie fraternelle. Transporté d'un climat dans un autre, en vain on lui fait respirer le même air, en vain on lui présente les aliments de son enfance; il refuse de s'approcher d'une table où il n'a plus de frère pour convive. Ainsi le renne du Nord, le lama du Pérou, la tourterelle d'Afrique, le castor, isolés dans les ménageries des rois, appellent en vain par de tristes gémissements les compagnons de leur enfance.

L'harmonie fraternelle est donc la première des harmonies sociales, puisqu'elle existe dans les cieux, les éléments, les végétaux et les animaux. Ainsi les lois harmoniques, qui assemblent les membres des corps organisés, et qui en groupent les individus, n'existent pas moins que les attractions, qui réunissent les parties des corps non organisés.

Nous avons déjà vu que l'homme était né pour la société, parce qu'il réunissait en lui seul les besoins de tous les animaux, et qu'il n'y pouvait pourvoir que par le secours de ses semblables; je trouve une nouvelle preuve de cette vérité dans la construction de sa voix et de son ouïe. Sa voix peut imiter toutes celles des animaux, et ses oreilles, placées aux deux côtés de la tête et formées des courbes acoustiques les plus ingénieuses, peuvent recueillir tous les sons qui s'élèvent dans la circonférence de son horizon. Ces organes sont faits avec un tel art, qu'ils communiquent et recueillent toutes les affections du cœur et tous les raisonnements de l'intelligence, tandis que ceux des animaux ne peuvent exprimer et recevoir que les premiers cris des passions et de simples aperçus. De quoi servirait à l'homme un organe si parfait et si étendu, s'il était né pour errer seul dans les forêts?

Il a en effet besoin des services de ses semblables, depuis la naissance jusqu'au tombeau; et d'un pôle à l'autre, il n'y a pas un seul homme qui ne corresponde avec toutes les parties de l'univers. Les épiceries, les teintures, les toiles de l'Asie, le café, le sucre, le coton, les pelleteries, l'or et l'argent de l'Amérique, l'ivoire et les nègres de l'Afrique, servent aux besoins des peuples de l'Europe; et le fer, le vin, les corderies, le papier, les armes à feu, et toutes les productions de l'industrie de l'Europe, se répandent jusque chez les sauvages des contrées les plus reculées du monde.

Cette correspondance de jouissances physiques a existé plus ou moins dans tous les temps, mais celle des jouissances morales est encore plus étendue. Les usages, les lois, les opinions, les traditions politiques et religieuses, se communiquent non-seulement par toute la terre, mais lient les peuples passés et futurs. Le globe, considéré avec le genre humain, est comme le disque de la marguerite, dont chaque fleuron est au centre d'un cercle et à la circonférence de plusieurs : le premier anneau de cette chaîne sociale est, sans contredit, l'harmonie fraternelle.

Mais si l'homme est pour l'homme la source de tous les biens, il est aussi celle de tous ses maux ; c'est pour lui en épargner un grand nombre, que nous avons cherché d'abord à le bien ordonner avec lui-même. Nous avons tracé à-la-fois ses harmonies physiques avec la nature, et ses harmonies morales avec son auteur. Nous avons mis toutes ses parties en équilibre, afin que sa fragile nacelle pût, sans se renverser, traverser l'océan de la vie; il faut qu'elle y vogue seule avant de naviguer en flotte ; il faut qu'elle se mette en garde contre les vaisseaux, qui sont souvent les uns pour les autres les plus dangereux écueils. Si les tempêtes s'élèvent, si la nuit étend son voile sombre sur les flots, il faut que l'ame de l'homme se tourne vers la Divinité, et lui indique sa route, comme la boussole vers le nord, malgré l'absence du soleil. Quand il perdrait dans la société humaine les traces de cette Providence qui se manifeste dans toute la nature, il en retrouverait le sentiment dans son propre cœur : il suffit qu'il ait aimé une fois.

Il faut donc, avant tout, qu'un enfant soit bien ordonné avec lui-même, afin qu'il puisse y rentrer avec plaisir. Il peut naître de parents durs, et être livré à des maîtres ennuyeux ou barbares; ira-t-il chercher des guides parmi des gens qui lui ont fait haïr l'instruction ? Il vient même un temps où ce qu'il y a de plus aimable et de plus sacré parmi les hommes vient à périr, amitié, réputation, patrie, religion : que devient alors celui qui a dirigé sa vie sur ces imposantes perspectives ? Les sophismes de la métaphysique n'ont-ils pas couvert la Divinité de nuages, que la raison peut seule dissiper ? L'esprit a matérialisé l'esprit. C'est pour échapper à toutes les illusions humaines, que nous n'avons voulu appuyer la morale que sur la nature, qui ne périt jamais, et sur notre propre cœur, qui la cherche toujours : accoutumons donc l'enfant à y rentrer comme dans un asyle assuré. Quand le soleil s'éloigne de notre hémisphère, les êtres sensibles se retirent dans des antres, et respirent au moyen du feu que l'astre du jour a renfermé dans leurs veines ; l'homme se réchauffe alors de sa propre chaleur : il en est de même de la réflexion par rapport à l'ame. L'ame s'en enveloppe, pour ainsi dire, dans tous les accidents de la vie ; et Socrate, dans la solitude, offre un exemple frappant de la puissance de la réflexion : son ame trouvait en elle-même des consolations que lui eût refusées la société.

Il faut donc que l'enfant se conserve dans toute sa pureté originelle ; il faut qu'on l'habitue chaque jour à nettoyer son ame de toute ordure étrangère, comme on l'accoutume à laver et à soigner son corps. Que tous les matins, après l'avoir élevée vers le ciel, ainsi que ses yeux vers la lumière, il lui propose quelque action vertueuse pour le jour, et que le soir il examine s'il ne l'a point souillée par quelque passion honteuse qui en trouble le repos pendant la nuit; qu'il n'y nourrisse ni haine, ni vengeance, ni jalousie, ni cupidité; qu'il soit bien convaincu que l'intérieur de son ame est à découvert, malgré les ténèbres; et que comme il n'y a point de lieu dans la nature qui ne soit sans quelque ouvrage de la Divinité, il n'y en a point qui soit sans témoin.

Après avoir bien préparé son ame, il doit la nourrir et l'exercer avec autant de soin que son corps : de bons livres, et encore mieux la nature, lui offriront de toutes parts de quoi l'alimenter; l'esprit est le flambeau du cœur, c'est un feu qui tourne tout en sa substance : qui ne l'alimente pas l'éteint; il brûle, mais sans éclat et sans chaleur : ne pouvant s'étendre au dehors, il se reploie sur lui-même et enflamme les passions; d'un autre côté, le cœur qui les renferme, ne se conduit que par les lumières de l'esprit, siége de la raison. C'est elle qui le dirige avec tous ses instincts naissants vers les devoirs de la société, mais auparavant il faut qu'il puisse y rentrer comme dans un lieu de repos et bien en ordre; car comment l'ordonnera-t-il à l'égard des autres, s'il est mal ordonné en lui-même ?

Ce retour sur soi lui est d'autant plus nécessaire, qu'il ne peut sans lui remplir les devoirs de la morale, dont la première maxime est de *faire à autrui ce que nous voudrions qu'on nous fît*. Comment saura-t-il donc ce qu'il convient de faire à l'égard de soi et des autres, s'il ne rentre d'abord en lui-même, et s'il ne se met ensuite à leur place ? Cette double réflexion ne demande aucun effort; elle est naturelle à l'homme : son ambition rapporte tout à lui, et le met sans cesse à la place des gens heureux ; mais les devoirs de la morale l'obligent encore plus souvent de se mettre à la place des malheureux. Les passions ramènent tout à notre intérêt, et la vertu à celui d'autrui ; elle seule est équitable, car elle s'étend à tous les hommes, qui sont tous nécessaires les uns aux autres : sans ce retour perpétuel sur nous-mêmes et sur autrui, nous ne pouvons être justes envers nos semblables. S'agit-il d'approuver ou de condamner quelqu'un ? Si vous le jugez d'après votre seule position, vous le jugerez injustement. La vie est une grande montagne, sur laquelle les différents âges nous placent successivement à différents étages, d'abord à la montée, puis au sommet, enfin à la descente ; ensuite les sexes, les tempéraments, la fortune, la santé, l'éducation, les climats, en varient les sites à l'infini : si nous ne la considérons que du point où nous sommes, nous n'en connaîtrons qu'un petit coin. Si les vieillards ont plus d'expérience que les jeunes gens, c'est parce qu'ils ont parcouru une plus grande zone : nous nous tromperons donc si, sans sortir de notre place, nous voulons juger ceux que nous apercevons au loin; nous blâmerons ceux qui vont nus au Midi, parce que nous nous couvrons de fourrures au Nord.

Ce flux et reflux de la raison est naturel à l'homme, comme je l'ai dit; il le distingue des animaux. L'animal se règle sur son instinct, et l'homme sur l'exemple de son semblable; l'homme imite la nature, et l'enfant imite l'homme : voilà pourquoi l'exemple lui sert beaucoup plus que le précepte. Pour conserver à un enfant l'égalité d'humeur et la rectitude de jugement, si nécessaires aux devoirs de la morale et à son propre bonheur, il ne faut l'appliquer à aucune étude qui puisse étouffer sa sensibilité ou l'exalter : il faut donc rejeter à-la-fois des écoles les sciences abstraites et les arts de l'imagination. Les grammaires, par où commençaient jadis les premières études, sont, comme je l'ai déjà dit, la métaphysique des langues; elles ne les ont pas précédées, elles les ont suivies, elles en sont les résultats. Il suffit donc à un enfant d'apprendre sa langue maternelle par l'usage, et la lecture des bons écrivains; il en étudiera les règles quand son jugement sera formé : en attendant, il fera de la prose, comme M. Jourdain, sans le savoir. Il en est de même de la géométrie. Elle perfectionne, dit-on, le jugement de l'homme; j'en conviens; mais elle opprime celui d'un enfant : c'est un tuteur qui étouffe sa plante. Parmi les enfants qui s'y sont rendus célèbres, ainsi que dans les sciences abstraites, fort peu ont vécu, et ils ont passé des jours tristes et malheureux.

Pascal résout à douze ans le problème de la roulette : il passe sa vie à juger le genre humain, à rejeter les services de sa propre sœur, et il meurt épuisé à quarante ans, croyant toujours voir un abyme à ses côtés. La géométrie transcendante et la métaphysique affaissèrent les ressorts de son jugement dans l'âge viril, pour les avoir trop étendus dans l'enfance. La géométrie a cependant des notions qui sont à la portée du premier âge, parce qu'elles parlent aux sens : telles sont celles des lignes, des angles, du cercle, du carré; mais leurs propriétés abstraites doivent être l'étude du philosophe, et non celle de l'enfant. Il suffit de lui montrer de loin les études sérieuses, pour en faire naître un jour le goût. Si je voulais lui donner une idée des éléments de géométrie et des lois du mouvement, je n'emploierais d'autre table que celle d'un billard, ou plutôt un jeu de boules ou de quilles, afin que l'exercice du corps se trouvât joint à celui de l'ame. Nous voulons renfermer toutes les théories dans le premier âge, mais la nature n'agit pas ainsi : elle revêt ses premières leçons de formes gracieuses ; elle nous mène pas à pas, nous repoussant par la peine, et nous invitant par le plaisir. Elle nous montre les feuilles avant les fleurs, les fleurs avant les fruits. Les plus riants tableaux cachent les plus brillants phénomènes, et elle nous invite à son étude par le charme de sa contemplation.

Si les sciences abstraites absorbent l'imagination d'un enfant, les arts d'imagination exaltent trop son jugement : telles sont entre autres la musique, la peinture, la poésie ; c'est la chaux mise au pied d'une jeune plante ; elle la fait fleurir de bonne heure, mais elle la mine et la fait périr. Il est remarquable que les enfants appliqués aux sciences abstraites ou aux arts d'imagination, sont plus violents et plus colères que ceux qui sont occupés à des arts mécaniques : la raison en est que les ressorts de leur ame ont été, ou trop comprimés, ou trop dilatés. Il en est de même de ceux de leur corps, long-temps contraints dans des attitudes semblables ; leur physique est affaissé comme leur moral. L'étude des lettres, si agréable, fatigue et épuise si elle nous tient long-temps dans la même situation. On connaît l'irritabilité des gens de lettres, et sur-tout des philosophes ; les poëtes y sont plus sujets que les autres, parce que leurs travaux leur coûtent davantage. Je crois que si Socrate conserva son admirable égalité d'humeur, inconnue à Platon et à Aristote ses disciples, c'est peut-être parce que, malgré ses vastes connaissances, il n'écrivit aucun ouvrage. Peut-être aussi c'est parce qu'il apprit, dans son enfance, le métier de sculpteur, qui est, à mon avis, un long apprentissage de patience. Au reste, je crois qu'on peut démontrer l'influence des sciences abstraites et des arts de l'imagination, par les caractères nationaux. Je pense que si les Anglais sont en général mélancoliques, c'est qu'on les applique de trop bonne heure au latin, au grec et aux mathématiques, dont ils font des études plus approfondies que nous ; et que si, au contraire, les Français et les Italiens sont d'une légèreté de caractère qui va quelquefois jusqu'à la folie, ils le doivent à l'étude des arts d'imagination, où ils excellent. La chaleur du climat n'y fait rien ; quoi qu'en ait dit Montesquieu, comme je l'ai démontré ailleurs par la gravité des Musulmans et la pétulance des Grecs, nés dans le même pays.

Au reste, les caractères vifs ou lents, gais ou sérieux, se trouvent souvent disséminés dans la même ville, de frère à frère, et sont également utiles à la société. Ne nous occupons donc que du soin de développer en eux l'amour de la Divinité et de l'humanité, afin de leur donner un centre commun. Avec ces deux vertus, ils peuvent se passer de tous les talents, et tous les talents sont dangereux sans ces deux vertus : que dis-je ! sans elles il n'y a point de véritables talents. Nous avons déjà observé que les athées n'avaient jamais fait aucune découverte, parce qu'ils n'aperçoivent aucune intelligence hors d'eux-mêmes dans la nature. Nous pouvons ajouter qu'ils n'ont jamais aimé les hommes. Ils ne les ont servis que par ambition ; et comment auraient-ils réprimé cette passion si dangereuse, lorsqu'ils ne voient rien au-dessus d'eux dans l'univers ?

Le premier sentiment qu'on doit donc développer dans un enfant est celui de la Divinité, afin qu'il puisse s'y réfugier en tout temps, comme dans un port inaccessible aux tempêtes. Par lui il aimera la vie, et il aimera la mort. La terre la plus aride lui paraîtra un séjour enchanté, et le ciel, avec ses brillantes constellations, le port où il doit terminer sa course.

Comme mon premier but est d'apprendre à un enfant à se suffire à lui-même, et de le rendre indépendant des préjugés variables de la société, je voudrais d'abord établir sa première harmonie fraternelle entre lui et les grands hommes qui ont existé. Je désirerais donc que quelque écrivain sensible fît un recueil d'histoires des hommes vertueux qui ont le mieux mérité du genre humain; leurs exemples influeraient plus sur un enfant que les préceptes. Ils seraient pour lui des étoiles fixes avec lesquelles son ame s'aimanterait; en l'élevant vers le ciel, ils la rapprocheraient de la Divinité. Il y trouverait des objets de consolation dans ses infortunes; il y verrait que les hommes les plus justement célèbres ont souvent été les plus malheureux dans leur enfance. Pour moi, venant à considérer leur vie, je trouve qu'ils ont dû principalement à leurs adversités l'amour d'un Dieu consolateur, amour qui les a illustrés. Ils ont eu un sentiment exquis des droits de l'homme, parce qu'ils ont été violés à leur égard, et de l'existence de la Divinité, parce qu'ils n'ont trouvé qu'en elle un refuge. Les Grecs avaient bien senti cette vérité, lorsqu'ils représentèrent Hercule, fils de Jupiter, persécuté dès le berceau par Junon; mais, sans recourir à la fable ou à l'allégorie, nous trouverons dans l'histoire de toutes les nations, que la plupart des hommes célèbres par leurs vertus ont été malheureux dans leur enfance. Nous comprenons dans les malheurs de cet âge les éducations tristes, les infirmités, l'indigence, les préjugés, les persécutions des parents, la dureté des maîtres; nous en avons pour preuves Socrate, Amyot, Jean-Jacques, et beaucoup d'autres. Peut-être en trouverions-nous encore davantage parmi les hommes qui ont mené une vie obscure et heureuse ; car le malheur est l'apprentissage du bonheur, comme celui de la vertu. Ce ne seraient pas les moins importants à proposer, car la nature appelle tous les hommes au bonheur, et très-peu à la gloire. Je voudrais donc qu'un enfant choisît un patron parmi ceux d'entre eux avec lesquels il se trouverait le plus de convenances, et qu'il en ajoutât le surnom au nom de sa famille. Ce genre d'adoption a existé chez les Romains ; il subsiste encore d'une manière plus touchante chez la plupart des peuples que nous appelons sauvages. Deux amis y échangent mutuellement leurs noms, et croient pour ainsi dire échanger leurs ames. Un enfant adoptant de son choix le nom d'un homme vertueux, y modèlera à la longue son caractère. Il serait cependant bon de lui faire observer que cette ressemblance ne peut exister de tous points. On peut bien se diriger vers les mêmes vertus, mais non par les mêmes routes : nous avons tous besoin de la patience de Socrate, mais nous ne pouvons tous nous y exercer par une Xantippe. Au surplus, l'imitation d'un homme vertueux, dont la vénération, comme celle d'un monument, s'accroît par celle des siècles, est un grand rempart contre le vice : c'est une union avec le ciel.

Un des plus précieux avantages qu'ils trouveraient dans la vie des hommes vertueux, c'est la haine du mensonge : on sait qu'un des points principaux de l'éducation des anciens Perses, était d'apprendre aux enfants à dire la vérité. J'ai cru long-temps que cette éducation consistait à leur enseigner à ne jamais mentir, c'est-à-dire à être toujours francs; mais j'ai éprouvé, par une longue expérience, que cette franchise ferait beaucoup de mal dans le monde, qu'elle attirerait à celui qui en serait doué une foule d'ennemis, et qu'elle le rendrait très-malheureux, sans qu'il contribuât en rien au bonheur de ses semblables. La vérité d'abord est fort difficile à connaître, et il y a très-peu d'hommes qui veuillent l'entendre. Un bourgeois, un paysan, sont tout aussi despotiques dans leurs opinions que des sultans. La plupart des querelles de la société ne naissent, pour l'ordinaire, que parmi les gens qui se disent des vérités : *Veritas odium parit, obsequium amicos*, dit le sage Térence ; la vérité engendre la haine et les inimitiés. Les querelles de religion et de politique, qui font verser tant de sang par des gens de bonne foi, naissent souvent de l'amour même pour la vérité, combiné au fond avec l'ambition personnelle : tout fanatique ne se passionne que par l'espoir d'une grande gloire. Il fallait donc que les Perses entendissent enseigner à leurs enfants autre chose que la franchise, qui les eût mis en guerre perpétuelle les uns avec les autres. Ce n'eût point été une science à leur apprendre, car ils y sont naturellement portés. D'ailleurs la franchise n'est pas une vertu, mais une simple qualité, qui résulte souvent de la faiblesse et de l'inexpérience de notre esprit, qui ne peut rien garder de secret; et plus souvent encore de notre orgueil, qui nous inspire une haute opinion de nous-mêmes, et un profond mépris pour les autres.

Pour dire la vérité, il faut d'abord la connaître, et cette science est très-difficile. L'erreur parcourt la terre, met ses pavillons aux sommets des hautes montagnes, tandis que l'humble vérité se cache et se retire au fond des puits. Voyez seulement les religions, ce sont les pivots sur lesquels roulent toutes les sociétés humaines. Nous en connaissons au moins cinq cents, qui diffèrent toutes entre elles; chacune d'elles assure avoir trouvé seule la vérité, et accuse toutes les autres de mensonge. Il en faut excepter les sages Indiens, qui disent que Dieu a fait douze portes au ciel, par chacune desquelles il appelle à lui les différentes nations; cependant aucun d'eux ne voudrait y entrer par une autre porte que par celle où ont passé ses pères. Mais vous êtes bien plus inconséquents, si vous croyez qu'il n'y en ait point d'autre que celle par laquelle vous êtes entrés dans la vie, car vous voilà en état de guerre avec la plupart du genre humain. Que devient alors l'harmonie fraternelle, cette loi fondamentale de la nature ?

Qu'est-ce donc que cette vérité que nous sommes si avides de connaître, et qui nous échappe si aisément ? C'est une harmonie de notre intelligence avec la Divinité ; c'est le sentiment des convenances qu'elle a établies dans tous ses ouvrages ; c'est la vie de notre ame. La nature nous oblige à sa recherche comme à celle des aliments, sous peine d'inquiétude, de langueur, de léthargie et de mort. La vérité est un rayon de la Divinité ; elle est à notre ame ce que les rayons du soleil sont à notre corps, elle l'éclaire, elle la réjouit, elle l'anime. Si, comme l'a défini sublimement Platon, la lumière du soleil n'est que l'ombre de Dieu, la vérité est son corps ; elle se présente à notre entendement comme la lumière du soleil à nos yeux, en se décomposant en mille couleurs et reflets, qui nous ravissent dans les ouvrages de la nature ; mais elle nous éblouit si nous voulons la saisir elle-même dans son essence. Cependant elle se combine avec les écrits des sages et les actions des hommes vertueux ; mais, comme le feu du soleil parmi les productions de la terre, elle n'y brille que d'un éclat emprunté. Ce n'est qu'une lampe ténébreuse qui luit en l'absence du soleil, et sujette à être éteinte par les vents orageux.

Comme la vérité ne nous vient d'abord que par le moyen des hommes, sujets à l'erreur, à quels caractères la reconnaîtrons-nous? A ceux même de la vertu, par ses convenances universelles. Ainsi, par exemple, la théorie qui établit le soleil au centre de l'univers a un grand caractère de vérité, parce qu'il convenait que le soleil, dispensateur de la lumière et de la chaleur, fût au centre des planètes, auxquelles il les distribue. Il était donc convenable que la terre tournât sur elle-même et autour du soleil, ainsi que les autres corps planétaires. Cette vérité, si opposée en apparence au témoignage de nos yeux, ne nous est parvenue elle-même que par des communications universelles avec le genre humain. Comme notre blé, nos arbres fruitiers, nos arts, qui nous sont venus d'Asie, d'Afrique, d'Amérique, elle a été d'abord découverte par quelques philosophes pythagoriciens, qui étaient de grands voyageurs ; ensuite elle s'est éclipsée, et n'a brillé en Europe que lorsque le commerce de cette partie du monde s'est répandu par toute la terre, après la découverte de l'Amérique, occasionée à son tour par celle de la boussole, trouvée quelques siècles auparavant ; car l'universalité du genre humain s'étend non-seulement au présent, mais au passé et à l'avenir.

Il en a été de l'unité de Dieu comme de celle du soleil, mobile unique des planètes. Tous les peuples avaient leur dieu particulier, et ce n'est qu'en communiquant les uns avec les autres, qu'ils ont commencé à reconnaître un Dieu universel. Ce n'est pas que chaque homme n'en eût le sentiment en lui-même, mais son amour-propre le portait à croire que le Dieu de la nature ne s'occupait que de son pays, et même que de sa seule personne. Cependant il y a des hommes, et en bon nombre, auxquels il serait dangereux de dire ces vérités, si elles étaient contraires à leurs intérêts.

Les convenances et l'assentiment du genre humain étant les caractères principaux de la vérité, il faut y rapporter la foi que nous devons à ceux qui nous la transmettent. L'autorité d'un écrivain doit être proportionnée à sa vertu. Je n'entends pas par vertu ce qui est réputé tel par son parti, sa nation ou sa communion; mais ce qui l'est en Asie comme en Europe, et ce qui l'aurait été il y a deux mille ans comme à présent : car la vertu est non-seulement universelle, mais éternelle, puisqu'elle est une émanation de la Divinité.

La vérité étant donc le fruit de nos recherches, est un bien qui nous appartient; c'est le cœur de notre ame, et l'homme ne doit pas plus la communiquer aux tyrans, que sa lampe au souffle des vents, sa bourse aux voleurs, et sa femme à un ami.

Cependant il ne faut pas croire que nous parvenions jamais sur la terre au foyer de la vérité; nous devons nous estimer bien heureux quand nous voyons luire quelqu'un de ses rayons; ils semblent se propager parmi les hommes, à mesure qu'ils se communiquent et à proportion de leurs vertus. Nous avons vu ailleurs les découvertes qu'avaient faites les pythagoriciens, les plus sages des Grecs. La connaissance de la vérité va toujours en croissant; car un autre de ses caractères est l'infini, comme l'universalité et l'éternité.

DE L'AMITIÉ.

L'AMITIÉ est une harmonie entre deux êtres qui ont les mêmes besoins. Ainsi elle est plus commune chez les faibles que chez les puissants; elle est plus grande d'un enfant à un enfant, que d'un enfant à un vieillard; elle est plus forte dans l'âge des passions que dans le premier âge; elle est plus constante dans l'âge viril que dans l'adolescence et la jeunesse, parce qu'à la perspective des services à rendre, se joint le souvenir des services rendus, et que les sentiments de la nature se fortifient par leurs habitudes.

La satisfaction des mêmes besoins engendre l'amitié, car leur seul appétit produit l'inimitié. Les haines qui existent entre les hommes, et même entre les animaux, ne naissent que de la concurrence des mêmes passions vers un objet qui ne peut se partager. Voilà pourquoi l'amour engendre des jalousies, et la guerre des amitiés: l'amant n'a pas besoin de compagnons pour se reproduire, et il en faut aux guerriers pour détruire.

L'amitié naît d'abord des besoins physiques, et elle peut subsister assez long-temps par les simples relations de plaisirs, de goûts, d'exercices, d'intérêts. Elle s'étend ensuite aux besoins intellectuels, et s'augmente par les lumières, et les études des mêmes arts et des mêmes sciences; enfin elle devient vertu, parce qu'elle demande des sacrifices, de la reconnaissance et de l'indulgence, et qu'elle n'est constante et sublime que quand elle s'appuie sur les sentiments de la Divinité et de l'humanité, qui ne varient jamais.

Les livres de morale profitent à l'amitié, mais font tort aux amis. Il est si commode de trouver dans sa bibliothèque un ami sensible, éclairé, discret, toujours disposé à nous parler, et d'humeur toujours égale, que cela fait négliger les amis du dehors. Les grands écrivains dérobent nos ames à la société. Platon voulait qu'on bannît Homère de sa république après l'avoir couronné; je voudrais plutôt qu'on adoptât tous les bons ouvrages de morale, mais qu'on ne couronnât que les bons amis.

J'ai vu en général des amis plus constants et en plus grand nombre parmi les gens qui lisent peu, que parmi ceux qui lisent beaucoup; il est même rare de voir des gens de lettres faire du bien à leurs collègues. La plupart des Mécènes ont été des hommes peu instruits, témoin Auguste et Louis XIV. Il se glisse souvent parmi les gens de lettres des jalousies qui les disposent à la malveillance. Aristote, Platon et Xénophon furent ennemis les uns des autres, quoique disciples de l'école de Socrate.

Les inimitiés de collége sont les plus durables et les plus envenimées : nous en avons une foule de preuves dans les querelles des théologiens. Richelieu, devenu cardinal et ministre, fit brûler vif, comme sorcier, Urbain Grandier, pour lui avoir disputé une thèse dans sa licence de Sorbonne.

A la vérité, les gens illettrés haïssent moins violemment, mais les lettrés savent mieux aimer. Les ignorants ont des appétits plus robustes, et les savants en ont de plus délicats.

Comme les véritables amitiés résident dans la vertu, il est certain qu'il n'y a point d'amitié comparable à celle d'un homme de lettres vertueux.

L'amitié couvre la vie du plus doux ombrage. Elle ressemble à ces arbres toujours verts qui portent à-la-fois des fleurs et des fruits. Est-il une amitié plus touchante que celle de Cicéron pour Lélius, de Virgile pour Gallus et Pollion, de Plutarque pour Sénécion, de Tacite pour son beau-père Agricola? Mais ces amitiés consulaires sont trop sujettes aux orages : les plus obscures sont les plus heureuses; les plus fortes se rencontrent souvent dans les états qui éprouvent le plus de dangers, sans doute comme une compensation. J'ai remarqué que les soldats et les gens de mer sont plus sensibles à l'amitié que la plupart des autres classes de la société; ils s'engagent et se dégagent sur la foi les uns des autres. Les périls qu'ils courent ensemble resserrent leur affection. Il semble aussi que l'amitié s'accroisse par l'éloignement des lieux et des temps : on se souvient avec plus d'intérêt de ses amis en Amérique, qu'en Europe; de ceux de son enfance, que de ses contemporains, et des morts que des vivants. L'ame s'étend avec les distances, et franchit les limites même du tombeau sur les ailes de l'amitié. Je me rappelle encore avec intérêt une inscription que j'avais écrite, dans ma chambre, au-dessous d'un petit vase de plâtre, comme un souvenir des amitiés de mon enfance. Quelque médiocre qu'elle soit, je vais la rapporter, à cause des sentiments touchants qu'elle renferme :

D. M.

Aux objets doux et innocents que j'ai aimés,
et qui ne sont plus,
j'ai élevé ce petit vase d'argile,
simple comme leur beauté et fragile comme leur vie.
O ombres heureuses !
reposez-vous sur cette coupe blanche
où vous auriez aimé à boire avec moi
l'eau des fontaines et le lait des brebis:
les dons de la fortune sont méprisables,
mais les présents du cœur plaisent toujours aux habitants du ciel.

Ce petit vase faisait pendant à un autre, dédié à la mémoire de Jean-Jacques et de Fénélon, et dont j'ai rapporté l'inscription dans mes Études de la Nature.

Les ressouvenirs de l'innocence sont aussi touchants que ceux de la vertu.

Je ne sais si le livre de Cicéron sur l'amitié a fait de grands amis ; mais la bande sacrée des jeunes Thébains, formée par Pélopidas, en renfermait un bon nombre, qui, après avoir vécu dans la plus parfaite union, périrent tous ensemble le visage tourné vers l'ennemi. Les grandes chambrées des jeunes Lacédémoniens, composées par Lycurgue d'amants et d'aimées, n'étaient que des écoles de l'amitié : on leur donnait le nom de frères. Leurs premiers dieux étaient les jumeaux célestes Castor et Pollux, et ils en chantaient l'hymne en allant au combat. Ainsi, les harmonies de l'amitié furent les premières assises de la république de Lycurgue, comme les pierres d'un édifice, posées deux à deux par points alternatifs, en affermissent toute la masse.

Il serait impossible d'élever les enfants d'une nation aussi étendue que la nôtre à la manière des Spartiates, dont les esclaves exerçaient tous les métiers, et même l'agriculture. Les Spartiates étaient des espèces de moines militaires, qui avaient pour frères lais les Ilotes. Je désirerais que deux élèves pussent s'adopter mutuellement comme

amis, et eussent plusieurs propriétés en commun, comme les vocabulaires, les papiers et les livres. Ils seraient tenus de donner publiquement des raisons de leur choix, qui devrait être fondé sur la vertu ; la formule en serait conçue ainsi :
« A cause de tel acte louable qui est parvenu
» à ma connaissance, je voue à un tel une amitié
» fraternelle, et je le prie de m'en accorder une
» semblable. » Ils apprendraient ainsi à connaître les devoirs et le but de l'amitié : les plus vertueux seraient les plus recherchés. Il résulterait de ces adoptions réciproques et publiques le goût de la vertu, l'habitude des secours mutuels, et la constance dans les liaisons. Je voudrais aussi qu'on lût souvent aux jeunes gens des traits célèbres d'amitié, tirés des anciens, comme celui de Nisus et d'Euryale, si admirablement décrit dans Virgile. Oreste et Pylade sont plus célèbres dans l'histoire et sur les théâtres ; mais les vertus criminelles d'Oreste qui, pour venger le meurtre de son père, tua sa mère ; et qui, pour plaire à une maîtresse dont il était haï, assassina Pyrrhus, auprès duquel il était ambassadeur, sont d'un trop dangereux exemple. Au contraire, l'amitié de Nisus et d'Euryale ne respire que l'innocence, l'obéissance aux lois, la tendresse filiale et maternelle. Enfin ces deux amis couronnent la plus belle vie par la plus belle mort, en périssant l'un pour l'autre dans

l'exécution d'un acte vertueux. Je ne veux pas dire que ce morceau de poésie soit le plus beau de l'Énéide; mais je suis persuadé que c'est un de ceux qui ont le plus intéressé l'ame aimante de Virgile. Il le termine par souhaiter que le souvenir de leur amitié dure dans ses vers aussi long-temps que la postérité d'Énée donnera des lois au Capitole. Son vœu est rempli bien au-delà, car ses vers ont duré plus que l'Empire romain lui-même.

Cet épisode contient plus de trois cent vingt vers dans le neuvième livre de l'Énéide, et il en est déjà question dans le cinquième. D'abord il annonce ces deux amis dans les jeux qu'Énée donne en Sicile pour célébrer l'anniversaire de la mort de son père Anchise, et il les met à la tête de ceux qui doivent concourir pour les prix de la course :

> Nisus et Euryalus primi;
> Euryalus formâ insignis viridique juventâ,
> Nisus amore pio pueri . . . .

« Nisus et Euryale parurent les premiers; Euryale, recommandable » par sa beauté et par les graces de son adolescence; Nisus, par l'amour » pur qu'il portait à Euryale. »

Le poëte fait refléter la douce lumière de leur amitié, qui doit éclairer son tableau, jusque sur les prix de la course. Énée, qui, sans doute, a les amis en vue, leur dit à tous :

> Nemo ex hoc numero mihi non donatus abibit.
> Gnosia bina dabo levato lucida ferro
> Spicula, cælatamque argento ferre bipennem :
> Omnibus hic erit unus honos....

« Aucun des concurrents ne s'en ira sans recevoir de moi un présent.
» Je donnerai deux javelots de Crète, armés d'un acier poli, avec une
» hache garnie d'argent, à double tranchant. Cette récompense sera
» commune à tous. »

Deux javelots unis sont sans doute des symboles d'union, et on peut dire que l'amitié de deux jeunes guerriers est une hache à deux tranchants. Énée, en assurant cette récompense à tous, était bien sûr d'y faire participer les deux amis, quel que fût l'événement de la course.

Nisus, près d'en atteindre le but, tombe par accident; mais, dans sa chute, se ressouvenant de son ami, *non oblitus amorum,* il fait tomber exprès Salius qui le suivait, et donne ainsi la victoire au jeune Euryale qui venait ensuite. Salius se plaint de la fraude, et réclame le prix qu'on lui enlève :

> Tutatur favor Euryalum, lacrymæque decoræ,
> Gratior et pulchro veniens in corpore virtus.

« Euryale a pour lui la faveur de l'assemblée, ses larmes généreuses,
» et sa vertu, d'autant plus touchante, qu'elle anime un beau corps. »

Il remporte le premier prix, consistant en un superbe cheval avec son harnais; Énée dédommage Salius par la peau d'un lion dont les ongles étaient d'or, et Nisus par un excellent bouclier consacré jadis aux Dieux, autre présent convenable à l'amitié.

L'épisode du neuvième livre est bien supérieur à celui des jeux, pour la partie morale; il est consacré tout entier à l'amitié et à la vertu, comme le quatrième l'est à l'amour. Virgile, avec son art ordinaire, y fait d'abord contraster l'amitié désintéressée de ces deux jeunes gens obscurs, qui se dévouent pour la patrie, avec les alliances des nations qu'Énée était allé solliciter, et dont il n'obtient des secours qu'à force de prières. Nisus débute par un sentiment religieux; il dit à Euryale :

. . . . Dine hunc ardorem mentibus addunt,
Euryale? an sua cuique Deus fit dira cupido?

« Sont-ce les Dieux qui m'inspirent cette ardeur, cher Euryale ?
» ou chacun prend-il sa passion pour une inspiration divine? »

Il lui communique ensuite le projet de traverser seul, pendant la nuit, l'armée ennemie, pour savoir des nouvelles d'Énée, dont l'absence inquiétait les Troyens; la récompense qu'il s'en propose ne doit tourner qu'au profit de son ami :

Si tibi quæ posco promittunt. . . .

« S'ils me promettent ce que je demanderai pour toi. »

Euryale se plaint de ce que Nisus ne le trouve

pas digne de l'accompagner dans une entreprise si dangereuse ; il lui dit ces mots touchants :

Nise, fugis! Solum te in tanta pericula mittam?

« Quoi, Nisus, tu me fuis! Te laisserai-je seul dans de si grands
» périls ? »

Il ajoute : « Ce n'est pas ainsi que je me suis
» formé par les instructions de mon père Ophel-
» tes et par l'exemple d'Énée. » Chaque vers développe une vertu ; il ajoute un sentiment d'héroïsme à ce sentiment filial :

Est hic, est animus lucis contemptor, et istum
Qui vitâ bene credat emi, quò tendis, honorem.

« Ce cœur, oui, ce cœur sait aussi mépriser la mort ; il sent qu'il est
» beau d'obtenir par le sacrifice de la vie la gloire où tu aspires. »

Nisus s'excuse par les motifs les plus vertueux :

Te superesse velim : tua vitâ dignior ætas.

« Je veux que tu me survives : ton âge, plus que le mien, est digne
» de la vie. »

Il poursuit par un sentiment religieux et filial. S'il succombe, il désire que son ami lui rende des devoirs funèbres ; il craint de porter un coup mortel à la mère d'Euryale, qui, seule de toutes les mères, avait suivi son fils à l'armée.

Leurs sentiments vont en croissant d'intérêt ; ils vont rendre compte de leur projet à Iule,

qui, entouré de généraux troyens, s'inquiétait de l'absence de son père Énée. Le vieux Aléthès s'écrie que les Dieux n'ont point abandonné les restes de Troie, puisqu'ils inspirent tant de courage et de vertu à ses jeunes gens. Il les baigne de larmes. « Pouvons-nous, dit-il, vous don-
» ner des récompenses dignes d'une si grande en-
» treprise ? mais les Dieux et votre conscience
» vous donneront d'abord la plus belle de toutes : »

.... Pulcherrima primùm
Di moresque dabunt. ....

Iule, après avoir relevé la grandeur de ce service, leur dit :

Bina dabo argento perfecta atque aspera signis
Pocula, devictâ genitor quæ cepit Arisbâ ;
Et tripodas geminos, auri duo magna talenta,
Cratera antiquum, quem dat Sidonia Dido.

« Je vous donnerai deux amphores d'argent, d'une ciselure parfaite ;
» mon père les eut à la prise d'Arisba. J'y joindrai deux trépieds, deux
» talents d'argent, et une coupe antique présent de la reine Didon. »

Voici encore un reflet de l'amitié sur des présents. Deux amphores, deux trépieds pour les poser, deux talents d'or pour acheter du vin, et une coupe antique pour le boire en commun, convenaient parfaitement à deux jeunes gens liés d'une amitié si intime. Cette coupe fut donnée à Iule par Didon, sans doute lorsqu'elle épousa

Énée : ainsi c'est en quelque sorte un présent de l'amour maternel; ce qui en relève encore le prix. Mais ce don n'est rien auprès de celui que Iule promet à Euryale, qui était à-peu-près de son âge. Il se donne tout entier à lui :

> Te verò, mea quem spatiis propioribus ætas
> Insequitur, venerande puer, jam pectore toto
> Accipio, et comitem casus complector in omnes :
> Nulla meis sine te quæretur gloria rebus ;
> Seu pacem, seu bella geram, tibi maxima rerum
> Verborumque fides.

« Pour vous dont l'âge approche davantage du mien, enfant illustre,
» je vous reçois dans mon cœur, et je vous adopte pour compagnon
» dans tous les événements de ma vie. Je ne veux ambitionner aucune
» gloire sans la partager avec vous ; soit dans la paix, soit dans la guerre,
» vous serez l'unique confident de mes pensées et de mes actions. »

Voyez comment se propagent les rayons purs de l'amitié ; vous allez les voir se décomposer en couleurs plus réelles que ceux de la lumière. La sensibilité d'Iule rappelle l'amour filial dans le cœur d'Euryale : moins touché de l'amitié de son prince que des besoins d'une mère qu'il laisse dans l'indigence, il dit au fils d'Énée :

> . . . . Sed te super omnia dona
> Unum oro : genitrix, Priami de gente vetustâ
> Est mihi, quam miseram tenuit non Ilia tellus
> Mecum excedentem, non mœnia regis Acestæ.
> Hanc ego nunc ignaram hujus quodcumque pericli est,
> Inque salutatam linquo : nox et tua testis
> Dextera quòd nequeam lacrymas perferre parentis.
> At tu, oro, solare inopem, succurre relictæ.

Hanc sine me spem ferre tui ; audentior ibo
In casus omnes. . . . .

« Accordez-moi une faveur au-dessus de toutes celles que vous me
» promettez. J'ai une mère du sang illustre de Priam : ni les rivages de
» la malheureuse Troie, ni la ville du bon roi Aceste, n'ont pu l'empê-
» cher de me suivre : je la laisse dans l'ignorance des dangers où je
» m'expose, je pars sans lui dire adieu ; car j'en atteste la nuit et votre
» main sacrée, qu'il me serait impossible de soutenir les larmes d'une
» mère. Je vous en conjure, soulagez-la dans son indigence, secourez-
» la dans son abandon. Que j'emporte cette espérance, j'en braverai
» avec plus de courage tous les hasards. »

Tous versent des pleurs, et avant tous, l'aimable Iule :

. . . . Ante omnes pulcher Iulus.

Le poëte lui donne ici l'épithète de beau, quoique la tristesse n'embellisse pas ; mais c'est parce qu'il verse de ces larmes auxquelles le sensible Virgile a donné ailleurs l'épithète de *decoræ*, d'embellissantes, parce que la vertu les fait répandre. L'amour filial du fils d'Opheltes a électrisé celui du fils d'Énée :

Atque animum patriæ strinxit pietatis imago.

« Ce trait de piété paternelle pénètre son ame. »

Remarquez que l'amour filial, celui de la patrie, et même l'amour paternel, se rendent par le mot de piété : ce sont en effet trois consonnances du même sentiment religieux. Il faudrait traduire tous les vers de cet épisode, et dans un style bien supérieur au mien, si on en voulait relever les nombreuses beautés. Les deux amis s'engagent dans le camp des Rutules, où ils font un grand massacre à la faveur des ténèbres; cependant une avant-garde de cavalerie ennemie paraît avec le point du jour; elle se disperse dans la forêt voisine : bientôt Euryale en est environné. Nisus fuit; mais, ne voyant plus son ami, il y rentre pour le chercher; il l'aperçoit au milieu d'un groupe de cavaliers qui l'emmenaient prisonnier. A couvert derrière un arbre, il invoque la déesse des nuits, et lance successivement deux javelots dont il tue deux cavaliers. Volscens, leur commandant, qui ignore d'où partent les coups, veut venger leur mort par celle d'Euryale, il lève sur lui son épée; Nisus alors se découvre, il accourt hors de lui, il s'écrie :

> Me, me, adsum qui feci; in me convertite ferrum,
> O Rutuli! mea fraus omnis : nihil iste nec ausus,
> Nec potuit; cœlum hoc et conscia sidera testor :
> Tantùm infelicem nimium dilexit amicum.

« C'est moi, c'est moi, dit-il; j'ai tout fait. Tournez contre moi votre
» fer, o Rutules! Seul, je suis coupable. Celui-ci ne l'a ni pu ni osé ; j'en
» atteste ce ciel et ces astres qui m'ont aidé : tout son crime à lui est
» d'avoir trop aimé un ami malheureux. »

La mort d'Euryale percé d'un coup d'épée par Volscens; la fureur de Nisus qui tue Volscens à son tour et périt sur le corps de son ami; le désespoir de la mère d'Euryale lorsqu'elle aperçoit, au lever de l'aurore, la tête de son fils plantée au bout d'une pique, sur le camp des Rutules, termine cet épisode de la manière la plus déchirante. Je demande pardon de m'y être un peu trop arrêté ; mais j'ai cru devoir l'indiquer, parce qu'on y voit l'amitié la plus sublime en harmonie avec l'amour maternel et avec celui de la patrie. Virgile a renfermé dans une seule action les premiers devoirs de la vie sociale, que les moralistes n'ont mis qu'en maximes isolées.

On a plusieurs beaux traités sur l'amitié ; mais je n'en connais point de tels sur l'inimitié. Ceux qui parlent du pardon des injures, y supposent tant de malice, qu'ils donnent souvent plus d'envie de se venger que de pardonner ; leurs auteurs, quoique estimés, ressemblent à ces conciliateurs maladroits, qui brouillent les parties au lieu de les accorder : il est cependant plus utile de savoir comment on doit se comporter avec ses ennemis qu'avec ses amis. Le cœur nous guide en amitié, nous n'avons qu'à nous laisser aller à ses affections ; mais il nous égare en inimitié, si nous cédons à ses mouvements : il en résulte des vengeances qui n'ont point de fin. Ce qu'il y a de plus fâcheux, c'est que les grandes inimitiés ne naissent guère que des grandes amitiés : témoin les haines fraternelles, fameuses dès les temps les plus reculés.

Il y a dans le cœur humain un sentiment de

réaction qui nous porte à ressentir l'injure autant que le service, et à faire autant de mal à notre ennemi que de bien à notre ami : qui aime beaucoup, hait beaucoup; le ressentiment est aussi vif que la reconnaissance. Les sauvages, qui obéissent aux mouvements de la nature, offrent à leurs amis tout ce qu'ils possèdent, leurs cabanes, leurs vivres, et quelquefois leurs femmes et leurs filles : ils changent de nom avec eux, ils pleurent de joie à leur arrivée, et de chagrin à leur départ; mais ces mêmes hommes si aimants traitent leurs ennemis avec la haine la plus féroce; ils incendient leurs villages, ils massacrent sans pitié leurs femmes et leurs enfants, ils brûlent à petit feu leurs prisonniers de guerre, et les dévorent tout vivants. Les Grecs, si vantés, ont eu long-temps ces mœurs; et dans leur civilisation, ils écrivirent, comme un éloge parfait, sur le tombeau d'un de leurs plus grands hommes, que nul ne l'avait surpassé à faire du bien à ses amis et du mal à ses ennemis.

Il y a plus; je trouve que la puissance de l'homme s'étend beaucoup plus loin en méfaits qu'en bienfaits. Nous ne saurions seuls bâtir une maison à un ami, s'il est pauvre, ni lui faire une réputation, s'il est obscur, ni lui rendre la santé, s'il est malade; mais il est aisé, sans le secours de personne, de détruire l'habitation d'un ennemi par le feu, sa renommée par la calomnie, et sa vie par le meurtre. Le ressentiment, dont les effets sont si faciles et si funestes, a donc plus besoin de lois que la reconnaissance, si souvent impuissante; il me semble que pour se gouverner dans ses inimitiés, il faut savoir se régler dans ses amitiés. Le cœur est un aimant qui a, comme nous l'avons dit, deux pôles opposés, l'un qui attire, et l'autre qui repousse, l'amour et l'ambition. L'amour peut s'égarer dans ses premières affections, et sur-tout par l'éducation; il y puise des dépravations, des fantaisies et des engouements.

Pour éviter les folles amitiés et l'inconstance des inclinations communes au premier âge, j'ai désiré que chaque élève motivât publiquement le choix de son ami d'après quelques qualités louables. Comme par-là nous avons dirigé les premières affections de son amour vers la vertu, il en résulte que les premières haines de son ambition se tourneront vers le vice. Cependant, comme son amour s'étend de la vertu à la personne du vertueux, son ambition pourrait passer de la haine du vice à celle du vicieux; il pourrait, par une conséquence naturelle, désirer sa destruction, comme celle de tout être malfaisant: or c'est ce qu'il faut bien éviter. Notre régulateur entre ces deux passions opposées, est dans notre propre cœur: c'est le sentiment combiné de l'humanité et de la Divinité; c'est lui qui nous inspire de faire à autrui ce que nous voudrions qu'on nous fît. Il se combine aisément avec la reconnaissance, qui nous montre un ami dans un homme, et il s'oppose au ressentiment en nous montrant l'homme dans notre ennemi. En vain la raison exaltée par l'ambition nous présente la vengeance comme une justice, la vertu nous la présente à son tour comme appartenant aux lois et encore plus à Dieu. C'est aux lois seules que nous avons abandonné le ressentiment de nos injures; mais nous nous sommes réservé la reconnaissance des bienfaits, et c'est pour cette raison que les lois humaines ne punissent pas l'ingratitude.

Aucune injure ne reste sans punition; les histoires de toutes les nations nous en offrent une infinité de preuves. Elles ont été recueillies par les écrivains les plus vertueux, qui sont aussi les plus célèbres : tels sont Homère, Xénophon, Tacite, Plutarque. On a écrit la philosophie de l'histoire pour la débarrasser de ses erreurs; on devrait bien écrire sa morale, pour lui donner un but. L'histoire des nations ne prouve pas moins une Providence que celle de la nature, et il peut résulter des sociétés des hommes une théologie aussi lumineuse que celle des insectes.

La peine suit le péché, dit Platon. Si elle ne se manifeste pas toujours aux yeux des hommes, elle n'en est pas moins dans l'ame du coupable.

Plutarque a écrit sur ce sujet un fort bon traité intitulé : *Pourquoi la justice divine diffère quelquefois la punition des maléfices*. Il répond très-bien aux objections des épicuriens de son temps, qui, comme ceux du nôtre, rejetaient la Providence, parce qu'elle souffrait les méchants, et que souvent ils prospéraient. Il leur répond que les méchants sont souvent des instruments de la vengeance de Dieu envers des peuples corrompus ; que la vie humaine la plus longue n'étant par rapport à lui qu'un instant, il est égal que les méchants soient punis immédiatement après leur crime, ou vingt et trente ans après ; qu'ils sont dans la vie, avec leurs remords, comme des coupables en prison, la corde au cou, qui, au lieu d'être exécutés le matin, le sont le soir ; que les délais de la justice divine étaient à leur égard un effet de sa bonté, qui leur donnait le temps de se repentir, et qu'enfin cette impunité apparente prouvait l'existence d'une autre vie après la mort, où chacun serait récompensé et puni suivant ses actions.

En effet, ce serait la plus absurde des contradictions que la Providence s'étendît sur toute la nature, excepté sur la vie humaine. Comme nous ne développons notre raison que sur son intelligence, nous devons former notre morale sur sa justice. Il est de notre intérêt de nous y conformer ; car étant des êtres très-faibles, nous avons besoin nous-mêmes de la clémence de Dieu et de l'indulgence des hommes. Tu ne peux, dit Marc-Aurèle parlant à lui-même, supporter les méchants, que les dieux eux-mêmes supportent pendant l'éternité ! Tu veux fuir leur malice, ce qui t'est impossible, et tu ne veux pas te débarrasser de la tienne propre, ce qui t'est possible ! Si donc quelqu'un nous offense, nous pouvons nous dire à nous-mêmes : N'avons-nous jamais offensé personne ? n'avons-nous pas quelquefois médit, calomnié, méprisé, injurié ? Mais, dirons-nous, ce n'était pas sans raison. On n'a jamais raison d'offenser, et parce que notre ennemi fait une injustice envers nous, voulons-nous aussi en faire une envers lui ? Mettons-nous ensuite à sa place. Si nous étions coupables à son égard, nous n'avons point à nous en plaindre ; si innocents, il est dans l'erreur par rapport à nous, il hait en nous un homme qui n'y est pas. Enfin, dans ce cas même, agissons envers lui comme nous voudrions qu'il agît envers nous si nous l'avions offensé ; car certainement nous ne voudrions pas qu'il se vengeât.

Ces considérations nous seront très-utiles, surtout à l'égard de nos plus petits ennemis, dont les offenses nous paraissent d'autant plus insupportables, qu'ils sont inférieurs à nous, et qu'elles sont fréquentes : telles sont celles de nos domestiques. Nous pouvons d'abord nous dire : Si nous étions à leur place, serions-nous bien soumis à la volonté d'autrui, et bien zélés pour des intérêts qui nous sont étrangers ? Tu fais du bien à ton domestique, dit un philosophe barbare, et c'est un ingrat ; tu te plains qu'il est capricieux, pervers, menteur, insolent ; mais s'il était parfait, crois-tu qu'il te voulût servir ?

La maxime : Vis avec ton ami comme s'il devait être un jour ton ennemi, quoique fondée sur une politique injurieuse à l'amitié, est juste au fond, car la maxime inverse est vraie : Vis avec ton ennemi comme s'il devait un jour être ton ami. A la vérité, on lui en oppose une tout-à-fait contraire : Méfie-toi d'un ennemi réconcilié ; car on a fait en morale autant d'axiomes qu'on a voulu. Mais il est aisé de distinguer les vrais des faux, en les rapportant à l'utilité des hommes. Si un axiome leur convient à tous, il est bon. L'intérêt du genre humain est la pierre de touche de la vérité. Il y a encore un autre moyen de la reconnaître, c'est lorsque sa proposition inverse est évidente ; car la vérité, comme le soleil, luit de tous côtés. Ceci posé, il n'est pas douteux que nous devons être modérés dans nos amitiés ; car l'expérience nous prouve qu'elles se changent quelquefois en inimitiés. D'un autre côté, nous voyons aussi des inimitiés se résoudre en d'heureuses et constantes réconciliations. La clémence d'Auguste lui fit de Cinna un ami fidèle.

Ce sont nos passions qui écartent de nous nos amis ; mais la vertu rapproche de nous nos ennemis. Quand même elle ne nous gagnerait pas leur affection, elle nous acquerrait à coup sûr leur estime. Nous devons donc agir à leur égard comme nous désirerions qu'ils agissent avec nous. C'est pour cela que nous ne devons jamais dire d'eux, en leur absence, que le mal que nous dirions en leur présence.

Il y a un grand moyen d'arrêter le cours des inimitiés, ainsi que de toutes les passions ; c'est de s'opposer à leur commencement. Vous ne mettrez un frein aux erreurs du cœur et de l'esprit qu'en les empêchant de sortir de leurs barrières. Vous ne les arrêterez pas dans leur course, si vous ne le faites au départ. Telle haine irréconciliable a commencé souvent par une légère plaisanterie. Semblable au feu, ce n'est d'abord qu'une petite étincelle, qui produit un incendie si nous négligeons de l'éteindre.

On doit conclure de ces principes généraux, dont l'application produirait des volumes, combien nos éducations modernes sont dangereuses, puisqu'elles tendent sans cesse à donner l'essor à l'émulation, ce stimulant des passions naissantes.

L'émulation, parmi des enfants, n'est que le désir d'être le premier, et de s'élever au-dessus de ses semblables par son esprit et ses études ;

l'émulation, parmi les hommes, n'est aussi que le désir d'être le premier dans le monde, et de s'élever au-dessus des autres par sa fortune et son crédit; car enfin les hommes ont d'autres besoins que les enfants. Or, de cette préférence personnelle et des concurrences qu'elle fait naître, naissent évidemment tous les maux de la société. L'émulation des enfants est de même nature que l'ambition des hommes: c'est la racine du même arbre. C'est cette passion altière, que la nature nous a donnée pour subjuguer les animaux, que nous apprenons aux enfants à employer contre leurs semblables, d'abord dans des exercices innocents, à la vérité, mais ensuite dans tous ceux de la société, lorsqu'ils seront hommes. Je reconnais dans l'enfant ambitieux qui se couche devant un chariot attelé, pour l'empêcher de déranger son jeu, l'Alcibiade qui aime mieux causer la ruine d'Athènes, que de renoncer à son ambition et à son luxe; et dans le jeune homme qui ordonne aux pirates d'applaudir à ses vers, le César qui devait recevoir un jour le sénat de Rome sans se lever.

De toutes les amitiés, il n'y en a aucune de comparable à l'amitié fraternelle. La nature a réuni autour d'elle les liens les plus forts, quand la société ne les a pas rompus dès l'enfance: ce sont ceux de la nourriture, de l'instruction, de l'exemple, de l'habitude, de la fortune. Nous avons déjà observé que tout ce qui a en soi un principe de vie, a des organes en nombre pair. La nature nous a donné deux yeux, deux oreilles, deux narines, deux mains, deux pieds, pour s'entr'aider fraternellement; si elle ne nous eût donné que la moitié de nos organes, qui nous semble suffisante à la rigueur, nous n'eussions pu ni marcher, ni saisir un objet, ni pourvoir à aucun de nos besoins. Si, au contraire, elle les eût triplés, quadruplés, multipliés, elle nous eût rendus semblables aux géants de la fable, aux Briarées à cent bras, dont les fonctions se seraient empêchées les unes les autres, s'ils eussent existé. Elle s'est donc bornée à réunir ensemble deux parties égales, non-seulement dans l'homme, mais dans tous les êtres organisés : ainsi, ce n'est pas un simple mouvement qui est le principe de la vie, comme le disent les matérialistes, mais c'est une harmonie fraternelle de deux moitiés égales réunies dans le même individu. Une seule de ces moitiés ne peut pas plus vivre isolée, que triplée ou quadruplée, parce qu'alors il n'y eût point eu entre elles d'harmonie, sans laquelle la vie ne peut exister. L'ordre binaire n'est pas un effet de l'impuissance de la nature, qui n'a pu aller plus loin. En doublant nos organes, elle leur a donné un équilibre nécessaire à leurs fonctions; elle ne pouvait les multiplier dans le même individu sans en détruire l'effet, mais elle l'a augmenté en donnant des frères même à l'individu. Les membres d'un corps s'entr'aident mutuellement, mais ils ne peuvent agir que dans un seul lieu; tandis que des frères peuvent agir de concert dans des lieux différents; l'un aux champs, l'autre à la ville, l'un sous la zone torride, l'autre sous la zone glaciale : l'harmonie fraternelle peut étendre la puissance d'alliance d'un bout du monde à l'autre.

On a remarqué par tout pays, et il y a déjà long-temps, que les familles pauvres où il y avait beaucoup d'enfants, prospéraient beaucoup mieux que celles où il y en avait peu: C'est, disent les bonnes gens, la bénédiction de Dieu qui vient à leur secours. Oui, sans doute, c'est une bénédiction de Dieu, attachée, comme tant d'autres, à l'exécution de ses lois. Celle-ci résulte de l'harmonie fraternelle, cette première loi de l'ordre social. Ces familles nombreuses réussissent, parce que les frères s'entr'aident, et plus ils sont en grand nombre, plus ils ont de pouvoir.

Je trouve à ce sujet, dans l'Odyssée d'Homère, un sentiment bien touchant, c'est lorsque Télémaque compte au nombre de ses calamités celle de n'avoir point de frère. Le poëte, sensible et profond dans la connaissance de la nature, en mettant cette plainte dans la bouche du fils d'Ulysse, qui cherchait par-tout son père, avait sans doute senti que l'amour fraternel était une consonnance de l'amour filial. En effet, les enfants ont des ressemblances avec leurs pères et leurs mères, de telle sorte que les garçons, pour l'ordinaire, en ont plus avec leurs mères, et les filles avec leurs pères : la nature les croisant d'un sexe à l'autre pour en augmenter l'affection. Mais il y a plus ; c'est que lorsqu'il y a beaucoup d'enfants, chacun d'eux est caractérisé par quelque trait particulier de la physionomie et de l'humeur de ses parents. L'un en a le sourire, l'autre la gaieté, celui-ci le sérieux, cet autre l'attitude ou la démarche, de sorte qu'il semble que les qualités physiques et morales des pères et mères soient réparties déjà entre leurs enfants, comme des portions d'héritage. Or, quand des enfants aiment sincèrement leurs parents, ils en aiment d'autant plus leurs frères, par ces ressemblances, qui leur en rappellent le souvenir. L'amour fraternel dépend donc beaucoup de l'amour filial, qui lui-même n'est produit que par l'amour paternel.

Quoique l'amitié exige des consonnances dans les goûts, elle admet aussi des contrastes, sans lesquels peut-être elle ne subsisterait pas. La nature en établit parmi les frères en les faisant naître les uns après les autres, quelquefois à de si grands intervalles, que le premier aura atteint la jeunesse, tandis que les autres seront dans l'adolescence, et que le dernier ne sera pas sorti de l'enfance ; mais ces différences, loin d'affaiblir

l'amour fraternel, le fortifient. Il en est d'une famille composée de frères inégaux en âge, en caractères, en talents, comme de la main formée de doigts de diverses proportions, qui s'entr'aident beaucoup plus que s'ils étaient de force et de grandeur égales. Pour l'ordinaire, lorsqu'ils saisissent tous ensemble un objet, le pouce, comme le plus fort, serre à lui seul ce que les autres saisissent tous ensemble. Le plus petit, comme le plus faible, clôt la main; ce qu'il ne pourrait faire, s'il était aussi long que les autres. Il n'y a point de jalousie entre les derniers, qui travaillent moins, mais qui supportent les autres, et les premiers, qui tiennent la plume, ou ceux qui sont décorés d'un anneau. Quelque inégalité donc qu'il y ait entre les talents et les conditions des frères, il n'y a qu'une seule chose à leur inspirer, c'est la concorde, afin qu'ils puissent agir de concert comme les doigts de la main. Une des premières attentions que les parents et les instituteurs doivent avoir, est qu'il ne s'élève point de jalousies entre les frères à l'occasion de leurs jeux. Plutarque observe dans son Traité de l'Amitié fraternelle, dont nous avons tiré quelques bonnes observations, « que, comme les divisions
» qui renversèrent la Grèce de fond en comble,
» naquirent des rivalités qui s'élevèrent entre
» quelques citoyens puissants, au sujet de la fa-
» veur qu'ils accordaient à des baladins, de gale-

» ries et de viviers qu'ils avaient fait construire
» pour leurs passe-temps; de même les jalousies
» qui s'engendraient entre les frères, commen-
» çaient souvent à l'occasion de quelques oiseaux,
» de petits chariots, et autres jouets de l'enfance,
» lesquelles envies venant à croître avec l'âge, ils
» en venaient à se détester et à se haïr à la mort. »
Je trouve donc à propos qu'au lieu de leur donner des jeux particuliers, comme on a coutume
de faire pour éviter entre eux les sujets de jalousie, on leur en donne qui leur soient communs, afin de les accoutumer à vivre ensemble.
Quand ils ont des jouets en propre, c'est alors
que se forment les idées précoces du tien et du
mien, si dangereuses sur-tout entre des fils et des
frères, sans compter que celui qui perd ou qui
rompt le sien, cherche à s'emparer de celui d'autrui. C'est la source la plus ordinaire des querelles entre les enfants comme entre les hommes.

Si l'on donne aux frères des jeux communs, il
faut leur apprendre des métiers particuliers, afin
d'éloigner d'eux tout sujet de rivalité. L'amour
du plaisir réunit les hommes, mais celui de l'intérêt les divise. Les jeux veulent des compagnons,
mais les ambitions les repoussent. Toutes les passions sont insociables.

D'ailleurs, les inclinations étant très-variées
parmi les enfants, il faut laisser à chacun d'eux
la liberté de suivre la sienne. Castor et Pollux,

ces frères si célèbres chez les anciens par leur union, le furent aussi dans la guerre ; mais l'un excellait à dresser des chevaux, et l'autre aux combats du ceste.

Cependant j'ai à citer une amitié moderne, mieux avérée que celle des jumeaux d'Élide sortis du même œuf : c'est celle des deux frères Pierre et Thomas Corneille. Ils étaient tous deux poëtes tragiques, c'est-à-dire de la profession qui supporte le plus malaisément des rivaux. On sait qu'ils vécurent ensemble sans partager leurs biens, jusqu'à leur mariage. Mais voici une anecdote ignorée qui prouve leur parfaite union. Ils occupaient à Rouen une petite maison ; Thomas Corneille logeait au rez-de-chaussée, Pierre au-dessus de lui dans un entre-sol qui communiquait avec le bas par un petit escalier ; chacun d'eux travaillait à son ouvrage à la vue l'un de l'autre. Thomas excellait à trouver sur-le-champ un grand nombre de rimes du même mot, Pierre n'avait pas la même facilité ; mais quand il était embarrassé à chercher une rime, il s'adressait à son frère, qui aussitôt lui en donnait à choisir autant qu'il en avait besoin. Leur amitié si intime est, à mon gré, plus rare que leurs grands talents, d'autant plus qu'ils étaient inégaux en réputation. Si ces deux poëtes fameux ont vécu dans une communauté de fortune, de plaisirs et de travaux, il faut l'attribuer à ce que les talents supérieurs ne sont pas susceptibles de jalousie, ou plutôt à ce que ces frères avaient été élevés ensemble dans la maison paternelle. Leur petite habitation subsistait encore dans mon enfance, je ne sais si on l'aura conservée; sans doute les Grecs en auraient fait un temple, dédié à-la-fois aux Muses et à l'amitié fraternelle.

Je tiens l'anecdote que je viens de rapporter, d'un M. Mustel, né en Normandie.

Comme les tableaux hideux du vice rendent ceux de la vertu encore plus aimables, il est à propos de raconter aux enfants quelques histoires de mauvais frères qui, par leur haine mutuelle, ont causé leur ruine. Tels furent Étéocle et Polynice, dont l'inimitié fut, dit-on, si grande, qu'après leur mort la flamme même du bûcher qui consumait leur corps se sépara en deux : ces haines implacables naquirent de l'émulation d'un trône. L'ambition n'est autre chose que le désir d'être le premier, et elle est la cause de tous les malheurs du genre humain. Dans sa naissance, ce n'est qu'une étincelle brillante; mais si on l'anime, bientôt c'est un feu dévorant qui consume jusqu'à celui qui l'a allumé. Les premières fumées de ce volcan sont les envies, les intolérances, les médisances, les calomnies, l'humeur querelleuse : si vous les apercevez dans votre frère, tâchez de le ramener à la vertu par votre affection et surtout par votre exemple; mais si vous ne le pouvez, fuyez-le, car il est atteint d'un mal contagieux, et vous vous devez encore plus au bonheur de vos semblables qu'à l'amitié fraternelle. Le vertueux Timoléon ne balança pas à abandonner son frère, qui voulait être le premier dans Corinthe, sa patrie, après avoir fait de vains efforts pour l'engager à renoncer à son ambition. A la vérité, il se repentit long-temps d'avoir consenti à sa mort, que sa mère lui avait reprochée; mais le bon Plutarque l'a blâmé de ce remords comme d'une faiblesse de courage, et il me semble en cela s'écarter du jugement qu'il a porté sur la sévérité de Brutus à l'égard de ses fils. Pour moi, j'aime à voir deux vices lutter ensemble, parce que la destruction de l'un des deux nous présente l'apparence d'une vertu; mais il n'en est pas de même du combat de deux vertus, car de l'anéantissement de l'une il résulte toujours l'apparence d'un vice. Ainsi, je n'aime point à voir l'amour de la patrie aux prises avec l'amour paternel ou fraternel; c'est mettre la guerre civile dans les cieux que de la mettre entre les vertus : ce n'est pas à l'homme à les accorder, c'est à Dieu. Nous avons assez à faire de régler nos passions ; c'est à l'Auteur de la nature à en maintenir les fondements, et à les rapprocher quand ils sont ébranlés.

Il ne dépend pas plus de nous de concilier deux vertus en opposition, que deux éléments; c'est à celui qui en a créé les lois à les conserver inviolables. Nous le prions tous les jours de ne pas nous exposer à en franchir les barrières, de peur que nous ne devenions fous par notre propre sagesse, injustes par la justice, et féroces à force d'humanité. Si donc nous avons le malheur d'avoir un frère vicieux et incorrigible, il n'y a d'autre remède que de le supporter ou de le fuir. Si la patrie nous a confié l'exécution de ses lois, empêchons-le de faire du mal; mais s'il en a fait qui demande vengeance, abstenons-nous plutôt des lois que de répandre son sang. Sous Vitellius, un frère tua son frère du parti opposé dans le combat, et en demanda la récompense : Tacite observe qu'elle lui fut refusée, sous prétexte qu'on n'était pas en état de le récompenser. Haïssons le vice dans notre propre frère, mais aimons toujours notre frère dans le vicieux. Dieu a mis sur la terre deux portes qui mènent au ciel; il les a placées aux deux extrémités de la vie, l'une à l'entrée, l'autre à la sortie. La première est celle de l'innocence, la dernière est celle du repentir : ce n'est donc pas à l'amitié fraternelle à la fermer. Il y a des exemples de frères qui, par la seule influence de l'amitié, ont ramené des frères vicieux. L'histoire de la Chine en a conservé plusieurs, tirés de l'enfance même. Tel est entre autres celui de Xuni, successeur du fameux empereur Vaus. C'était un simple laboureur, qui avait un père et des frères fort méchants : il les réforma par sa patience. Vaus, touché de sa vertu, l'appela au trône au préjudice de ses propres enfants, dont il n'avait pas d'ailleurs à se plaindre. Comme l'amitié fraternelle est, à la Chine, un des cinq principaux devoirs de l'ordre social, on a grand soin d'en faire la base de l'instruction publique. D'un autre côté, le gouvernement y est encore plus attentif à recueillir les traits de vertu dans les enfants, que dans les hommes. Il regarde les écoles comme des pépinières où les semences donnent quelquefois d'elles-mêmes des espèces nouvelles de fruits excellents, sans avoir besoin d'être greffés. Les vertus des enfants sont des dons de la nature, celles de l'homme ne sont souvent que des productions de l'art social.

Au reste, je désirerais que, dans les exemples que l'on cite aux enfants, on prît ceux des vices chez les étrangers, et ceux de la vertu dans la patrie. C'est par ce moyen que les Romains, et les Grecs sur-tout, ont illustré leur pays, au point qu'ils ont rendu leurs rochers plus fameux que nos montagnes, leurs ruisseaux plus que nos fleuves, et leur Méditerranée, avec ses petits archipels, plus célèbre que tout l'Océan avec les quatre parties du monde. Les Chinois ont été encore plus loin; car, sans mêler la fable à leur illustration, leur histoire leur fournissait, il y a déjà plus d'un siècle, trois mille six cent trente-six hommes illustres par des vertus ou des talents utiles à l'état, et deux cent huit filles, femmes, veuves, célèbres par leur chasteté ou leur amour conjugal. Les inscriptions, les monuments, les statues, les temples, les arcs de triomphe qu'on leur a élevés aux lieux où ils étaient nés, ou à ceux où ils avaient vécu, décorent par-tout les grands chemins, les montagnes, les forêts, les fleuves et les villes. Joignez-y leurs éloges historiques, les drames, et les poésies faites en leur honneur, qui sont répandus dans toutes les bibliothèques et lieux où l'on apprend à lire aux enfants, vous aurez la véritable raison de la longue durée de cet empire, et de l'attachement religieux qui lie les Chinois à leur patrie. Les exemples illustres de vertu des ancêtres font le ciment moral qui consolide toutes les parties de cet antique édifice : par lui il a résisté aux débordements des Tartares et aux mines souterraines des religions étrangères. A la vérité, ils regardent le reste des hommes comme des barbares; mais autant en faisaient les Grecs et les Romains. Rome moderne elle-même ne gouverne-t-elle pas les peuples par les vies de ses saints, qu'elle leur propose à imiter? et l'exemple d'un Vincent de Paul ne sert-il pas à faire aimer et respecter sa puissance?

Pour nous, qui désirons élever des enfants, non-seulement pour leur village, mais pour le monde entier, puisque nous en voulons faire des hommes, nous pensons qu'il faut leur chercher les plus grands exemples de vertu dans tous les pays; mais lorsque le nôtre en offre d'éclatants, on doit sans doute leur donner la préférence; c'est un devoir filial qu'il faut remplir envers notre patrie, et c'est par elle que nous devons commencer à aimer le genre humain. L'amitié de Caton d'Utique pour son frère Lépidus n'a rien de plus touchant que celle de Turenne pour le duc de Bouillon, son frère. Ce grand homme, si célèbre dans la guerre, déclarait hautement qu'il lui devait tout ce qu'il savait de mieux; il n'entreprenait rien sans le consulter, et il ne supporta sa perte qu'avec une extrême douleur.

Ce que nous avons dit de l'amitié entre les frères, s'entend de celle qui doit régner entre les sœurs: les femmes en sont au moins aussi capables que les hommes, et les exemples en seraient fréquents dans l'histoire, si elle ne s'occupait plus des talents brillants d'où résultent souvent les malheurs des nations, que des vertus obscures qui font le bonheur des familles. L'amitié des sœurs entre elles égale au moins celle des frères en affection, en constance, en désintéressement, et elle l'emporte en attentions, en délicatesse, en bienséances. Si l'amitié n'est au fond qu'une union entre deux êtres faibles et malheureux, les femmes y ont plus de part que les hommes, parce qu'elles ont plus de besoins et de faiblesse. L'amitié d'Oreste et de Pylade, qui veulent mourir l'un pour l'autre, me paraît moins touchante que celle de Myro et de sa sœur, filles du tyran d'Élée; qui innocentes des crimes de leur père, et condamnées à mort à la fleur de leur âge et de leur beauté, se demandaient en grâce l'une à l'autre de mourir la première. L'aînée avait déjà mis sa ceinture autour de son cou, en disant à sa jeune sœur de la regarder faire et de l'imiter ensuite, lorsque celle-ci la supplia de ne pas lui donner la douleur de la voir mourir. Alors Myro prit le cordon fatal, l'arrangea autour du cou de sa cadette, et, en l'embrassant, lui dit : « O ma chère sœur! je » ne vous ai jamais rien refusé de ce que vous » m'avez demandé, recevez de moi la dernière » et la plus forte preuve de mon affection. » Puis, quand elle la vit expirée, elle couvrit son corps, et, avant de mourir elle-même, elle pria les assistants qui, malgré leur haine contre la tyrannie, fondaient en larmes, de ne pas permettre qu'il leur fût fait aucun déshonneur après leur mort.

S'il n'y a pas entre les femmes d'amitié aussi célèbre que l'amitié fraternelle des Gracques, c'est que des sœurs ne sont guère exposées à lutter contre des factions furieuses; mais souvent elles ont à combattre ensemble les infirmités, la pauvreté, la vieillesse, et ces autres tyrans de la vie d'autant plus difficiles à supporter, qu'on leur résiste sans gloire. Combien de sœurs ont vieilli jusqu'au tombeau, irréprochables dans l'amitié !

Mais il y a une harmonie peut-être plus touchante et plus forte que la fraternelle et la sororale, c'est l'amitié réciproque d'un frère et d'une sœur. Dans celle de frère à frère ou de sœur à sœur il y a consonnance, mais dans celle-ci il y a, de plus, de doux contrastes. L'amitié entre les frères a je ne sais quoi de brusque et de rude, d'emporté, d'incivil; il entre quelquefois dans celle des sœurs de la faiblesse, de la politique et même de la jalousie. Mais l'amitié entre le frère et la sœur est une consonnance mutuelle de faiblesse et de protection, de grace et de vigueur, de confiance et de franchise. J'ai souvent remarqué que dans les familles où il y avait un frère et plusieurs sœurs, celui-ci était sans contredit plus doux, plus honnête et plus poli que les enfants des familles où il n'y avait que des garçons; et que dans celles où il y avait une sœur et plusieurs frères, la sœur avait plus d'instruction, plus de force dans le caractère, et moins de penchant à la superstition, que dans une famille où il n'y avait que des filles.

Plutarque, dans son Traité de l'Amitié fraternelle, ne cite qu'un exemple d'amitié semblable. On avait donné à une femme l'alternative de choisir de la mort de son frère ou de son fils : elle préféra celle de son fils, parce que, dit-elle, je peux bien avoir encore un autre enfant, mais de frère je ne puis, mon père et ma mère étant morts. Cependant on peut regarder comme un effet de l'harmonie fraternelle, autant que de la conjugale, la conduite des Sabines, lorsque, tout échevelées et portant entre leurs bras leurs petits enfants, elles se jetèrent entre leurs époux et leurs frères près de s'entr'égorger, et leur firent tomber les armes des mains en appelant, dit le bon Plutarque, ores les Sabins, ores les Romains, par les plus doux noms qui soient entre les hommes. On peut encore citer en exemple la vertueuse et infortunée Octavie, sœur d'Auguste et femme d'Antoine, dont l'amour fraternel et conjugal servit long-temps seul de barrière à l'ambition de ces deux rivaux; mais lorsque Antoine, subjugué par son amour pour Cléopâtre, eut brisé tous les liens de l'amour conjugal en chassant son épouse de sa propre maison, alors l'Empire romain perdant son équilibre, qu'une femme avait maintenu, fut renversé de fond en comble.

Quelles que soient les spéculations de la politique, il est certain que les seules harmonies morales forment la chaîne qui lie toutes les parties de la société humaine. L'harmonie fraternelle fait passer les hommes par une enfance plus longue que celle des animaux, afin de former et de fortifier les premiers liens de la société par l'a-

-mour maternel; mais l'harmonie conjugale réunit tout le genre humain : elle s'embellit des enchantements de l'amour; et c'est de son sein qu'on voit sortir ces tendresses ravissantes qui unissent les enfants à leurs mères et les hommes à leur patrie.

LIVRE VIII.

HARMONIES CONJUGALES.

L'AMOUR est un sentiment moral dans les enfants, qui se manifeste en eux bien avant le développement des sexes. Ils sont d'abord très-sensibles à la beauté, et ils ont pour la reconnaître un tact souvent plus sûr que celui des hommes. Amenez un petit garçon dans un cercle de femmes : il va à coup sûr porter ses caresses à la plus belle; et si c'est une petite fille au milieu d'une société d'hommes, elle ira, toute honteuse, se réfugier auprès du plus aimable; mais les gens laids, et sur-tout les vieillards décrépits, leur répugnent singulièrement. Jean-Jacques m'a raconté que les auteurs de l'Encyclopédie ayant donné entre eux un bal où il se trouva, ils imaginèrent d'en faire faire l'ouverture par Fontenelle, qui avait alors plus de quatre-vingt-dix ans, et une petite fille fort aimable, qui en avait sept à huit. Mais à peine eut-elle jeté les yeux sur le front ridé de Fontenelle et sur ses joues pendantes et terreuses, qu'elle retira sa main, et se mit à pleurer. Le Nestor de la philosophie en fut affecté. Il dut, sans doute, trouver fort étrange, lui qui était si recherché par toutes les classes de la société, de se voir repoussé par un enfant uniquement sensible à l'instinct de la nature. Il sentit alors, malgré les graces toujours nouvelles de son esprit, toute la décrépitude de son corps, par l'effroi qu'elle inspirait à l'enfance, et que les deux extrémités de la carrière humaine ne formaient qu'un contraste hideux du commencement de la vie et du commencement de la mort.

Mais les enfants recherchent avec ardeur la société des enfants de leur âge, et les plus beaux sont toujours entre eux les plus fêtés; leur affection se détermine souvent en faveur d'un de leurs compagnons exclusivement aux autres. La jeune fille, en cherchant à plaire à un garçon, est en garde contre lui; elle veut à-la-fois lui inspirer de l'amour et du respect, par un instinct combiné de coquetterie et de pudeur. Pour lui, il est déjà rempli pour elle d'égards et de soins attentifs. Quel est celui qui ne s'est pas amusé cent fois des jeux de ces amants enfants, de leurs promesses de s'aimer toujours, des noms de mari et de femme qu'ils se donnent mutuellement, de leurs jalousies, et de tous les mouvements de cette passion inquiète, d'autant plus naturels, qu'ils ne se règlent point sur les préjugés de la société? Il se forme entre eux quelquefois des affections si violentes, qu'on en a vu sécher et mourir de jalousie; et cette maladie morale et physique est assez commune parmi les filles, qui, dans la plus tendre enfance, en deviennent quelquefois toutes jaunes. De ces affections innées dans les deux sexes, se composent des mœurs qui annoncent déjà la différence de leurs caractères. A peine une jeune fille sait-elle marcher, qu'elle aime à se regarder dans un miroir et à s'occuper de sa parure; déjà elle prend des soins maternels de sa poupée. Dès qu'elle sait parler, elle s'exerce à chanter. De toutes les chansons, elle préfère celles d'amour. La plus réservée et la plus silencieuse en recueille de toutes les sortes, pour l'absence, pour la rupture, pour la réconciliation, etc.; elle y renferme toute sa politique et sa morale. Quant au garçon, il sent déjà qu'il doit protéger l'objet qu'il aimera. Négligé dans son costume, il ne songe qu'aux armes et à leur exercice. Il aime à faire résonner des instruments bruyants, des trompettes, des tambours; à courir, à sauter, à grimper; et il est au comble du bonheur quand il a en sa disposition l'apparence d'un fusil ou d'un sabre. Déjà le sentiment de la guerre contraste dans les deux sexes avec celui des amours, et annonce que l'un est fait pour être aimé et protégé, et l'autre pour aimer et pour combattre.

Traçons donc à l'un et à l'autre les devoirs de l'amour, avant que ce sentiment naturel se corrompe en eux par les mœurs de la société. Montrons-leur-en les lois saintes répandues dans tous les ouvrages de la nature, en les réunissant les uns aux autres par l'harmonie conjugale. Ouvrons dès sa source un canal à ce torrent, afin que lorsqu'il se précipitera des montagnes, il ne ravage pas les terres qu'il doit féconder.

En vain la sagesse divine avait harmonié entre elles les couleurs et les formes des êtres : tout était sans mouvement et sans vie, parce que tout était sans amour. Ainsi, le plus beau tableau n'offre que des surfaces, et le groupe de sculpture le plus parfait que l'immobilité, parce qu'ils sont sans vie, étant l'ouvrage des hommes. Quand de nouveaux Vaucansons tenteraient de leur donner quelques mouvements par le feu, par les aimants, par l'organisation la plus savante, ils ne pourraient les animer, parce que la vie est un élément du ciel. Il n'appartient qu'à Dieu de la donner; et ce fut l'amour que l'Éternel doua de cette puissance. Il secoua son flambeau sur l'univers, aussitôt les astres s'embrasèrent d'un feu éternel. La terre, glacée et ténébreuse, fut attirée par le soleil, et, roulant sur elle-même, lui présenta tour-à-tour ses pôles. Son Océan circula autour d'elle, son atmosphère fut ébranlée, des vents opposés soufflèrent sur ses divers horizons. Des nuages s'élevèrent de dessus ses mers, recouvrirent les airs d'or et de vermillon, et retombant en pluies fécondantes, coulèrent en ruisseaux sur les flancs des montagnes, fertilisèrent les plaines, et vinrent se réunir aux mers. Les végétaux se couvrirent de fleurs et de fruits. Les animaux formèrent leurs nids sous leurs ombrages, et y firent entendre mille et mille concerts. L'homme, ravi de tant de beautés, ne savait où porter ses pas incertains, lorsqu'il se sentit attiré par un être qui lui parut une autre moitié de lui-même; elle était semblable à lui et différente de lui. Ce qu'il avait en force, elle l'avait en grâces; elle réunissait tout ce que les objets de la nature ont de plus doux en couleurs, en formes, en mouvements. Il lui adressa ses premières paroles et ses plus vives affections; elle lui répondit par des paroles plus touchantes et des affections plus tendres : ainsi la lune réfléchit les rayons du soleil par une lueur plus amie des yeux. Il s'avança vers elle, elle s'arrêta. Il lui présenta la main, elle lui offrit la sienne; elle se troubla, il fut troublé à son tour. L'univers lui avait donné la connaissance d'un Dieu, l'amour lui en donna le sentiment.

Dans l'origine du monde, toutes les harmonies de la création durent paraître avec le soleil; il dut y avoir à-la-fois une nuit et un jour, un hiver et un été, un printemps et un automne, des fleuves et des glaciers, des sables et des rochers; il y eut à-la-fois des herbes naissantes propres à servir de pâture aux animaux, et des arbres caverneux pour leur donner des asyles; des animaux enfants qui tétaient leurs mères, et d'autres caducs, pour fournir de la proie aux carnivores; mais dans la suite les périodes de la vie furent réglées sur celles de l'astre de la lumière, chaque être les parcourut tour-à-tour; mais il y en eut dont la durée resta fixée à chacune de ces harmonies : il y en eut qui ne vécurent qu'un jour, d'autres un mois lunaire, d'autres une saison, d'autres une année solaire, d'autres des cycles planétaires.

La lune sur-tout paraît présider aux amours; et ce n'était pas sans raison que, chez les anciens, les uns la regardaient comme Vénus, d'autres la priaient de rendre les accouchements heureux. Chaque mois lunaire, aux Indes, le bambou produit une tige nouvelle, et le cocotier, une nouvelle grappe de fruits; l'oranger donne les siens aux deux équinoxes, d'autres végétaux aux solstices, un grand nombre une fois par an, et quelques-uns tous les deux ans; la plupart ont leurs pousses réglées aux équinoxes et aux mois lunaires. Ces lois s'étendent sans doute aux végétaux de nos climats ; mais elles se manifestent par-tout dans les amours des animaux : celles des poissons sont réglées, pour la plupart, sur les phases principales de la lune et du soleil, qui en est le premier mobile. Cependant, quoiqu'il y ait des amours et des générations dans les temps intermédiaires, il n'en faut pas conclure qu'ils ne soient pas en rapport avec ces astres : tous les êtres sublunaires sont ordonnés au soleil, comme les corps planétaires eux-mêmes ; et quoique les révolutions de ceux-ci ne se rencontrent pas précisément avec celles de la terre autour de cet astre, il n'en est pas moins vrai qu'il est le mobile de tous leurs mouvements comme de celui de notre globe. Il est, dans cette vaste machine de l'univers, comme une grande roue qui communique le mouvement à une infinité de petites bobèches, non à toutes à-la-fois, mais successivement et suivant les rapports que ces êtres ont avec lui, et peut-être suivant les latitudes où ils ont d'abord été placés. Cette loi peut servir à connaître les végétaux et les animaux qui sont indigènes à chaque climat. Le sapin et le cèdre fleurissent au mois de juin ; le noyer, au contraire, originaire des Indes, donne ses fleurs avant ses feuilles en avril, ainsi que le coudrier. Le renne du Nord cherche sa femelle à l'équinoxe de septembre, parce que c'est à cette époque que les neiges sont tout-à-fait fondues dans les régions boréales, et qu'ayant d'abondantes pâtures, il acquiert une surabondance de vie. Comme il est fait pour vivre aux dernières limites de notre globe habitable, il entre en amour à la fin de notre année hémisphérique. Cependant, la vie des animaux carnivores étant en quelque sorte greffée sur celle des frugivores, elle s'étend plus loin, et remplit la sphère entière de l'année, comme celle de notre globe : les régions de l'hiver et de la mort sont les berceaux de ces destructeurs de la vie. Ils s'unissent dans la saison qui leur offre d'abondantes proies, et qui fait périr par sa rigueur un grand nombre d'êtres dont la vie même n'est qu'annuelle. Ainsi le renard connaît l'amour en hiver, et met bas ses petits en avril, lorsque les espèces frugivores ne font que commencer à concevoir dans nos climats. Cet animal, que la nature a revêtu de la plus chaude des fourrures, est aussi le quadrupède qui vit dans les pays les plus reculés du Nord. Il s'avance, à la clarté de la lune et des aurores boréales, dans les nuits de la zone glaciale, qui effraient l'ours blanc, et le forcent de se rapprocher des contrées éclairées du soleil, qu'il ne perd jamais de vue. On voit donc que la lune influe encore, en hiver et au pôle, sur les amours du renard, comme sur celles des animaux de nuit dans nos climats. Ainsi la Providence, qui la fait lever, en l'absence du soleil, sur ces régions désertes et glacées, où elle ne disparaît jamais de dessus l'horizon lorsqu'elle est pleine, a voulu qu'il y eût aussi des animaux pour en jouir habituellement.

L'homme parvient, dit-on, à la puberté à douze ans dans la zone torride, et à seize dans la zone glaciale. On assure aussi que la femme, dans certaines parties de l'Afrique et des Indes, devient capable d'être mère à l'âge de dix ans, et qu'elle ne peut plus le devenir après trente. Si cela est, il n'est donc pas vrai que les développements de la vie soient proportionnés à sa durée, comme le prétendent quelques naturalistes, entre autres Buffon. Car, si l'enfance de l'homme est plus courte dans les contrées chaudes du globe que dans les froides, il s'ensuit que sa vieillesse doit y être aussi plus précoce, et par conséquent qu'il doit y vivre moins long-temps. Or, c'est ce qui n'est pas. Les brames des Indes vivent souvent au-delà de cent ans, et les vieillards ne sont pas plus communs en Russie que dans les pays chauds. Il y a plus ; j'ai observé à l'Ile-de-France que les enfants de dix à douze ans dans les deux sexes, parmi les Nègres même, n'étaient ni plus forts ni plus formés que ceux de Pétersbourg du même âge, et que ce n'était que vers dix-huit et vingt ans que les uns et les autres acquéraient la taille et les forces d'un homme. La femme seule, dans tous les climats, parvient avant l'homme à l'âge adulte, et cesse d'être féconde bien avant lui. Elle trouve dans ses enfants, devenus des hommes, des protecteurs, lorsque son époux n'y voit souvent que des rivaux. D'ailleurs cette Providence, qui lie entre elles toutes les générations, a peut-être voulu que les soins d'une mère s'étendissent encore à ses petits-enfants, qu'elle aidât sa fille de son expérience et de ses soins dans leur longue et pénible éducation, comme elle avait été aidée elle-même de sa propre mère, dans des circonstances semblables : ce qui ne serait pas arrivé, si elle avait pu engendrer, comme l'homme, jusque dans la vieillesse. Quoi qu'il en soit, l'un et l'autre ont des enfants dans toutes les saisons et dans toutes les latitudes de la terre; en quoi ils sont exceptés seuls de tous les animaux, dont chaque espèce a des temps, des âges et des climats déterminés pour les amours.

Quoique l'harmonie conjugale existe toujours pour la nature, ainsi que pour l'homme, dans quelque partie de la terre, c'est au mois de mai que tous les êtres entrent, pour ainsi dire, en amour dans nos climats. Le soleil, qui en est le premier mobile, est, vers le milieu de ce mois, à douze degrés de l'équateur et à trois degrés de nous, et la lune à douze degrés sud; ce qui met entre ces deux astres une distance égale à la moitié de la zone torride. Nous recevons alors une partie de son influence, comme nous la recevons tout entière lorsque, vers la fin de juin, le soleil, au solstice d'été, et la lune, au solstice d'hiver, embrassent tout l'espace renfermé entre les tropiques.

Non-seulement le soleil en été dilate notre atmosphère, mais il doit exercer la même puissance sur la mer. Si l'air échauffé monte dans un thermomètre, l'Océan doit monter dans son bassin et augmenter sa pente; si une verge de fer s'alonge échauffée, ainsi l'hémisphère terrestre, rempli de minéraux, doit se dilater, et la pente des eaux doit être plus forte vers l'hémisphère opposé.

Jetons un coup-d'œil sur les harmonies des puissances de la nature au mois de mai, nous les verrons se conjuguer comme celles de ces deux astres. Le soleil, qui est le premier mobile de toute harmonie, en produit d'abord une principale avec lui-même par sa présence et son absence. De ces deux contrastes naissent la lumière et l'ombre, le chaud et le froid, l'aurore et le couchant, le jour et la nuit, l'été et l'hiver. Ses rayons se conjuguent ensuite avec notre atmosphère; comme ils le dilatent à mesure qu'ils s'élèvent sur notre horizon, ils le forcent de fluer du nord vers le midi, où il est le plus raréfié : c'est par cette raison que le mois de mai n'est jamais chaud dans notre climat. Souvent ce mois et une partie de celui d'avril y sont d'une grande sécheresse, et les plantes, qui ont alors le plus grand besoin d'eau, puisqu'elles sont dans toute l'activité de la végétation, languiraient, si la nature ne suppléait aux pluies du ciel par les rosées abondantes de la terre. Ces rosées sont dues, d'une part, à la transpiration de la terre, pénétrée de pluies pendant l'hiver, et échauffée actuellement par le soleil; et de l'autre, à la fraîcheur de l'atmosphère, qui en condense, la nuit, les vapeurs sur les plantes, sous la forme de rosée, au point de l'y réduire quelquefois en gelée blanche. Ce contraste du chaud et du froid paraît au reste plus favorable à la végétation des plantes indigènes à nos climats, qu'une atmosphère chaude : car elles croissent avec plus de vigueur dans ces mois, que dans ceux qui sont les plus chauds de l'année; et la violette croît sur les lisières des neiges des Alpes, plus vive en couleurs et plus odorante que dans les plaines du Roussillon : tant il est vrai que les contrastes font partie de l'harmonie conjugale. Ceux de la lumière et de l'air se font sentir, sur-tout dans cette saison, sur les nuages, condensés à-la-fois par le froid de l'atmosphère supérieure, et par celui du vent de nord : car c'est alors qu'ils brillent des plus riches couleurs, au lever et au coucher du soleil.

L'Océan et la terre sont conjugués entre eux comme l'air et la lumière, mais dans une autre proportion. La lumière ne part que d'un point du ciel, et l'air forme autour de la terre une sphère entière qui la rassemble et la modifie, comme un verre convexe ou comme le cristallin de l'œil : mais l'Océan et la terre ont chacun leur hémisphère. Le premier, dans la partie du sud, est mêlé de terre ; et la seconde, dans la partie du nord, est mêlée d'eau.

Quoique l'Océan soit plus étendu que la terre, les mers et les continents du globe sont entrelacés de manière que quand notre hémisphère terrestre a l'hiver, il est réchauffé par l'hémisphère aquatique qui, étant dans son été, envoie les glaces polaires vers lui de la zone torride ; et quand celui-ci est dans son hiver, il est attiédi à son tour par les fontes de notre pôle, qui viennent aussi à lui à travers la zone torride. C'est ainsi que les hivers du détroit de Magellan sont beaucoup plus tempérés que ses étés, comme l'a observé Forster par la végétation de ces contrées ; et cela vient, sans doute, de ce que ce détroit reçoit directement, dans son été, les courants de la zone glaciale, et dans son hiver ceux de la zone torride. C'est par une raison semblable que les hivers des côtes de

Norwège, de l'Angleterre, de la Normandie et de la Bretagne, sont bien moins froids que ceux de l'intérieur de ces mêmes contrées, et que leurs étés le sont beaucoup plus. Le myrte croît naturellement sur les côtes de Normandie, et le figuier n'y gèle point en hiver; mais la vigne peut à peine y mûrir ses fruits en été. On ne peut expliquer que par l'influence des courants de l'Océan, qui viennent directement des pôles ou de l'équateur, les températures si différentes des îles même de la zone torride, quoique situées dans les mêmes latitudes et ayant la même élévation dans l'atmosphère. Les îles Moluques sont beaucoup plus chaudes que les îles Antilles, parce que la projection de l'Asie vers l'Orient les met à l'abri des courants froids, qui émanent directement du pôle nord en été.

Les fleuves sont conjugués avec leurs îles, comme l'Océan avec les continents; ils leur portent la fécondité, en variant leur température. Il y a encore d'autres conjugaisons entre l'élément liquide et le solide : l'eau, par ses reflets, répète les formes de la terre, et la terre, par ses échos, les mouvements de l'eau. Ces consonnances et ces contrastes sont la source d'une multitude d'harmonies ravissantes, et du plaisir que nous éprouvons à faire des voyages de terre le long de l'eau, et des voyages sur l'eau le long de la terre. Il est certain qu'elles augmentent notre existence. Pendant le mois de mai, ce serait une question de savoir si la surabondance de vie, qui est alors répandue dans notre hémisphère, et qui se manifeste dans les couleurs du firmament, dans les parfums de l'atmosphère exhalés des végétaux, dans les courants des eaux plus limpides, dans la floraison des végétaux, dans les amours des animaux, ne se fait pas sentir même aux fossiles, et si l'aimant, par exemple, n'a pas alors plus d'activité. Cette question pourra paraître oiseuse à des physiciens qui ne sont pas naturalistes ; mais lorsque Christophe Colomb allait à la découverte du Nouveau-Monde, il s'aperçut que la boussole, nord-ouest pendant la nuit, se rapprochait le matin de l'étoile polaire. Je crois même que ce grand homme est le premier qui ait observé sa variation. Si donc l'aimant éprouve des changements réguliers à certaines heures du jour, comme d'autres physiciens l'ont confirmé, pourquoi n'en éprouverait-il pas de semblables à certaines saisons de l'année ?

Quoi qu'il en soit, l'harmonie conjugale, dans nos climats, se fait sentir dans tous les êtres organisés, particulièrement au mois de mai : elle commence d'abord par les végétaux. Lorsqu'ils ont acquis, après une certaine révolution de jours, de mois ou d'années, la propriété admirable de se reproduire, ils deviennent adultes, ils manifestent au dehors les organes de l'amour renfermés dans leurs fleurs ; on y distingue les parties sexuelles du mâle et de la femelle. Celles du mâle sont formées pour l'ordinaire de petits corps ovoïdes, ou lobes appelés anthères, suspendus en équilibre à des filets nommés étamines ; ils sont jaunes dans la fleur du lis, et noirs dans celle de la tulipe. On les nomme anthères, du grec ἀνθηρὸς, fleuri, agréable, formé de ἄνθος, fleur, et peut-être de ἐρᾶν, aimer. Si ce nom leur a été donné par les Grecs, auxquels nous devons, dans l'origine, les noms de notre botanique, ainsi que ceux de presque toutes nos sciences, cela prouve qu'ils avaient reconnu le sexe masculin dans les plantes, puisque cette partie renferme une poussière qui en féconde la sève femelle. Nous observerons aussi que cette organisation, qui résulte d'une des lois fondamentales de la nature, a été tellement méconnue de Tournefort, le grand restaurateur de notre botanique, qu'il n'a jamais considéré le pollen ou poussière fécondante de l'anthère, que comme un excrément qui n'était d'aucune utilité. On en doit conclure que les anciens avaient fait bien des découvertes dont les modernes se sont fait honneur, et que ceux-ci ne doivent jamais y opposer, comme une autorité, l'ignorance ou l'erreur d'un savant, quelque éclairé qu'il soit ; car on ne peut disconvenir que Tournefort n'ait d'ailleurs autant de connaissances en botanique, que Newton pouvait en avoir en astronomie. Au centre des anthères est pour l'ordinaire l'utérus ou l'organe femelle de la fleur, appelé pistil, peut-être du nom grec πίστις, foi, confiance : c'est un tuyau destiné à recevoir les poussières des étamines. Il est composé de trois parties : du stigmate, espèce de bourrelet fendu, qui reçoit le pollen ; du style, tuyau fistuleux qui le conduit à l'ovaire sans le perdre ; et de l'ovaire, qui renferme la semence ou le fruit. Toutes ces parties sont très-sensibles dans la plupart des fleurs, telles que celles du lis, du pommier, qui ne sont qu'une agrégation de plusieurs mâles divisés et rangés en cercle autour du pistil, qui réunit plusieurs femelles. Il est remarquable que les anthères ou parties mâles protégent la partie femelle, en l'environnant et en la couvrant jusqu'à son développement. Ce caractère de protection dans les mâles semble commun à beaucoup de fleurs comme à beaucoup d'animaux. Dans plusieurs végétaux, les parties mâles sont séparées des femelles, et y présentent des fleurs de formes différentes : telles sont celles du coudrier, du châtaignier, du melon, etc., où la fleur mâle se distingue de la femelle, qui porte le fruit, par l'émanation d'une poussière jaune qui la féconde. Les fleurs. mâles du coudrier, qui paraissent dès l'hiver, se manifestent sous la forme de chenilles suspendues aux branches, et les fleurs femelles, qui produisent les noisettes, se trouvent sur l'écorce en petits filets d'un pourpre vif.

Dans d'autres végétaux, les fleurs mâles et les femelles sont séparées sur des individus différents : tels sont le palmier-dattier, le papayer, le pistachier, l'orme, etc. Il est remarquable que les arbres mâles de ces espèces sont plus élevés que les femelles, afin que les vents puissent apporter à celles-ci les poussières fécondantes. La fécondation des femelles s'opère de fort loin, et souvent par l'entremise des insectes, entre autres des abeilles, qui recueillent sur les mâles le pollen dont elles composent leur cire, et vont ensuite sur les arbres femelles recueillir le miel de leurs nectaires.

Le nectaire est un réservoir qui contient un nectar, ou liqueur plus ou moins sucrée; il est pour l'ordinaire situé dans la corolle au bas des pétales, et recouvert d'une petite coquille. On en ignore l'usage par rapport à la plante, dont il nourrit peut-être la semence dans l'état de fœtus ; mais il est évident qu'il sert aux besoins de beaucoup d'insectes, tels que les mouches à miel et les papillons. C'est sans doute pour cette raison que la nature a donné, en général, aux végétaux beaucoup plus de fleurs qu'ils ne peuvent rapporter de fruits.

La corolle, ainsi nommée parce qu'elle ressemble souvent à une couronne, est l'ensemble des pétales, et les pétales sont des feuilles de la corolle, et forment la partie la plus brillante de la fleur. Leur usage est de préserver les parties sexuelles qui les entourent des injures de l'air et de la pluie ; mais elles en ont un bien plus étendu, et dont, que je sache, aucun botaniste n'a parlé jusqu'à nous ; c'est de réverbérer les rayons du soleil sur les sexes mêmes de la fleur, et d'en accélérer la fécondation.

La nature, après avoir réchauffé les parties sexuelles des plantes par une corolle, protége la corolle à son tour par le calice. Le calice, ainsi nommé du grec κύλιξ, coupe, quoiqu'il n'en ait pas toujours la forme, est l'enveloppe la plus extérieure de la corolle, et la soutient lorsqu'elle est épanouie. Il est charnu dans le rosier et divisé en cinq parties ; on l'appelle alors périanthe, des deux mots grecs περὶ, auprès, autour, et ἄνθος, fleur, adjoint, pour ainsi dire, à la fleur ; sans doute parce qu'il est adhérent à l'ovaire. Il est à remarquer que les fleurs isolées n'ont point, pour l'ordinaire, de calice : telle est la tulipe ; mais celles qui naissent dans des buissons et sur des branches, où elles sont exposées à se heurter par l'action des vents, sont plus ou moins protégées par des calices, qui prennent alors différents noms, comme ceux de périanthe, d'enveloppe, de spathe, de balle, de chaton, de coiffe et de bourre.

C'est dans l'état de floraison que les plantes ont acquis toute leur beauté, c'est aussi par les fleurs que les botanistes les caractérisent; cependant elles n'acquièrent toute leur perfection que dans l'état de fructification. Ainsi, le célèbre Linnæus, qui les caractérise par les fleurs, semble avoir moins approché du système de la nature que Tournefort, qui les caractérise par les fruits.

L'harmonie conjugale lie non-seulement entre eux les végétaux du même sexe, mais elle en rapproche les genres par des contrastes, comme l'harmonie fraternelle en réunit les espèces par des consonnances. Comment connaîtrons-nous donc les rapports qui existent d'espèce à espèce, ou de genre à genre, puisqu'à peine nous étudions ceux qui existent entre les membres du même individu? Cependant les espèces si variées, les genres si différents, et les puissances mêmes de la nature, qui semblent lutter sans cesse entre elles, ne sont que des membres de son grand corps, qui se correspondent entre eux. Au défaut de livres qui puissent nous guider dans ces profondes études, consultons notre cœur, et guidons-nous dans les recherches de la science par le sentiment du plaisir.

Nous avons observé que nous en goûtions un très-touchant à la vue d'un groupe d'arbres plantés dans l'ordre fraternel dans lequel leurs semences sont nées : tel est celui que nous font éprouver des pins disposés en cône au sommet d'une montagne, ou un vignoble disposé en forme de grappes autour d'une colline. Mais nous en sentons un bien plus grand, lorsque nous voyons les genres des végétaux dans leurs divers contrastes, tels que les sapins sombres du Nord, qui s'harmonient avec les bouleaux d'un vert naissant, et les vignes rampantes du midi avec les peupliers pyramidaux. Un vieux chêne qui brave les tempêtes et les siècles, nous paraît bien intéressant ; mais il ne l'est jamais davantage que quand un jeune chèvre-feuille entoure son tronc caverneux de guirlandes de fleurs.

L'harmonie conjugale est la source de ce plaisir ineffable que nous éprouvons lorsque nous rencontrons harmoniés entre eux par la nature, le long des ruisseaux, les roseaux et les nymphæa ; dans les prairies, les graminées et les trèfles, les aunes et les saules ; sur les lisières des bois, la primevère et la violette ; et dans leurs profondeurs, les lierres et les hêtres. Quelques-uns croient que, comme il y a des sympathies entre les végétaux, il y a aussi des antipathies. Les moisissures, les mousses, les guis, les agarics, les scolopendres, et la plupart des plantes parasites, semblent nés pour la destruction; mais la végétation n'exerce qu'une puissance innocente. La guerre n'entre point dans les plans de la nature comme une compensation nécessaire des amours. L'Être tout bon n'a pas fait le bien pour avoir occasion de faire le mal; il a donné des bornes à la végétation des plantes, non dans des haines innées, mais dans les besoins des animaux qui les pâturent. S'il en a armé plusieurs d'épines, ce ne sont pour elles que des armes défensives; elles ne leur servent point pour exercer entre elles des hostilités, et si elles en font des plaies à leurs ennemis, ce sont leurs ennemis qui s'en blessent eux-mêmes.

Quant aux plantes qui semblent vivre aux dépens des arbres, et contribuer à leur destruction, comme les mousses et les lichen, il est probable, quoi qu'en disent quelques cultivateurs, qu'elles leur sont utiles et qu'elles les revêtent en quelque sorte contre les rigueurs du froid. Les sapins, les mélèses, aux extrémités du Nord, en ont la tige et les branches couvertes comme d'une longue toison, et ils n'en croissent pas moins avec la végétation la plus vigoureuse. Si quelquefois, à la vérité, dans nos climats le lierre, par ses étreintes, fait périr le jeune arbre qu'il embrasse, c'est moins le résultat d'une lutte offensive que d'une amitié trop imprudente. Loin d'épuiser son ami en lui enlevant sa substance, il semble encore, long-temps après sa mort, le rappeler à la vie en couvrant son corps desséché des festons d'une verdure éternelle.

Les animaux mêmes sont sensibles aux harmonies conjugales des végétaux. Ce n'est point dans nos guérets, où nos plantes domestiques, divisées en champs et en longues avenues, ne présentent que des consonnances monotones des mêmes espèces, que les animaux aiment à se livrer aux douceurs de l'harmonie conjugale; c'est dans les lieux où les montagnes s'harmonient avec les fleuves, les bois avec les prairies, les arbres majestueux des forêts avec les humbles buissons de leurs clairières; c'est au milieu des échos des rochers et des reflets des ruisseaux, qu'ils se plaisent à séduire par l'harmonie de leurs sons ou de leurs formes les objets de leurs amours. C'est là que le coq de bruyère au pied d'un pin, la poule d'eau dans les roseaux, s'unissent à leurs compagnes. Les systèmes de nos botaniques et de nos zoologies ne s'occupent point des harmonies des végétaux; mais le plaisir qu'elles font prouve que la nature en a répandu les lois dans tous ses ouvrages, et en a mis le sentiment dans tous les cœurs.

L'harmonie conjugale s'étend sur les animaux bien plus loin que sur les végétaux. Les animaux parviennent à la puberté dans l'espace d'un jour, comme les insectes éphémères; d'autres au bout d'un mois lunaire, d'une saison, d'un an, et peut-être d'un grand nombre d'années, tels que le rotifère, qui peut rester des siècles dans un état de léthargie, qui, à la vérité, n'est ni la vie ni la mort. Les périodes de l'existence sont ordonnées avec celles des astres, et c'est aux limites des êtres organisés de notre globe, qu'on découvrira peut-être celles d'un nouveau monde.

Les animaux ont, comme les plantes, des sexes qui en divisent chaque espèce en mâles et en femelles. Les uns les réunissent dans le même individu, comme le limaçon, qui est hermaphrodite. Cependant cet animal ne peut se reproduire seul. Il a besoin d'un être semblable à lui, pour trouver à-la-fois une épouse et un époux; ainsi d'une seule union naissent deux générations. L'espèce appelée incoque peut reproduire une nouvelle tête, lorsqu'on la lui a coupée, ainsi que Voltaire assure en avoir fait plusieurs fois l'expérience. Cet animal se reproduit donc malgré les mutilations; de plus il est aveugle, et lance, comme on sait, des flèches à l'objet aimé.

Nous croyons entrevoir ici la raison pour laquelle la nature a réuni les organes des deux sexes dans la plupart des fleurs, c'est parce que les plantes sont insensibles, et que n'ayant point de mouvement propre, elles ne peuvent communiquer entre elles. Lorsque la nature sépare les sexes dans le même végétal, ou sur des individus différents, comme dans les palmiers, elle emploie les insectes volatiles, qui recueillent leur pollen pour les féconder; car cette voie me paraît bien plus certaine que celle des vents, auxquels on l'attribue ordinairement. Mais les animaux étant doués de passions et de la faculté de se transporter où ils veulent, il résulte de leur amour un ordre moral, auquel la nature ramène tout l'ordre physique. Un animal donc qui pourrait se reproduire tout seul, en réunissant en lui les deux sexes, s'aimerait uniquement, et formerait un chaînon détaché de la chaîne des êtres.

Cependant nous sommes obligés de dire que le puceron, dont les espèces innombrables sont répandues partout, a l'étrange propriété de reproduire de lui-même des petits, quoiqu'il y ait dans ce genre d'animaux des mâles qui ont des ailes pour se transporter où ils veulent : Bonnet en a fait de charmantes expériences. Il reçut un puceron au moment de sa naissance, et l'éleva solitairement. Celui-ci, sans avoir communiqué avec aucun être de son espèce, produisit ses petits; un de ces petits, séquestré de même, produisit une nouvelle génération, et Bonnet en obtint ainsi cinq consécutives sans le secours d'aucun mâle, pendant l'espace de cinq semaines!

Il alla jusqu'à la septième, et même la neuvième pendant le cours d'un été. Il en conclut que ces générations successives ont été opérées dans la première mère, par le mâle qui avait fécondé en automne l'œuf dont elle sortit au printemps suivant; car il est très-remarquable que le puceron, vivipare en été, devient ovipare en automne.

On doit conclure de là que les lois générales, ainsi nommées parce qu'elles conviennent à tous les genres, sont cependant subordonnées à des lois particulières. Le puceron, sans défense et d'une construction très-délicate, destiné à servir de pâture à une infinité d'insectes et d'oiseaux qui en nourrissent leurs petits, devait se reproduire en été, non-seulement par les voies ordinaires de la multiplication, mais par des moyens merveilleux, sans lesquels il aurait bientôt été anéanti. Il met donc au monde ses petits tout formés et fécondés jusqu'à la neuvième génération.

Comme il n'a en lui-même aucun moyen d'émigration, il est emporté par les vents sur les feuilles voisines, où il reproduit lui seul toute sa postérité; mais en automne, lorsque l'hiver s'approche, comme elle ne pourrait alors trouver à vivre, elle est fécondée par des pucerons mâles, auxquels il vient des ailes, ainsi qu'aux mâles des fourmis, et alors, quoique née vivipare, elle devient ovipare, et ses petits, renfermés dans des œufs, sont abrités de la mauvaise saison.

Il serait curieux de savoir si le puceron deviendrait ovipare en automne, s'il était dans une serre chaude. Quoi qu'il en soit, la nature emploie les moyens les plus ingénieux pour favoriser la multiplication des êtres les plus faibles. La cochenille, qui naît au Mexique sur la feuille très-épaisse et très-succulente et permanente du cactus, y trouve à se nourrir toute sa vie sans sortir de sa place; aussi elle a une trompe d'une structure si délicate, que lorsqu'elle l'a une fois enfoncée dans la feuille, elle ne peut l'en retirer sans la rompre et sans périr : dans cette situation, elle est fécondée par son mâle, auquel il vient des ailes. Devenue mère, elle fait sa ponte autour d'elle, toujours clouée à sa feuille, qui à la fin deviendrait insuffisante pour nourrir sa nombreuse et impotente postérité, si la nature, qui a tout prévu, ne donnait à ses petits à peine éclos un moyen bien singulier d'émigration. Ce n'est point le vent qui disperse au hasard les cochenilles naissantes, comme les pucerons, qui peuvent vivre sur toutes sortes de végétaux; c'est l'ennemi né de tous les insectes volatiles qui leur procure un chemin dans les airs.

Elles communiquent d'une plante à l'autre par les fils que les araignées aiment à tendre dans les nopaliers. Tout cela prouve que la Providence n'a pas fait ses lois physiques d'un mécanisme immuable, mais qu'elle les varie suivant les besoins des êtres sensibles, les rapporte à un ensemble commun, et les subordonne à un ordre moral. Les générations des insectes qui nous offrent tant de phénomènes, n'ont rien de plus extraordinaire que celles des plantes les plus communes, qui sont les plus utiles, et qui se reproduisent à-la-fois dans la même année par des floraisons multipliées, des traînasses, des rejetons, des boutures. Si l'Auteur de la nature s'occupe avec tant de soin des besoins des insectes, il s'occupe à plus forte raison de ceux du genre humain.

Lorsque l'animal a atteint le terme de sa croissance, la nature développe alors sa beauté physique et sa beauté morale. Un animal n'a tout son caractère, que lorsqu'il est parvenu à l'âge des amours. C'est alors que les oiseaux sont revêtus de leur beau plumage, qu'ils font entendre leurs chansons, que le taureau frappe de la corne, que le cheval s'exerce à la course dans les prairies; et que tous les animaux manifestent les instincts que leur a donnés la nature. En vain l'éducation s'efforce d'en arrêter le cours, et de leur donner le change par des habitudes et des nourritures. Le loup, dans son enfance, caresse le maître qui le nourrit; il mange et joue avec son chien, avec lequel il semble avoir une parfaite ressemblance:

mais à peine a-t-il alongé ses crocs, à peine éprouve-t-il le feu des amours, qu'il respire la soif du sang; ses amis lui deviennent odieux; il abandonne une subsistance assurée, un asyle, et va chercher au fond des forêts une maîtresse, du carnage et la liberté.

C'est aussi alors que les armes défensives croissent particulièrement aux mâles avec leur parure : les ergots et les crêtes aux coqs; les cornes aux taureaux; car l'amour et la guerre entrent dans l'harmonie conjugale, comme les amitiés et les inimitiés dans l'harmonie fraternelle : Mars est en rapport avec Vénus. Les armes des animaux atteignent leur perfection en même temps que les organes de la génération. Si on leur retranche ces organes avant leur développement, le corps n'atteint plus à sa perfection : on ne voit plus se développer dans le cerf le bois qui doit parer sa tête, dans le coq la crête qui le couronne, dans l'homme la barbe qui ombrage son menton; leur voix devient cassée et grêle, et les images de la destruction et de la décadence remplacent les images riantes de l'amour.

Il est faux que la castration rende les animaux domestiques plus propres au service de l'homme : la douceur de l'éducation suffit pour développer en eux jusqu'au plus haut degré l'instinct de la domesticité. Le chien, compagnon de notre enfance, n'a pas besoin d'être mutilé pour s'attacher à nous. Cette mutilation, qui affaiblit ses qualités physiques, suffirait seule pour lui ôter ses qualités morales. En effet, j'ai remarqué que ceux qu'on y avait soumis étaient moins attachés à leurs maîtres; au contraire, j'en ai eu un qui, à l'époque de ses amours, semblait redoubler d'affection pour moi. Il m'invitait alors par les plus tendres caresses à prendre le chemin de la maison où habitait sa maîtresse, et quand je m'y acheminais sa joie était excessive. Fallait-il la quitter, il y avait alors un combat très-touchant entre son amour pour elle et son amitié pour moi. Il allait de l'un à l'autre soupirant et gémissant, incertain, balancé tour-à-tour par ces deux passions qui l'agitaient. Si je lui adressais la parole, alors il se déterminait à me suivre, et m'accompagnait jusqu'à ma porte. Alors, comme s'il eût satisfait aux devoirs de l'amitié, il s'en retournait furtivement; mais j'étais sûr qu'au milieu de la nuit il revenait à ma porte, repentant, et cherchant à me faire oublier par ses caresses les égarements de sa passion.

Quant aux hommes, il est certain que les soldats mariés sont plus attachés à leur patrie et plus courageux que ceux qui ne le sont pas. C'est à l'affection conjugale qu'on doit rapporter la force de leur discipline. C'était un ressort tout-puissant que les orateurs et les généraux savaient bien employer, quand il fallait faire quelques grands efforts; ils ne leur montraient pas la victoire ou la mort, mais Rome et leurs femmes. Les Cimbres et les Teutons ne furent si redoutables, que parce qu'ils avaient amené avec eux leurs femmes et leurs enfants. L'harmonie conjugale est un des grands nerfs des armées des Russes et des Turcs, dont la plupart des soldats sont mariés. On ne voit point de déserteurs chez eux. Si on vante en Orient la fidélité de quelques eunuques, elle est due souvent à la crainte, quelquefois aussi à la vertu, qui dédommage l'homme dans ses peines, et devient son unique recours dans les grands malheurs; mais elle est sujette à être ébranlée. Ils sont enclins à beaucoup de défauts, comme il y en a assez d'exemples, et leur fidélité n'est pas comparable à celle des hommes liés à leur patrie par le bonheur même de leurs femmes et de leurs enfants.

Si la castration opère tant d'altération au physique et au moral dans les animaux, l'abus des plaisirs en produit d'un autre genre encore plus dangereux : nous en parlerons à l'article de l'homme; car il est bien rare que les animaux se livrent d'eux-mêmes aux excès. Dans la plupart des animaux, le mâle est souvent le seul qui soit armé. Comme il a une surabondance de vie et d'amour, aussi devait-il avoir une surabondance de force pour protéger sa femelle et ses petits : tandis que celle-ci est occupée du soin de l'incubation et de la nourriture, il la défend contre ses rivaux et sur-tout contre les bêtes de proie.

Mais voici une loi où la nature paraît se contredire, c'est que quoique les mâles, dans tous les quadrupèdes frugivores et carnivores, soient plus forts que la femelle, c'est tout le contraire dans les oiseaux de proie. « Tous les oiseaux de
» proie, dit Buffon, sont remarquables par une
» singularité dont il est difficile de donner la
» raison, c'est que les mâles sont d'environ un
» tiers moins grands et moins forts que les fe-
» melles, tandis que, dans les quadrupèdes et
» les autres oiseaux, ce sont, comme l'on sait,
» les mâles qui ont le plus de grandeur et de
» force. A la vérité, dans les insectes, et même
» dans les poissons, les femelles sont un peu plus
» grosses que les mâles, et l'on en voit claire-
» ment la raison, c'est la prodigieuse quantité
» d'œufs qu'elles contiennent, qui renflent leur
» corps. »

Buffon, en disant que les œufs des poissons renflent leur corps, indique bien la cause de leur grosseur, mais non la raison : car pourquoi les femelles des autres animaux qui portent des petits, sont-elles cependant moins grosses que leurs mâles ? Nous allons d'abord chercher la raison pour laquelle le mâle est plus petit que la femelle dans les oiseaux de proie. La force de l'oiseau de proie consiste dans la légèreté de son vol;

c'est par elle qu'il s'élève à de plus grandes hauteurs : la nature l'a donc fait plus petit pour le rendre plus léger. S'il était plus grand, il serait moins agile. Un oiseau qui pèserait vingt livres ne pourrait s'élever en l'air, suivant Buffon. Le tiercelet est donc plus propre au vol que sa femelle, et en effet il est plus estimé dans la fauconnerie. Il en est de même dans les poissons qui volent, pour ainsi dire, dans l'eau, et qui sont presque tous animaux de proie ; car ils s'entre-dévorent. Dans chaque couple, c'est le plus léger qui est le plus fort, comme, dans les corsaires, c'est le meilleur voilier qui fait le plus de prises. Les insectes volatiles, dont le corps spongieux est, pour ainsi dire, en équilibre avec l'air, s'unissent en volant, et la femelle porte le mâle : il lui fallait donc des ailes plus étendues, et par conséquent plus de grosseur. En général, le mâle l'emporte en beauté dans tous les êtres. Il est le plus élevé dans les végétaux, le plus léger dans les animaux volatiles ou nageurs, le plus fort dans les quadrupèdes qui pâturent, le mieux armé dans les animaux qui combattent pour la proie, le plus paré et le mieux chantant dans ceux qui ne semblent vivre que pour aimer et pour plaire. En cela, comme en toute autre chose, les lois de la nature sont fort sages. Le mâle, actif, est doué d'une surabondance de vie qui l'entraîne vers l'objet de ses désirs ; mais la femelle, passive, avait besoin d'être séduite par la beauté ou les talents du mâle, pour le trouver agréable. Elle est dédommagée de l'infériorité de sa parure par la supériorité de son affection, car l'objet aimant est plus heureux que l'objet aimé; il y a cependant quelques espèces où le mâle et la femelle sont égaux en qualités : telle est entre autres celle de la tourterelle à collier. Tous deux sont de la même taille et du même plumage, tous deux ont autour du cou la moitié d'un cercle noir, comme s'ils eussent partagé entre eux l'anneau de l'amour conjugal, dont ils sont le symbole.

Mais voyez comme l'amour anime les animaux au printemps. Il développe leur instinct en harmonies plus variées que celles de leurs couleurs, de leurs formes, de leurs mouvements. Deux individus de la même espèce ont la même nuance, mais ils ont encore une manière différente d'exprimer leurs amours. Chaque mâle a la conscience de sa beauté, et cherche à séduire sa femelle. Le paon lui étale en roue sa queue brillante, le rossignol lui fait entendre ses sons ravissants, le cheval s'exerce à la course autour de sa compagne. Tandis que les êtres innocents sollicitent le prix de l'amour, de leurs peines et de leurs talents, les animaux destructeurs l'attendent de la victoire. Le lion, hérissant sa crinière, provoque au combat ses rivaux rugissants; et l'aigle audacieux, planant au haut des airs, dispute à un autre aigle les limites de son vaste empire. Les amours des faibles redoublent par la cruauté de leurs tyrans ; ils sentent le besoin de se réunir. Chaque couple d'amants cherche un asyle sous les ombrages que la nature lui a préparés. Ils ajoutent leur harmonie conjugale à celle des végétaux qui leur sont destinés, et redoublent leur vigilance, leur industrie, leur affection mutuelle par les dangers qui les environnent. Tandis que le lion d'Afrique établit sa couche nuptiale dans les flancs d'un rocher hérissés de raquettes et d'aloès, et l'aigle sur les sommets arides qui se perdent dans les nues ; tandis qu'ils redoublent par leurs amours carnassiers l'horreur de leur solitude, des êtres faibles, tendrement hardis, viennent peupler les riantes vallées. Le timide lapin s'y creuse un terrier inexpugnable sur les pelouses de serpolet et de thym, et le rossignol fait entendre ses chansons harmonieuses au sein d'un buisson de roses. Le cygne ne craint point dans les joncs et les roseaux des marais fangeux du Nord la voracité de l'ours blanc, et le coq de bruyère, qui niche sur les sombres sapins, échappe aux ruses du renard. Sans les bêtes carnassières, la plupart des sites de la terre seraient inhabités : ce sont elles qui forcent les espèces faibles, innocentes, de chercher des asyles. L'anguille fuit sous la voûte des rochers, et c'est la crainte qui lui indique sa demeure et sa retraite. C'est par la guerre que les sables arides, les glaces, l'espace de la terre et des eaux sont habités, et que le plus petit végétal abrite des amants. C'est la guerre qui développe leur industrie. L'esprit n'étant que l'art d'opposer l'adresse à la force, les plus faibles des animaux deviennent les plus ingénieux. C'est sur-tout dans les amours des insectes qu'il faut étudier les instincts, les prévoyances et les ressources inspirées par cette passion, et que la fable même n'a pu imaginer.

L'harmonie conjugale réunit non-seulement des individus de la même espèce, mais les genres les plus disparates. Comme la vigne rampante a besoin du soutien de l'orme pour mûrir ses grappes, et que l'orme, qui donne ses semences au printemps, a besoin à son tour de décorer son feuillage des fruits de la vigne : ainsi, souvent on voit l'oiseau et le quadrupède se rapprocher l'un de l'autre par des besoins mutuels. La bergeronnette accompagne souvent la brebis pour la débarrasser de ses insectes, et la brebis à son tour lui fournit, dans quelques flocons de sa toison, de quoi faire un nid. La fauvette se rapproche du cheval pour lui rendre les mêmes services. La perdrix et le lièvre se plaisent à nicher dans la même solitude. Le castor républicain et le cygne solitaire se livrent aux amours dans les lacs. C'est l'harmonie conjugale qui les rapproche ; c'est elle qui a rapproché les chênes des chênes, les plantes des plantes, les animaux des animaux, et qui a établi entre toutes les puissances de la nature les premières chaînes de l'amour qui en unissent l'ensemble.

Mais c'est l'homme et la femme qui en réunissent toutes les puissances et tous les besoins. La nature ne les a faits nus, comme nous l'avons dit, que pour montrer réunies dans leur corps toutes les beautés des animaux, et pour les obliger, en se couvrant de leurs dépouilles, à se revêtir de leur beauté particulière. Voyez Hercule, ce modèle de la virilité : vous y distinguez tous les caractères des animaux les plus redoutables. Il y a dans ses gros muscles, ses larges épaules, sa poitrine velue, sa peau fauve, son attitude imposante, je ne sais quoi du taureau, de l'aigle et du lion. Une Vénus, au contraire, nous présente dans les harmonies de ses courbes, de son coloris, de ses mouvements, celles des animaux les plus doux et les plus aimables, des agneaux, des colombes et des gazelles. Le goût de la parure dans les deux sexes est conforme à leur caractère. L'homme affecte dans la sienne celle des bêtes les plus fières : d'énormes perruques semblables aux crinières des lions, des moustaches comme celles des tigres, des bonnets de peau d'ours, des habits de couleur tranchante comme les peaux des panthères, des éperons aux jambes comme ceux du coq. Rien ne ressemblait mieux à cet oiseau belliqueux, symbole de notre nation, qu'un de nos anciens chevaliers avec son casque acrêté, son manteau court et ses éperons dorés. Il est remarquable que par tout pays l'habit militaire, si aimé des femmes, est emprunté des animaux guerriers; l'uniforme est l'habit de fête de la noblesse. D'un autre côté, les ajustements des femmes, leurs aigrettes, leurs colliers, leurs éventails, les papillons de leurs coiffures, leurs robes à queues traînantes, sont imités d'après les insectes et les oiseaux les plus brillants. Quoique les proportions de l'homme et de la femme soient les mêmes par toute la terre, il n'est pas douteux qu'un Hercule Africain offrirait encore une autre physionomie et un autre costume que le Grec, et qu'une Vénus née sur les bords de la Néva serait ornée d'autres attraits que celle qui naquit sur les rives de Cythère. Il n'y a point de beauté dans les animaux dont l'homme et la femme ne revêtent leur beauté particulière : ils doivent cet instinct bien plus à l'harmonie conjugale qu'à leurs besoins. C'est pour parer l'objet de ses amours, que l'homme va chercher des fourrures chez les Lapons, et des mousselines dans l'Inde ; c'est pour augmenter la joie, les délices et la grâce de ses festins, qu'il emporte le sucre des Antilles, le café de l'Arabie, le chocolat du Mexique, les épiceries des Moluques et les vins de l'Archipel et de l'Italie ; c'est pour décorer son asyle, qu'il emprunte dans les ruines de l'antiquité des modèles de sculpture et d'architecture ; par-tout il trouve ses semblables occupés des mêmes soins. D'un autre côté, c'est pour plaire à l'homme que la femme combine sans cesse de nouvelles jouissances. C'est ainsi que, de voluptés en voluptés, une Omphale infidèle fait filer un Hercule à ses pieds. Malheureux ! l'homme trouve alors dans ses semblables des rivaux plus dangereux que des bêtes féroces : c'est dans leur société que la ruse, la force, la superstition, la jalousie, travaillent sans cesse à le dépouiller. Alors obligé de cacher sa vie et de se retirer dans un souterrain près de l'antre du lion, il fuit sa patrie, il cherche un asyle dans les sables de l'Afrique ou dans les glaces du Nord ; mais il y emmène une compagne, et se console encore de l'injustice de ses semblables par les douceurs de l'harmonie conjugale : si l'ambition fait les maux de l'amour, l'amour à son tour répare les maux de l'ambition. Voyons comment nous éviterons ceux de la société en suivant la route que nous a tracée la nature ; considérons l'homme et la femme dans leur adolescence, et par les rapports qu'établit déjà entre eux l'harmonie conjugale.

Les beautés de l'homme et de la femme sont de deux caractères différents. Le premier réunit en lui celles des contrastes, par les oppositions rudes des sourcils, des moustaches, de la barbe, et la forte expression de ses organes et de ses muscles. La seconde rassemble toutes celles des consonnances, par la rondeur de ses membres et l'élégance de leurs contours. Le premier a tous les caractères de la force, qui devait subjuguer les animaux destructeurs, et quelque chose de leur physionomie. La seconde a ceux de la douceur, qui devait apprivoiser les animaux pacifiques, et une sorte d'affinité avec eux. Ainsi ils réunissent à eux deux toutes les beautés éparses dans la nature. Ces caractères s'affaiblissent dans la société, suivant que chaque sexe y a plus ou moins d'influence. Chez les nations sauvages qui vivent dans un état fréquent de guerre, la femme prend quelque chose des mœurs belliqueuses de l'homme. Chez les nations civilisées, qui rassemblent dans leur sein toutes les jouissances de la paix, c'est l'homme qui adopte les mœurs de la femme. Dans les deux cas, chaque sexe néglige son empire naturel pour acquérir celui du sexe opposé; mais bien en vain. Quoi qu'en aient dit quelques moralistes qui ont voulu donner aux deux sexes la même éducation physique, la femme qui s'hommasse n'a pas plus d'empire sur les hommes, que l'homme qui s'effémine n'en a sur les femmes. L'un et l'autre perdent leur influence en amour, en perdant leur physionomie. Je ne fais pas plus de cas d'une Spartiate qui lutte en place publique, que d'un Sybarite couché sur un lit de roses. Il paraît bien, quoi qu'en aient dit les historiens, et le bon Plutarque sur-tout, que les Lacédémoniennes n'avaient pas un grand pouvoir sur leurs maris. En prenant les mœurs et les habitudes des guerriers, elles durent perdre l'empire que donnent la délicatesse et la grace.

Un des premiers sacrifices que les femmes d'Europe ont exigés des hommes, a été de renoncer à la physionomie mâle que la nature leur avait donnée, en les engageant à se raser la barbe. Quelques écrivains éclairés ont regardé cette excroissance comme une superfluité incommode ; ils ont loué Pierre 1er de l'avoir fait couper aux Russes. Ce grand prince a fort bien connu les lois de la politique ; mais il s'est quelquefois écarté de celles de la nature. La noblesse et les soldats ont obéi à ses ordres, mais les paysans, et même les matelots, ont conservé leurs anciennes coutumes, et avec raison; car j'ai vu dans les rudes hivers de ce pays, où ils sont souvent exposés à faire de longs voyages de jour et de nuit, que la barbe préservait leur bouche, et sur-tout leur gorge, de la rigueur du froid, mieux que la meilleure fourrure. D'ailleurs, la barbe caractérise la beauté mâle de l'homme, et inspire pour lui de la vénération et du respect. Les têtes de nos pontifes, de nos philosophes, de nos magistrats, n'ont l'air que de têtes d'enfants, auprès de celles des Turcs ; et je ne doute pas que le contraste que font celles-ci avec celles de leurs épouses géorgiennes, n'ajoute à leur beauté mutuelle, et ne redouble leur affection réciproque.

Quoique la femme soit plus petite et plus faible que l'homme, elle est néanmoins plus forte que lui dans l'exercice des fonctions auxquelles la nature l'a destinée. Nous avons déjà observé que l'homme avait les épaules plus larges que les hanches, et qu'elles ajoutaient considérablement à sa force et à sa légèreté, soit en frappant, soit en courant ; la femme, au contraire, a les épaules plus étroites que les hanches, dont la largeur et le poids ajoutent encore à sa faiblesse et à sa pesanteur. Les anatomistes disent que la nature a fait, dans la femme, les os du bassin plus larges et plus écartés, afin qu'elle y portât plus commodément son enfant, et qu'ils s'ouvrissent davantage dans l'accouchement : mais je crois qu'ils se trompent. La femme ne porte point son fruit entre les os des iles, mais dans son ventre ; d'ailleurs, les femelles du taureau, du cheval et du singe, n'ont point leur croupe plus large que celle de leur mâle. Pour moi, je crois entrevoir une autre raison de l'étendue de celle de la femme ; c'est que la nature l'ayant destinée à porter son enfant en avant dans ses bras, et à l'allaiter sur son sein, elle a mis dans la partie postérieure de son corps un poids qui rétablit son équilibre : le centre de gravité de l'homme est en haut et en avant, celui de la femme est en bas. Aussi l'expérience prouve que la mère la plus délicate porte son enfant dans ses bras plus aisément et plus long-temps que le père le plus robuste. C'est encore pour conserver ce même équilibre, que l'homme, dans son attitude naturelle, et déchargé de tout fardeau, élève sa tête et la renverse un peu en arrière, comme on le voit dans les statues d'Hercule et d'Apollon; tandis que la femme, dans le même cas, est obligée de baisser un peu la sienne en avant, ainsi que le prouve la Vénus de Médicis. La femme n'est droite et n'a d'aplomb qu'avec son enfant dans ses bras.

Comme la nature a doublé la force morale et physique de l'homme par des consonnances et des contrastes, elle l'a quadruplée en y joignant celle de la femme.

Un homme réduit à la moitié de ses organes, étendrait encore ses jouissances à tous les objets de la nature; il en réunit sans doute un plus grand nombre avec ses organes en nombre pair. Il les double en étendue, mais non en intensité; car on ne voit pas deux fois le même objet avec deux yeux, et on n'entend pas deux fois le même son avec deux oreilles. Cependant, dans cette hypothèse même, il ne peut voir à-la-fois que la moitié de l'horizon, de même que celle du plus petit objet. S'il examine une fleur, il n'en verra en même temps que le dessus ou le dessous. Mais l'homme et la femme employant à-la-fois leurs organes, non-seulement peuvent jouir à-la-fois de tout leur horizon, et sphériquement de chaque objet; mais chacun d'eux en ayant des sensations et des idées différentes, qu'ils se réfléchissent mutuellement, ils en doublent la jouissance en même temps qu'ils quadruplent leurs forces. La tête de Janus, formée d'un côté d'un visage d'homme, et de l'autre de celui d'une femme, qui voit à-la-fois devant soi et derrière soi l'avenir et le passé, me semble une allégorie très-juste du pouvoir réuni des deux sexes : cependant cette figure, allégorique comme toutes les autres de ce genre, ne serait qu'un monstre; les inconvénients de la réunion des deux sexes en surmonteraient les avantages. Pour augmenter leurs forces physiques, la nature les a divisés, mais elle les a réunis par une force morale; l'homme et la femme isolés ne sont que deux moitiés de l'homme de la nature : le même nom désigne l'un et l'autre dans toutes les langues. Il en est quelques-unes, celle des Orientaux entre autres, où la femme n'a point de nom générique, et les Siamois ne la distinguent de l'homme que par l'épithète de jeune : ils l'appellent un jeune homme. C'est peut-être ce qui a fait dire à Jean-Jacques que la femme n'était qu'un grand enfant. Buffon semble appuyer cette idée, lorsqu'il dit que la femme, en vieillissant, devient homme, et qu'il étend cette métamorphose à toutes les femelles des animaux, qui, selon lui, deviennent alors semblables à leurs mâles, et il cite en preuve une vieille femelle de faisan de la Chine, revêtue de quelques plumes brillantes, que l'on voit au Muséum d'Histoire naturelle; mais elle n'est sans doute, malgré son inscription, qu'un vieux coq. Nous verrons que la femme a un caractère aussi distinct de celui de l'homme, que son sexe: elle conserve l'un et l'autre, dans tous les temps de sa vie, dans une harmonie parfaite avec l'homme. C'est à cause de cet accord mutuel et de cet instinct inné qui enflamme souvent tout-à-coup deux amants dès leur première entrevue, que Platon imagina que les ames n'étaient, dans l'origine, que deux moitiés descendues du ciel, exilées dans des corps différents, et qui cherchaient sans cesse à se réunir sur la terre. Les observations de la politique moderne sur la population, semblent confirmer les spéculations sublimes du philosophe; car elles prouvent que les hommes et les femmes naissent et meurent en nombre égal. En effet, les deux sexes ne forment qu'un tout, et ne sont en rapport avec la nature et leurs propres besoins que lorsqu'ils sont réunis. Si l'homme monte à un arbre pour abattre des fruits, la femme reste au pied et les ramasse : l'un trouve des aliments, l'autre les prépare; l'un fait la chasse aux bêtes sauvages, l'autre élève les animaux domestiques; l'un fait la maison, l'autre les habits; l'un prend soin des affaires du dehors, l'autre de celles du dedans; ils doublent leurs plaisirs et diminuent leurs peines en les partageant; chacun y porte son caractère : l'un goûte la joie avec tout l'enthousiasme de la sensibilité, l'autre avec tout le sang-froid de la réflexion. Survient-il des chagrins? l'homme leur résiste par la fermeté et la raison; la femme, plus heureuse, leur échappe par la mobilité de la sienne; l'un, fier de sa force, s'élève sans cesse vers l'ambition; l'autre, forte de sa faiblesse, le ramène sans cesse vers l'amour. L'âge vient-il à affaiblir leurs premiers feux? la jeunesse les avait concentrés autour d'eux, la vieillesse les diverge jusque sur leurs arrière-petits-enfants; l'un leur porte les prévoyances paternelles, l'autre les affections et les soins maternels; tous deux, par le sentiment de leurs biens et de leurs maux, tendent ensemble vers la Divinité, et en mêlent les craintes et les espérances aux peines et aux plaisirs de la vie humaine. Semblables à l'étincelle qui disparaît au moment qu'elle brille, si elle ne trouve un aliment qui la fixe, l'homme et la femme ne seraient, l'un sans l'autre, que des météores fugitifs : la nature n'a donné à chacun d'eux en partage que l'ignorance, la faiblesse, les besoins, la pénurie et la mort; mais par l'harmonie conjugale elle communique au genre humain la science, la puissance, les jouissances et l'immortalité.

Il est certain que la chasteté est la source de la force et de la beauté physique et morale dans les deux sexes. C'est l'adolescent pur qui fait l'homme sage et vigoureux. Ce n'est point l'air des montagnes qui fait les beaux peuples, comme on le croit communément, c'est l'innocence des mœurs. J'ai vu une population aussi belle dans les marais de la Hollande, qu'il puisse y en avoir dans les montagnes de l'Islande et de la Suisse. Les femmes des pêcheurs de Schevelinge, près la Haye, ressemblent à des Sabines, et leurs filles à des nymphes. C'est en Hollande que l'on trouve communément des enfants au teint frais, les plus beaux blonds, les plus belles carnations, et des hommes semblables à des Hercules. C'est là, et dans la Flandre qui en est voisine, que Rubens a colorié ses déesses, et François Flamand modelé ses Amours. Si l'air des montagnes de la Suisse suffisait pour former de beaux hommes et de belles femmes, pourquoi les deux sexes sont-ils si petits dans les montagnes de la Savoie qui en sont voisines? On en peut trouver des causes physiques dans les travaux prématurés et malsains des enfants de la Savoie, qui émigrent de bonne heure pour venir ramoner nos cheminées. Mais peut-être est-il des causes morales aussi vraisemblables. Tant de petits Savoyards qui sont chez nous les commissionnaires et les agents de nos filles publiques, et qui rapportent tous les ans l'argent de nos villes corrompues dans leurs campagnes, n'en rapportent-ils pas aussi les mauvaises mœurs? Ils arrivent innocents, et, s'ils ne s'en retournent pas coupables, ils sont empreints au moins de l'image de tous les vices qui nous flétrissent.

Ce n'est que par des exercices du corps que vous distrairez les affections de l'ame; une fille en a quelquefois aussi besoin : la nature ne l'a pas faite pour être éternellement assise. Entremêlez leurs études de travaux modérés. Un jardin leur en présentera de proportionnés à leurs forces et à leur goût; il faut le labourer, l'arroser, le sarcler, le palisser. Pendant qu'ils exercent leur corps, ils éclairent leur esprit. C'est là qu'ils verront des traces de cette Providence qui a tout prévu, tout arrangé avec une magnificence infinie, et qui appelle l'homme non-seulement à la jouissance de ses ouvrages, comme le reste des animaux, mais à la confidence de ses plans. Faites-leur sentir que comme elle a donné aux hommes une multitude de moyens d'entretenir leur vie par des plaisirs innocents, elle en punit les abus par une infinité de maux, et que cet œil qui voit tout, aperçoit non-seulement les actes les plus secrets, mais même les pensées.

La jalousie quelquefois vient mêler ses noirs poisons dans la coupe même de l'innocence; j'ai vu des enfants en mourir. Cette passion est une combinaison de l'ambition et de l'amour : elle produit parmi les hommes, comme parmi les bêtes féroces, les scènes les plus odieuses. Comme nous avons banni l'ambition de l'éducation des enfants, elle fera peu de ravages dans les deux sexes. Elle ne donnera point de stimulant à l'humeur guerrière des garçons et à la coquetterie des filles. Si un de ces garçons aime un objet indifférent, armez en lui l'ambition contre l'amour. Faites-lui sentir qu'il est honteux à un cœur de soupirer pour un objet insensible, ou qui lui en préfère un autre. Une nouvelle inclination ne tardera pas à se former dans cet âge léger et tendre. On détache aisément une jeune plante du pied de l'arbre où elle est née, ce qu'on ne peut faire quand elle a acquis des forces.

Apprenez-leur de bonne heure à soumettre leurs passions à la raison; si elle ne les gouverne pas, elle en est gouvernée. Combien d'événements dans la vie viennent tromper leurs plus douces inclinations! La fortune, les caprices, les maladies, la mort, brisent les chaînes les plus sacrées.

Il n'en est pas de même d'un amour réciproque, fondé sur la vertu, cette raison suprême de l'homme. Comme il voit, d'un bout de la carrière humaine, le ciel et l'éternité, il survit au tombeau, et dans les ames religieuses les objets aimés ont souvent inspiré des feux plus violents après la mort que pendant la vie.

Montrez-leur donc les devoirs de l'amour conjugal. Dites aux filles qu'il faut être modestes, parce qu'elles ne doivent vivre que pour un seul homme; constantes, parce qu'elles doivent l'aimer toute la vie; complaisantes, pour adoucir son humeur; enjouées, pour dissiper ses tristes réflexions. D'un autre côté, dites aux garçons qu'il faut être modéré dans ses affections, ferme contre les événements de la vie, pour soutenir et protéger une compagne.

Le travail est un don du ciel: il est le vrai lien de l'harmonie conjugale; il bannit l'oisiveté; il égaye le jugement et fixe l'imagination; il dirige l'un et l'autre sur un objet utile; et nous y fait découvrir de ces aperçus qui sont des rayons de l'intelligence céleste; il pourvoit à nos besoins et à nos plaisirs, en nous présentant de nouvelles jouissances; il empêche les passions de s'égarer; quand il se combine avec le désir de plaire à un objet aimé; il remplit l'ame d'un sentiment délicieux. L'amour alors prête ses ailes au génie et lui fait faire des prodiges. Je suis persuadé que tous ceux qui ont excellé dans quelque art ont été amoureux. Je ne connais point de chef-d'œuvre qui n'ait eu l'amour pour sujet ou pour objet.

C'est pour épouser leurs maîtresses que tant de marins vont aux Indes chercher la fortune; c'est pour en être distingués que tant de jeunes gens se font soldats; c'est pour en être applaudis que tant d'écrivains prennent la plume. L'amour est le Mars des guerriers, l'Apollon des poëtes. Voyez de quel sentiment ceux-ci ont le cœur plein pour les sujets qu'ils traitent : le divin Homère, le sage Virgile, l'ingénieux Ovide, le philosophe Horace, Corneille, Racine, Crébillon, La Fontaine, doivent à l'amour leurs plus beaux ouvrages; ils invoquent tous les Muses, mais c'est Vénus qui les inspire.

Voyez les grands philosophes, Platon, Montaigne, Jean-Jacques, et notre divin Fénélon. Ce qui rend la vertu de celui-ci si touchante dans sa propre personne, c'est la lutte perpétuelle de son état contre cette douce passion; mais c'est cette même passion qui lui dicta son Télémaque. C'est pour préserver son héros de ses égarements, qu'il le jette dans toutes sortes de travaux; et quoiqu'en apparence il n'ait d'autre objet que de lui faire chercher son père, il lui fait trouver la fille d'Idoménée, et la lui donne pour épouse comme une récompense de son amour filial et de toutes ses vertus.

Si l'ambition est la cause de tous les malheurs des hommes, comment a-t-on pu l'admettre parmi les enfants dans nos écoles, et comment en bannirions-nous aujourd'hui l'amour, si semblable à elle, puisqu'il est le stimulant de tout ce qui se fait de beau et de bien dans le monde ?

Offrez-leur donc dans l'amitié de chaque sexe un encouragement mutuel. Les enfants ont assez d'ame pour aimer, puisqu'ils sont dans l'âge de sentir. Nous avons éloigné d'eux tout ce qui peut rendre les premières passions précoces, ou les corrompre; laissons la source de la vie couler vers sa pente naturelle. Si vous lui donnez des digues, où elle se perdra en refluant sur elle-même, où elle deviendra un torrent, et ravagera les terres qu'elle devait féconder : laissons-la donc prendre son cours vers le canal que la nature lui a tracé.

Les préceptes de mariage sont en grand nombre; Plutarque en a fait un assez mauvais traité, où il en compte quarante-cinq. Sa tâche était difficile : il voulait rapprocher des gens qui n'avaient point été élevés ensemble. La mienne serait bien plus malaisée, si j'en voulais faire autant. Les lois ne sont nombreuses que là où sont les mauvaises coutumes.

Les préceptes du mariage n'auraient point de fin, si on voulait en faire un de chaque devoir de la vie conjugale. Les livres que j'ai vus n'ont ni plan ni méthode; ils confondent les caractères des deux sexes; ils ne pensent pas que les vertus de l'un font souvent les défauts de l'autre. On a écrit une infinité de drames et de romans sur l'amour; mais ils finissent tous où ils devraient commencer, au mariage. L'indifférence et même les railleries qu'on s'est permises sur ce premier lien de la société, viennent de ce que l'adultère a été de tout temps chez nous en honneur, par la corruption des mœurs.

C'est pour obvier à ces grands inconvénients sanctionnés par les siècles, les exemples et les lois, que nous avons désiré que les femmes, comme les hommes, ne missent leur confiance qu'en Dieu seul; que nous avons fondé cette confiance sur la Providence, qui se décèle dans toutes les parties de la nature, afin qu'ils pussent trouver par-tout des ports pour se réfugier dans les tempêtes de la vie, et qu'ils s'y attachassent par une confiance journalière, comme à un câble d'une infinité de fils. Il est certain que, dans le chagrin, les deux sexes cherchent mutuellement à se consoler, et se soutiennent par la différence de leurs caractères, bien mieux que s'ils étaient de caractères semblables.

C'est sans doute dans cette intention que Dieu a donné à l'un la tendance à l'ambition, et à l'autre la pente vers l'amour, de manière qu'ils pussent bien se rapprocher, mais non se heurter, comme on le voit dans les sociétés qui ne sont composées que d'hommes ou que de femmes. Il arrive de là que des hommes violents ont souvent des femmes douces et patientes, avec lesquelles ils vivent en bonne intelligence. Cela prouve que l'amour est fondé sur des contrastes. Les inimitiés ne sont durables qu'entre les gens qui ont les mêmes vices : les avares, les ambitieux, les libertins, détestent leurs rivaux; mais le vicieux estime naturellement ceux qui ont les qualités et les vertus qui lui manquent : les intolérants, les patients; les intempérants, les sobres; les avares, les prodigues. Les qualités viriles et féminines s'accordent donc bien ensemble. Tout a été fait par la nature pour établir la confiance entre le mari et la femme.

Comme les exemples servent bien plus que les préceptes, je voudrais présenter aux enfants des tableaux de bonheur conjugal. Ils aiment en général à lire des romans, à voir représenter des drames; c'est par eux que je commencerais. J'ai désiré plus d'une fois qu'on fît un roman semblable à Robinson, où un homme et une femme, dans une île déserte, contribueraient à se rendre la vie heureuse; l'un occupé de tous les travaux qui demandent de la force; l'autre, de ceux qui ressortissent à l'agrément. J'en avais autrefois ébauché le sujet, et je l'avais placé en Sibérie. L'idée m'en était venue à l'occasion de quelques mariages très-heureux que j'avais vus dans la pauvre Finlande. Tel était entre autres celui d'un colonel retiré sur ses terres dans ce pays de roches, et chez lequel j'avais reçu l'hospitalité.

Il était Suédois d'origine, et avait été, comme moi, simple ingénieur. Étranger, sans fortune, on le chargea d'aller en Sibérie faire construire, d'après le plan de la cour, la prison du maréchal Munich, condamné à y finir ses jours. Après avoir rempli sa triste commission, on l'envoya ingénieur à Frédérichsham, en Finlande, pays non moins désert et non moins pauvre, qui ne vaut guère mieux que la Sibérie. Pendant qu'il y vivait solitaire, il apprit qu'il y avait, à quelques lieues de là, un vice-amiral, Suédois comme lui, exilé sur ses terres. Il fut le voir, et en fut très-bien reçu. Cet officier général avait de la fortune et une fille unique. Il crut ne pouvoir mieux faire que de la donner en mariage à un jeune homme de sa nation, son consolateur. L'ingénieur usa bien de la fortune. Il commença par renoncer à son état; il se retira du service; se fit bâtir une simple maison au milieu d'un jardin, où je ne vis en été que des sycomores et des sapins; mais il avait établi chez lui le bonheur conjugal. Sa femme, déjà sur l'âge, avait encore une figure très-intéressante. Elle nous montra avec complaisance, étalés dans une armoire vitrée, tous les présents que son mari lui avait faits chaque année, au temps de Pâques, suivant l'usage russe : c'étaient des œufs peints de toutes les couleurs. Toute cette famille nous reçut avec la plus grande cordialité.

Il rassembla des amis de dix et douze lieues de distance pour nous tenir compagnie, et le temps que nous fûmes chez lui se passa en jeux, en bals et en festins. Il semblait n'avoir bâti sa maison dans cette solitude que pour donner des fêtes. Le salon, situé au milieu, était entouré d'un corridor et de quatre chambres dont les cloisons s'enlevaient, ce qui le doublait, et formait quatre cabinets destinés au jeu, au café, aux rafraîchissements et au repos. C'était un gros homme d'une figure gaie, qui mettait son bonheur à faire celui de sa femme, de ses filles et de ses amis. Il s'en fallait beaucoup que le maréchal Munich menât une vie aussi heureuse au milieu de sa garde. Il avait été dans une prison dont je vis le dessin encadré dans la chambre de notre philosophe hospitalier. Elle était composée de trois pièces, la première pour les soldats de sa garde, la deuxième pour leur cuisine, la troisième pour sa chambre à coucher. Il y avait à quelque distance une palissade de vingt pieds de haut, qui l'empêchait de voir le ciel. Il y fut envoyé à l'âge de soixante ans, n'ayant à dépenser que cinquante sous par jour, après avoir gouverné l'empire. Il n'en est sorti qu'à l'âge de quatre-vingts ans. Cependant l'amour conjugal le rendit heureux. Sa vertueuse épouse, âgée alors de cinquante-cinq ans, eut le courage de l'accompagner, et de lui rendre les soins d'une compagne fidèle. Ce grand homme se concilia l'affection de ses farouches soldats en apprenant les mathématiques à leurs enfants, tandis que sa femme lui apprêtait à manger. Ils passèrent ensemble vingt et un ans dans cet asyle, se consolant mutuellement ; et à leur retour à Moscou, ils trouvèrent cinquante-deux enfants de leurs petits-enfants, qui furent au-devant d'eux. Ce malheureux fut à peine de retour, qu'il fut au moment d'être renvoyé, par la révolution qui renversa l'empereur du trône. J'arrivai en Russie immédiatement après cette catastrophe, et ce fut le vieux maréchal, alors gouverneur de Pétersbourg, qui m'y fit avoir du service, sans autre recommandation que celle du malheur. J'ai cité ces exemples, parce que la reconnaissance me les rend intéressants ; mais nous en trouverions de plus touchants dans l'histoire de notre révolution, où des femmes ont accompagné volontairement leurs maris, non-seulement dans la solitude, l'exil, la prison, mais à la mort. Il me suffira de rappeler ici le touchant dévouement de la femme de Camille Desmoulins. Son mari allait mourir, elle s'avança au milieu des bourreaux, et, pour mourir avec lui, fit entendre ce cri de *vive le Roi !* qui fut le signal de son supplice.

Il y a, selon moi, plus de difficulté à surmonter les maux de la société que ceux de la nature.

Je voudrais donc peindre dans un roman, non des amants au milieu des neiges du Nord, obligés de combattre contre des ours ou des anthropophages, mais un mari et une femme privés de tout au milieu de l'abondance publique, qui résistent aux calomnies, à la séduction, à la superstition, élèvent leur famille par leurs travaux, et qui, heureux l'un par l'autre, ne s'écartent jamais du sentier de la vertu. Ces exemples ne sont pas si rares qu'on le pense; nous les trouverions quelquefois à notre porte, si nous allions à leur recherche, comme à celle de la fortune. J'ai vu autrefois un pauvre aveugle à la porte de Montlhéry. Il avait perdu les yeux en sauvant de l'incendie une maison de la ville. Sa vieille femme le menait et le ramenait à la porte de la ville, où il demandait l'aumône aux passants. Ce vieillard ne me parut pas avoir moins à se plaindre de l'ingratitude de ses concitoyens, que Bélisaire de celle de son empereur; et je le trouvai aussi respectable, avec sa vieille compagne qui lui apportait à manger, que le général grec avec son bel enfant.

On fait faire à nos enfants des cours de géométrie, de chimie, de géographie, de botanique, d'histoire; pourquoi ne pas leur en faire faire un de vertu? Au lieu d'envoyer nos jeunes gens voyager dans la Grèce, l'Égypte, pour en rapporter des mœurs étranges ou quelque antiquaille, pourquoi ne pas les faire voyager dans leur propre pays pour en connaître les mœurs? La découverte de quelque Socrate qui vit avec une femme difficile, serait plus intéressante que celle de la statue du Socrate d'Athènes. Nous payons des professeurs de botanique et de zoologie, et des savants pour chercher des plantes, des végétaux et des animaux nouveaux; mais où sont les professeurs payés pour nous apprendre à étudier les lois de la morale, et à nous faire aimer la vertu? Est-ce qu'un homme vertueux, un bon époux, ne sont pas plus précieux et plus utiles qu'un cactus ou un rhinocéros? Je sais bien que nous payons à grands frais un savant, quand il est étranger, ou qu'il tient chez nous à un parti accrédité. La science sans doute mérite par-tout un prix, mais la vertu n'a-t-elle donc aucune valeur quand elle se trouve parmi nous? Sommes-nous semblables en tout aux Athéniens corrompus, qui en parlaient sans cesse, qui persécutaient leurs grands hommes pendant leur vie, et les honoraient après leur mort?

Je ne dirai point aux enfants : Voyez cette famille dans cet hôtel, comme elle est devenue riche! c'est un effet de son mérite; mais je leur dirai : Voyez ces gens qui habitent cette cabane, voyez comme ils sont heureux dans leur pauvreté! c'est un effet de leur union. Qu'on ne croie pas que les enfants soient insensibles à ce spectacle, parce qu'il ne se présente pour eux que dans le lointain. Ne voient-ils pas de même l'amour de la patrie qu'on cherche à leur inspirer? n'imitent-ils pas dans leurs jeux les actes les plus graves de la société? n'aiment-ils pas à jouer des rôles de magistrats, de commandants, de juges, de voleurs? Ils en imitent les sollicitudes dès l'âge le plus tendre; leur sensibilité se développe de bonne heure : j'ai vu des enfants de huit ans pleurer à des scènes pathétiques. Au défaut d'exemples à leur proposer dans leur voisinage, j'en irai chercher dans les histoires anciennes, et je meublerai leur mémoire, pour guider, pour inspirer leur cœur.

On dit en proverbe : C'est la bonne femme qui fait le bon mari; et cela est vrai en général. Il y a cela de remarquable dans le caractère de la femme, qu'il s'amalgame bien plus aisément que celui de l'homme à des caractères difficiles. Sa faiblesse la dispose dès l'enfance à la dissimulation; elle voile ses sentiments plus aisément que l'homme : cette souplesse de caractère n'est point en elle un défaut; c'est une qualité essentielle qui ajoute à sa beauté. C'est par elle qu'elle est le lien naturel des familles, et que la plus vertueuse peut vivre en paix avec un homme vicieux, comme il y en a beaucoup d'exemples. Il n'appartient qu'à la femme de réunir autour d'elle les esprits les plus opposés, et de les mener à ses fins. Armide rencontre dans le camp de Godefroy des guerriers qui se disputent entre eux, et, ce que ne pouvait faire leur général, elle les fait servir tous à son but. Aussi Jean-Jacques me disait un jour qu'Armide lui plaisait davantage que la Didon de Virgile, parce qu'elle était plus femme. Ce n'est pas sa coquetterie qui l'intéressait, mais ce liant que la nature a mis dans son caractère. En effet, Homère l'a donné à la vertueuse Pénélope ; car si Armide sait réunir beaucoup d'amants, Pénélope sait vivre en paix avec les siens sans manquer à la vertu. Il faut donc apprendre aux filles à être agréables à tout le monde, à ne plaire et s'attacher qu'à un seul homme : pour cela elles doivent se rapprocher de la nature. La parure la plus simple est la plus favorable à la beauté. Fénélon, dans son Éducation des Filles, veut avec raison qu'elles adoptent les formes des robes grecques, qui dessinent si bien le corps et le font paraître avec toutes ses graces naturelles. Il faut leur apprendre à mépriser l'éclat des diamants, comme produisant un effet dur, même dans les tableaux. Les fleurs s'harmonient bien mieux avec leur visage, que les diamants et les perles. Ne pouvant la faire belle, tu l'as faite riche, répondit un fameux peintre à celui qui avait représenté Hélène vêtue d'une robe magnifique. Donnez à une fille la crainte des richesses, qui traînent après elles tant de corruption; ne lui inspirez que le goût des biens naturels; et qu'à la vue des diamants dont le vice se pare, elle puisse dire avec satisfaction, comme cette Spartiate : « Ce sont mes enfants qui seront mes » bijoux. »

Donnez-lui sur-tout le goût des travaux domestiques et de la vie retirée. Ce n'est pas une vie éclatante qui est digne d'estime, mais une vie simple, uniforme, constante, et connue des Dieux seuls, comme dit Marc-Aurèle. J'ai pensé souvent qu'il y aurait peut-être autant de difficulté à ne point faire parler du tout de soi, qu'à remplir la terre de son nom : la vie de Diogène me paraît, à bien des égards, préférable à celle d'Alexandre. Mais, quant à la femme, il est certain que sa vertu consiste à n'être pas connue; car si le devoir du mari est de travailler au bonheur de la société, celui de la femme consiste à ne s'occuper que de celui de sa famille.

Il n'y a qu'une confiance entière dans la Divinité qui puisse maintenir les hommes dans leurs devoirs. Comme la religion influe à la longue sur les femmes, et que la religion de la femme influe à son tour sur les objets du dehors, j'ai voulu montrer dans la nature les agents de la Divinité. Il me semble moins dangereux que des enfants courent risque d'adorer Dieu dans le soleil, que dans une statue, ou tel autre ouvrage de la main des hommes, qui met, pour ainsi dire, Dieu à leur discrétion. Ce n'est pas que je blâme aucun culte; je les révère tous, sur-tout le christianisme. Je les regarde comme des langues plus ou moins parfaites, qui invoquent la Divinité dans des dialectes différents; je les crois nécessaires aux peuples, et même aux sages les plus éclairés. C'est un centre commun de réunion, c'est le lien des liens. Le culte romain, par exemple, propose pour chaque jour de l'année la vie d'un saint à imiter, et il en fait porter le nom aux enfants, sachant bien que l'exemple influe plus que le précepte, et que les hommes à la longue se patronnent sur leurs noms : cette pensée est admirable, et peut avoir la plus heureuse influence. Combien ces noms et ces exemples n'ont-ils pas engagé de jeunes gens à se retirer dans la solitude, à consacrer leurs jours à la bienfaisance, persuadés qu'en cela ils meneraient une vie plus agréable à Dieu et plus révérée des hommes! Moi-même, dans mon enfance, nourri de ces lectures, maltraité par mes maîtres, je pris un beau matin la résolution de vivre seul dans les champs, ne me confiant qu'en Dieu, persuadé que, comme un Paul ermite, Dieu me nourrirait dans le désert. Je partis donc avec mon déjeuner pour toute provision ; je vécus de navets crus et de mûres de ronces, fort content d'entendre le chant des oiseaux et d'être libre comme eux. Je me préparais à passer la nuit au pied d'un arbre, me fiant de ma nourriture à la Providence, lorsqu'elle m'envoya, non un corbeau, mais ma bonne Marie Talbot. Ainsi ce sentiment de confiance en Dieu m'a consolé dans une infinité de positions très-fâcheuses : je ne fus pas nourri par le moyen des oiseaux, mais Dieu se servit de moyens encore plus merveilleux. Si donc on offrait pour exemple des vies intéressantes et utiles à la société, il n'est pas douteux qu'elles n'inspirassent à l'enfance le désir de les imiter : pour cela il faudrait qu'elles fussent sanctionnées et consacrées par les hommes et la religion.

C'est à la politique à donner l'influence aux vertus sociales. Aristote divisa la philosophie morale en éthique ou spéculative, qui traite du souverain bien ; en politique, qui s'occupe du gouvernement des états ; et en économique, qui parle du gouvernement des familles. Il fit marcher la saine politique avant l'économique, parce que, nous dit Plutarque, la famille ne peut être bien réglée que la république ne le soit auparavant. Pour nous, nous suivons un ordre contraire, que nous croyons plus dans celui de la nature ; car il est certain qu'il y a eu des familles avant des républiques. Nous sommes, au reste, du sentiment d'Aristote, et nous tendons au même but ; car si une république bien ordonnée rend semblables à elle les familles qui la composent, les familles bien ordonnées, à leur tour, rendent telle la république. C'est au gouvernement à s'en occuper. Quant à moi, simple particulier, qui aperçois à peine les objets qui m'environnent, heureux si je peux diriger mes soins au bonheur d'une seule famille !

Cependant je pense qu'une école fondée sur les harmonies que j'ai développées jusqu'ici, offrirait déjà en petit l'image d'un état en grand. On admire, non sans raison, la force du bataillon de Pélopidas, dont les soldats périrent tous ensemble le visage tourné vers l'ennemi : leur courage venait de leur amitié. Une école formée sur ce principe, donnerait aux enfants la force nécessaire pour résister à tous les maux de la vie, et l'amitié deviendrait le plus sûr fondement de l'état.

Nous avons vu les effets charmants que produit dans la société l'harmonie fraternelle et sororale ; la conjugale en produit encore de bien plus touchants : la première n'offre que des consonnances, mais la seconde y ajoute des contrastes.

On contemple avec plaisir dans un paysage, un ruisseau réuni à un autre ruisseau, une vallée à une vallée, deux arbres et deux animaux de la même espèce groupés ensemble. Si donc vous mettez deux vrais amis dans cette solitude, vous ajoutez aux intérêts du site. Mais voulez-vous les redoubler? substituez à ces consonnances fraternelles des contrastes conjugaux. Figurez-vous dans les montagnes de l'Ile-de-France, au lever du soleil, lorsque l'ombre lutte et s'harmonie avec les rayons de l'aurore, une rivière qui s'harmonie avec une montagne qu'elle féconde; les reflets de l'eau qui répètent les formes des roches, et les échos des roches qui répètent les murmures de l'eau; des lianes groupées avec des palmiers; un couple de tourterelles qui font leurs nids; deux amants dans l'adolescence, un Paul et une Virginie, habitant la même cabane, et adressant leur prière au ciel : vous ajoutez certainement à l'intérêt du paysage.

Si l'harmonie conjugale répand tant de charmes dans les ouvrages de la nature, elle n'en répand pas moins dans la société.

L'harmonie fraternelle a produit tous les arts utiles, mais la conjugale a produit ceux qui nous présentent à-la-fois un mélange d'utilité et d'agrément.

C'est à elle du moins qu'on en doit l'origine. La peinture et la sculpture tracèrent les premiers traits d'après l'ombre d'un amant. Ces deux sœurs rivales étudièrent leurs proportions d'après le corps humain; elles prirent d'abord en lui des idées de symétrie. Dans les pays où les femmes n'avaient plus de pouvoir, où tout tremblait sous le despotisme des prêtres et des rois, elles représentèrent des colosses bruts, des masses dont les jambes et les bras étaient resserrés comme des momies ; mais dans le doux pays de la Grèce, elles figurèrent l'homme et la femme dans toute la beauté des proportions : on crut voir respirer Vénus et marcher Apollon.

Il s'en faut bien que l'architecture, cet art qui a si peu d'artistes, ait fait les mêmes progrès ; elle n'emploie guère que les harmonies qui résultent de la fraternelle, telles que la symétrie, l'accouplement des colonnes, et des consonnances semblables. Des colonnes accouplées produisent sans doute un plus bel effet que si elles étaient isolées : elles ne font qu'un seul corps de deux corps semblables. Il me semble qu'on pourrait faire usage, dans nos péristyles, de colonnes plus élevées, qui figureraient les palmiers mêlés avec leurs fleurs, et de colonnes moins hautes, semblables aux palmiers femelles, avec des dattes pendantes à leurs chapiteaux. Cette harmonie conjugale jetterait, ce me semble, de grandes beautés dans notre architecture ; elle en ôterait d'abord la monotonie, qui en est le défaut le plus ordinaire. Les colonnes les plus hautes étant placées sur les corps avancés des monuments, et les plus petites sur ceux qui sont en retraite, en étendraient la perspective en hauteur et en profondeur. Pourquoi ne distribuerait-on pas des colonnes de différents diamètres sur un même plan horizontal, comme on en met de différents ordres sur le même plan vertical, ainsi qu'on le voit au Louvre, dont elles défigurent la cour? C'est un grand abus de l'art, quoique autorisé par des architectes fameux et par la plupart de nos monuments : ces différents étages de colonnes sont contre nature, et seraient beaucoup mieux côte à côte que bout à bout. On ne voit pas dans une forêt les arbres de diverses espèces greffés les uns sur les autres, mais ils sont placés entre eux sur des plans différents ; ce qui y produit une harmonie charmante. Quelques architectes cherchent en aveugles ces lois, sans en connaître les principes; ils opposent quelquefois des corps ronds aux carrés, des parties enfoncées aux pyramidales, des rentrantes aux saillantes, et il en résulte ordinairement quelques beaux effets, sur-tout dans les corps du même genre. C'est ainsi, par exemple, qu'on voit avec plaisir, du milieu de la cour du Louvre, et sous la voûte de sa porte méridionale, le dôme des Quatre-Nations.

On peut encore employer diverses beautés en architecture, d'après les autres harmonies de la nature. Les Chinois en savent là-dessus plus que nous, comme on peut s'en convaincre dans la Lettre de frère Attiret, peintre, qui nous a donné une description très-intéressante de l'architecture de leurs palais.

L'architecture militaire tire de ces mêmes lois harmoniques des moyens redoutables pour la guerre. Autrefois, ces tours, qui s'élevaient aux portes des villes et autour de leur circonférence, les protégeaient l'une l'autre, d'une harmonie conjugale; mais leur défense ne devint parfaite que lorsqu'aux tours on eut substitué des bastions qui se flanquaient dans tout leur périmètre : alors ils protégèrent les courtines, et en furent également protégés. Les villes parurent imprenables; mais l'attaque à son tour devint supérieure à la défense, lorsqu'elle employa les mêmes lois dans un plus grand développement.

Il n'y a point d'art qui ne doive en partie sa force ou ses graces à l'harmonie conjugale. Elle se fait sentir particulièrement dans les langues, cet art des arts qui les réunit tous, et fait communiquer l'homme avec ses semblables. On a observé d'abord que chaque langue a commencé par la musique et la poésie. En effet, les hommes ont d'abord imité les cris des animaux et les chants des oiseaux qui étaient propres à leur climat : les preuves en sont communes dans les langues des sauvages. Celle des

Hottentots glousse comme les autruches ; celle des Patagons a les sons de la mer qui se brise sur les côtes ; et on peut en trouver encore des traces dans celles des divers peuples civilisés de l'Europe. La langue des Anglais est sifflante comme les cris des oiseaux de marine de leur île ; celle des Hollandais est remplie de breck keek, et coasse comme les cris des grenouilles de leurs marais. Les noms des animaux sont tirés de leurs propres cris, et donnent, dans tous les dialectes, des harmonies imitatives : comme bœuf, *bos*, loup, *lupus*. On peut porter ces observations sur les enfants, images des peuples naissants. J'observe dans ma fille, qui n'a pas vingt mois, d'abord une affection extrême pour tous les animaux, qui attirent incomparablement plus son attention qu'aucun végétal. Pour les désigner, elle imite les sons qui leur sont propres : il y a plus, elle sait à peine prononcer quelques mots ; cependant elle imite les différents tons de la parole, haussant et baissant la voix comme dans une conversation. Son langage est proprement un chant ; il est formé de sons sans articulation. Cela posé, j'observe que dans les oiseaux, le mâle a des sons plus pleins, plus vigoureux, plus prolongés, et plus variés que ceux de la femelle passive, qui n'a, pour ainsi dire, que des refrains. Elle n'emploie, comme dans notre langue, que des *e* muets. La femme seule peut imiter tous les chants des oiseaux mâles et femelles; les sons des langues se sont donc formés d'abord des sons masculins et féminins, c'est-à-dire, d'un son plein pour désigner le mâle, auquel on a ajouté un son affaiblissant, ou un *e* muet, pour désigner la femelle. Ainsi on dit rossignol et rossignole, loup et louve, et les sons ont d'abord été exprimés par des voyelles chantées. Les voyelles abondent dans les langues des peuples naissants; elles y sont souvent redoublées, et les consonnes y sont rares et en petit nombre : c'est ce qu'on peut remarquer dans les vocabulaires des peuples de la mer du Sud. Leur langue ressemble encore en cela à celle de nos enfants. Quand les langues ont commencé à prendre un caractère, et, pour ainsi dire, à dessiner les mots en les articulant, alors les consonnes s'y sont multipliées; c'est ce qui est sensible dans nos langues européennes, qui ne sont que des dialectes de langues primitives. C'est ce qu'on peut remarquer sur-tout dans la langue russe; dérivée du grec, laquelle a quarante-deux lettres dans son alphabet, dont plusieurs ne sont que nos mêmes consonnes différemment prononcées. Il y a donc cette différence des langues primitives aux dialectes, qui n'en sont que des dérivés, que les mots des langues primitives abondent en voyelles, et ceux des dialectes en consonnes; que les premières sont, pour ainsi dire, chantées, n'étant composées que de sons ; et que les seconds sont parlés, étant articulés par des consonnes.

Les peuples sauvages, libres, expriment sans réserve leurs passions, et les policés les dissimulent. La même harmonie conjugale, qui a inspiré aux hommes de chanter leurs premières expressions, les a encore portés à les rimer ; peut-être ont-ils aussi trouvé des modèles de la rime dans les chants des oiseaux et dans les refrains des femelles. Quoi qu'il en soit, il est certain que la musique et la poésie chantée sont de la plus haute antiquité ; elles ont été le premier langage de l'éloquence.

Les anciens, qui ne faisaient aucun usage de la rime, avaient inventé des vers de différentes mesures, comme l'hexamètre et le pentamètre, qu'ils employaient d'ordinaire dans les sujets tendres et mélancoliques, tels que l'élégie, les épitaphes, l'ode, etc. ; mais ils en composèrent des strophes de différentes coupes : on en compte, dans la poésie grecque et latine, de quinze espèces différentes.

L'amour et la guerre en firent également usage, car Mars et Vénus sont en harmonie. Tyrtée, Pindare, Horace, s'en servirent pour produire les plus grands effets. Les artistes, et sur-tout les architectes devraient les étudier. J'ai ouï dire au célèbre Blondel, professeur d'architecture, qu'un fameux architecte composait une corniche sur son violon ; mais on pourrait, ce me semble, composer un péristyle d'après une strophe, ou plutôt d'après une harmonie de la nature. Je ne saurais me refuser au plaisir d'analyser l'effet touchant que produit l'harmonie conjugale des vers inégaux et croisés de l'ode onzième du troisième livre des Odes d'Horace. Chaque strophe est composée de trois vers saphiques, de onze syllabes, inventés par Sapho, et d'un vers adonien, ou de cinq syllabes. Horace prie Mercure de lui rendre Lyde favorable, et le loue d'avoir suspendu par le charme de ses vers les tourments des Enfers, et sur-tout ceux des Danaïdes.

. . . Stetit urna paulùm
Sicca, dum grato Danaï puellas
Carmine mulces.

Audiat Lyde scelus, atque notas
Virginum pœnas, et inane lymphæ
Dolium fundo pereuntis imo,
Seraque fata,

Quæ manent culpas etiam sub Orco.
Impiæ, (nam quid potuêre majus?)
Impiæ sponsos potuêre duro
Perdere ferro!

Una de multis, face nuptiali
Digna, perjurum fuit in parentem
Splendidè mendax, et in omne virgo
Nobilis ævum;

Surge, quæ dixit juveni marito;
Surge, ne longus tibi somnus, unde
Non times, detur: socerum, et scelestas
　　Falle sorores;

Quæ, velut nactæ vitulos leænæ,
Singulos, eheu! lacerant: ego illis
Mollior, nec te feriam, neque intra
　　Claustra tenebo.

Me pater sævis oneret catenis,
Quòd viro clemens misero peperci;
Me vel extremos Numidarum in agros
　　Classe releget:

I, pedes quò te rapiunt, et auræ,
Dùm favet nox, et Venus; i, secundo
Omine, et nostri memorem sepulchro
　　Sculpe querelam.

« Lorsque vous adoucissiez par le charme de vos vers, les tourments
» des filles de Danaüs, leur urne s'arrêta presque vide. Que Lyde ap-
» prenne le crime et les peines si connues de ces vierges cruelles, occupées
» sans cesse à remplir un tonneau sans fond, d'une onde fugitive; qu'elle
» connaisse cette vengeance tardive qui poursuit les forfaits, même dans
» les enfers. Les impies! car quel crime plus grand pouvaient-elles
» commettre? Les impies osèrent percer d'un fer cruel le sein de leurs
» époux! Une seule, digne du flambeau nuptial, par un mensonge
» vertueux envers son père parjure, se couvrit d'une gloire immortelle
» dans toute la postérité. Lève-toi, dit-elle à son jeune mari; lève-
» toi, de peur qu'un long sommeil ne te vienne d'où tu ne l'attends
» pas. Trompe ton beau-père et mes sœurs criminelles, qui déchirent,
» hélas! leurs époux, comme autant de lionnes qui ont rencontré de
» jeunes taureaux. Moins barbare qu'elles, moi, je ne veux ni te frap-
» per, ni te renfermer dans ces funestes lieux. Que mon père me charge
» de chaînes cruelles, parce que, touchée de pitié, j'ai épargné un époux
» malheureux; qu'il m'embarque sur un vaisseau, et me relègue aux extré-
» mités de l'Afrique. Va, fuis où te conduiront tes pas et les zéphyrs,

» tandis que la nuit et Vénus te sont favorables; fuis sous leurs auspices
» heureux, et, te rappelant un jour ma mémoire, grave nos malheurs
» sur mon tombeau. »

Ces vers seraient moins touchants s'ils étaient alexandrins ou de même mesure. Le vers adonien de chaque strophe exprime l'amour et la douleur; son dactyle et son spondée la terminent avec une harmonie touchante, et il renferme, pour ainsi dire, tout le sens de la strophe : *Carmine mulces. Seraque fata. Perdere ferro! Nobilis œvum : Falle sorores : Claustra tenebo. Classe releget : Sculpe querelam.* Ces finales tracent l'esquisse de l'ode entière.

Le Poëme séculaire d'Horace renferme encore de plus grandes beautés conjugales, et il semble fait pour en célébrer l'harmonie. C'est d'abord la même coupe de strophes, et elles contrastent une à une, ou deux à deux : aussi elles étaient chantées alternativement par deux chœurs, l'un de jeunes garçons, et l'autre de jeunes filles ; et sans doute la musique y correspondait. Les garçons invoquent d'abord le soleil, les filles la lune ; ceux-là s'élèvent vers l'ambition patriotique, et souhaitent que le Dieu du jour ne voie dans sa course glorieuse rien de plus grand que la ville de Rome ; celles-ci, plus sensibles à l'amour, prient la Lune de procurer d'heureux accouchements à leurs mères, et à elles un doux mariage. Les deux chœurs s'adressent aux Parques et à la déesse Tellus ; ils prient les premières d'accroître la prospérité publique, et la seconde de tresser pour la blonde Cérès une couronne d'épis dorés. Les garçons rappellent aux Dieux leur promesse d'étendre les bornes de l'empire ; ils célèbrent la terreur des armes romaines, répandue chez les Mèdes, les Scythes, et les Indiens fastueux : les filles chantent le retour de la vertu, la pudeur antique, et l'abondance avec sa corne toujours pleine : tous demandent des mœurs pour la jeunesse, du repos pour la vieillesse, des richesses, de la gloire et des enfants pour la patrie.

Ainsi Horace avait réuni dans son Poëme séculaire tout ce qu'il y a de plus vigoureux et de plus doux dans l'harmonie conjugale, la valeur guerrière et l'amour, objet du chant de tous les peuples, parce qu'elle est une des harmonies fondamentales de la nature. Aussi voyez-vous que tous les poëtes la prennent pour leurs principaux sujets. Dans l'églogue, on parle des querelles de bergers ; dans l'élégie, on regrette la perte d'une maîtresse ; la comédie parle de l'amour des bourgeois, la tragédie de celui des héros. Le poëme épique lui-même renferme toutes les harmonies de la nature, mais le nœud en est formé sur l'harmonie conjugale. Ce n'est point la fureur d'Achille qui est le sujet de l'Iliade, c'est Ménélas qui redemande son épouse enlevée ; dans l'Odyssée, c'est Ulysse qui retourne auprès de Pénélope, son épouse. Homère, ce père de la poésie ;

nous a donné les tableaux les plus touchants de l'amour conjugal : dans l'Iliade, les principaux traits du caractère d'Hector appartiennent à son amour pour Andromaque. Virgile a fondé le nœud de son poëme, qui se termine au mariage d'Énée et de Lavinie, sur l'harmonie conjugale. Mais, à la vérité, ce sujet est faiblement traité, et c'est sans doute pour cela qu'il voulait brûler l'Énéide. Cependant les amours d'Énée et de Didon prouvent de quoi il était capable : il a relevé tous ses ouvrages avec cette harmonie seule. Voyez, dans ses Géorgiques, Orphée et Eurydice. Notre bon Fénélon lui-même, dans son Télémaque, offre le même tableau. Son sujet apparent est l'amour d'un fils pour son père; mais il dénoue son poëme en donnant à Télémaque en mariage la fille d'Idoménée pour récompense de son amour filial. Un des défauts de la Henriade est de n'être pas liée de cette chaîne; ce qui fait que le poëme manque d'un but moral, et du plus grand intérêt qui puisse attacher les hommes.

Offrez de bonne heure aux deux sexes des objets innocents et purs pour objets de leur amour. Qu'ils opposent l'influence de ces douces habitudes à celle des passions, et vous les empêcherez de se corrompre. Le désir de plaire, la douce politesse, l'urbanité, l'élégance des mœurs, l'habitude de la constance, et toutes les vertus sociales, naîtront de ces premiers attachements.

Comme tous les arts et toutes les sciences empruntent de grandes beautés de l'harmonie conjugale, la science morale en acquerra de sa seule perspective. Celui qui aime un objet vertueux, et qui en est aimé, porte le bonheur dans son cœur : il est toujours content des autres, parce qu'il l'est de lui-même. Un sentiment plus fort que celui de l'amitié, l'anime dans ses travaux, lui montre en beau toutes les avenues de la vie, et lui en fait braver les tempêtes. C'est ainsi que le marin lutte contre les orages, à la vue lointaine de la terre où il doit aborder.

C'est par les premiers feux de l'amour conjugal, que vous allumerez dans un jeune homme ceux de l'amour de la patrie. Irez-vous les exciter par le son des instruments de guerre, et lui inspirer le désir d'égorger son semblable ? le rabaisserez-vous au-dessous de la brute ? La couleur rouge fait entrer les taureaux en fureur, les chiens de chasse s'animent au son d'un cor. J'ai vu un lion dont on irritait la colère par le simple bruit d'un tambour : après quelques roulements, la voix du roi des animaux se faisait entendre, et les sons se succédaient par intervalles jusqu'à ce que son courroux machinal se fût calmé. Ainsi quand les vents ont soulevé les flots, on voit encore les vagues, après l'orage, se succéder les unes aux autres, et se briser, au milieu du calme, sur le rivage. Irez-vous livrer votre élève aux astuces d'un orateur turbulent ou insidieux ? Le rendrez-vous semblable à un chien hargneux, prêt à se jeter sur tous les passants, et sur son maître lui-même, lorsqu'on l'irrite ?

Un homme ne doit jamais laisser ses pouvoirs à la disposition d'un autre homme : il faut que ce soit la vertu qui l'anime à la défense de la patrie. Et quelle vertu exciterez-vous dans l'adolescent ? Sera-ce l'amour de ses parents, qui peut-être le persécutent, ou celui d'une patrie dont les lois l'oppriment, et dont les intérêts, d'ailleurs, lui sont inconnus ? Mais vous parlerez à sa raison, à son cœur, à toutes ses facultés morales, lorsque vous lui direz : il faut défendre celle qui doit faire un jour le bonheur de votre vie. Si vous l'abandonnez, ses travaux, sa personne, son âme, ses pensées les plus intimes, ne seront bientôt plus à vous. Marchez, combattez, vivez et mourez pour elle : le ciel, qui l'a faite libre, vous regarde; il protégera les droits qu'il vous a donnés. Il ne faudra point alors d'autre réquisition que celle de l'amour, pour armer toute la jeunesse d'un pays. C'est par ces motifs que des peuples sauvages s'animent à la défense de leurs foyers. Ce fut par eux que Sparte, Athènes, Rome, dans leurs beaux jours, excitaient le courage de leurs habitants, et qu'elles subjuguaient les peuples qui ne s'armaient que par la crainte de leurs maîtres, ou par l'amour de l'argent.

Mais, fussiez-vous né dans une patrie livrée aux factions, à la cupidité, aux superstitions, au brigandage, il vous serait encore doux de vous isoler avec l'objet aimé, de supporter avec lui la pauvreté, le mépris, l'injure, l'oppression, la calomnie; et s'il vous était défendu de vivre, vous seriez heureux du moins de mourir avec lui.

Mettez-moi, dit Horace, sous le pôle avec des amis, et j'y vivrai heureux. Mettez-moi avec une épouse dans les mêmes régions, peut dire l'amant, je les fertiliserai et je les peuplerai. C'est l'amour persécuté et malheureux qui peuple tant de contrées ingrates. L'harmonie fraternelle peut se greffer sur une société florissante; mais la conjugale seule peut s'étendre et se propager au sein de la nature.

Aimables enfants, choisissez, dans l'âge de l'innocence, un modèle qui puisse vous guider dans celui des passions; vous qui avez également à craindre et les sociétés corrompues et les vertueuses, et vous-mêmes, suivez donc la route de la nature, qui ne trompe point.

Vous trouvez, dans un objet vertueux, toutes les beautés éparses sur la terre, et toutes les vertus, dont l'origine est dans les cieux. C'est lui qui vous formera à-la-fois à l'amour du travail, au courage, à la constance, à la bonté, à l'humanité, à la piété. Aimez de bonne heure, si vous voulez aimer tard. Il n'y a d'amours survivant au tombeau, que celles qui sont nées au berceau; il n'y en a de raisonnables, que celles qui se forment avec la raison elle-même, et d'innocentes, que celles qui ont commencé avec l'innocence.

Mais, à quelque objet que vous vous attachiez, songez qu'il est passager comme vous. Un jour viendra où vous n'entendrez plus la voix de votre amie; où vous passerez devant sa maison qu'elle n'habitera plus; où vous vous promenerez sous les ombrages où elle ne portera plus ses pas. La mort vous séparera d'elle; elle vous forcera d'aller au-delà des mers. En vain vous vous jurerez l'un à l'autre d'être fidèles; au retour d'un long voyage, la mort aura rompu vos sermens. Qui vous consolera sur la terre, si vous ne mettez, dès à présent, vos espérances dans le ciel? La politique a trouvé que les hommes et les femmes naissent communément en nombre égal; ils doivent se réunir dans la patrie céleste comme sur la terre. Que ferait une ame isolée dans le ciel même? Cicéron se flatte d'y voir Lélius, Caton, Scipion, et les autres grands hommes: ce sentiment a été commun à tous les sages. Ils ont cherché la solitude sur la terre, pour fuir les méchants; et la société dans le ciel, parce que c'est la réunion des bons. Sans doute les ames simples qui ont rempli les premiers devoirs de la nature, s'y réuniront aussi bien que celles qui se sont occupées du sort des empires, et des crimes de la politique. C'est encore aux ames aimantes, à affectionner les êtres qu'elles ont laissés ici-bas, et à se réunir à eux dans le ciel. Heureux, si, unies un jour l'une à l'autre, la moitié veuve laisse à l'autre moitié des enfants qui lui rappellent son image!

Nous avons passé en revue toutes les harmonies de notre globe, depuis celles qui unissent les objets les plus insensibles, jusqu'à celles qui animent les hommes; nous avons essayé d'esquisser les tableaux ravissants des plantes, des montagnes, de l'Océan, et des animaux qui les parcourent; nous avons vu enfin cet être céleste, qui, jeté au milieu de cette création magnifique, s'est rendu maître de tout ce qui l'environnait, et a élevé des pensées sublimes jusqu'aux pieds du créateur. Quittons à présent cette terre qu'il habite, et contemplons de près les astres qui nous étonnent, ce ciel, dernier asyle de la vertu et de l'amour. L'immensité se dévoilera à nos yeux; nous essaierons de deviner, d'apprécier les douces harmonies des astres. Nous verrons la main du créateur peupler ces orbes éclatants, comme elle peupla notre monde, et en faire peut-être le séjour de l'immortalité, comme elle a fait de la terre le séjour de la vie et de la mort.

LIVRE IX.

HARMONIES DU CIEL,

ou

LES MONDES.

L'HOMME ne voit dans le soleil, au premier coup-d'œil, qu'un astre d'un demi-pied de diamètre, qui l'éclaire et l'échauffe, et qui, chaque jour, se lève à l'orient, pour aller se coucher à l'occident. Moins attentif à ses mouvements, qu'un enfant à ceux de son ballon, il faut qu'un almanach l'avertisse des heures où il se lève et où il se couche, et des époques où il nous donne les saisons. Cependant ses rayons animent toute la nature; ils dilatent les airs, liquéfient les eaux, réchauffent la terre, fécondent les végétaux, colorent les fleurs, mûrissent les fruits, et embrasent des feux de l'amour tous les animaux. Voyez ses rayons entre les mains de l'homme. Archimède les rassemble avec un miroir ardent, et en tire un feu capable de fondre les plus durs métaux. Vous les croyez purs et blancs : Newton les décompose avec le prisme, et il en fait jaillir le jaune, le rouge, le bleu, le pourpre, qui y étaient renfermés. Ce sont des pinceaux célestes, qui colorent toute la nature. Ils vous semblent immobiles, ils n'agitent pas la plus légère feuille ; et Newton vous démontre qu'en venant du soleil à nous, ils parcourent trente-quatre millions de lieues en sept minutes et demie. C'est sans doute dans le soleil que sont renfermées les causes inconnues de tant de phénomènes qui nous étonnent ; de ceux de l'électricité positive et négative, du magnétisme qui a tant de rapports avec elle ; des variations, de l'inclinaison et de la déclinaison de l'aiguille aimantée, etc. C'est le soleil qui peint la terre de verdure, et les nuées des couleurs de l'arc-en-ciel ; c'est lui qui lance les feux du tonnerre au midi, et ceux de l'aurore boréale sur les pôles. Il attire tous les globes planétaires, les fait circuler autour de lui, et verse, sur leur circonférence, la lumière, la chaleur, le mouvement et la vie. Il est le réservoir des trésors de la nature. Les modifications physiques des corps, leurs attractions, leurs mouvements, leur durée, leurs générations, sont peut-être contenus actuellement dans le globe animé du soleil, comme toutes les combinaisons des grandeurs et des formes le sont virtuellement dans une sphère.

Tâchons de nous former une idée du premier mobile de notre univers. Le soleil est un corps céleste, un million trois cent quatre-vingt-quatre mille quatre cent soixante-deux fois plus gros que la terre. Tous les corps planétaires, entraînés par son attraction, tendent vers lui, comme vers leur centre; et ils iraient y tomber, si une autre force, perpendiculaire à la première, ne les obligeait d'aller en avant, et de tracer des cercles autour de lui, en s'échappant à chaque instant par leurs tangentes. La première force s'appelle centripète ou attraction, et la seconde, centrifuge ou force projectile. Telles sont, suivant Newton, les causes des mouvements circulaires ou plutôt elliptiques des planètes. Cependant Képler, surnommé, avec raison, le législateur de l'astronomie, avait eu à-peu-près ces mêmes idées avant Newton. Il disait que le soleil, en tournant sur lui-même, attirait à lui les planètes; mais que celles-ci ne tombaient pas dans le soleil, parce qu'elles font aussi une révolution sur leur axe, et qu'en tournant autour du soleil, elles lui présentent, tantôt un côté ami, qui est attiré, et tantôt un côté ennemi, qui est repoussé. L'idée de Newton paraît plus simple, parce qu'il met ou semble mettre les deux forces centripète et centrifuge dans le soleil même, la première dans sa matière, et la seconde dans son mouvement : du moins je le conçois ainsi. Ce double effet, partant de la même cause, me paraît d'ailleurs conforme aux harmonies générales du soleil, qui les produit à-la-fois positives et négatives. Il engendre, par sa présence, le jour, la chaleur, le mouvement et la vie; et par son absence, la nuit, le froid, le repos et la mort, qui, venant à se combiner, forment les principales harmonies de la nature.

Je ne doute pas, comme Brydone, que, si les lois de l'électricité eussent été connues, il y a un siècle, Newton ne les eût appliquées à son système astronomique. Le soleil est un globe immense, qui, par les jets de sa lumière, électrise tous les corps planétaires. Ces corps, à leur tour, renvoient ses feux par leurs côtés opposites; les comètes, par des queues lumineuses; la terre, aux pôles, par des aurores boréales. L'astre du jour a encore bien d'autres propriétés inconnues. Ceux qui n'y veulent voir que la force centripète et la force centrifuge, et qui les appliquent aux opérations de la nature, exclusivement à toute autre loi, sont comme de simples maçons, qui, dans un palais magnifique, ne feraient attention qu'à son niveau et à son aplomb. Certainement la beauté de l'architecture humaine tient encore à d'autres lois; à plus forte raison, celle qu'a élevée la Divinité. Je ne suis point surpris que des hommes ignorants, aveuglés par leur ambition, et voulant se faire un grand parti, en ôtant tout frein aux passions de leurs semblables, aient tâché de ramener tous les ouvrages de la Divinité à quelques lois de la matière, qu'ils ont été capables de saisir; mais je suis véritablement étonné qu'un génie profond comme Newton, qui a répandu tant de lumières sur les ouvrages les plus incompréhensibles de la nature, et qui avait tant de respect pour son auteur, qu'à son nom il se découvrait la tête, ait avancé, dans ses disputes avec Leibnitz sur la raison suffisante, que Dieu, infiniment libre, avait fait beaucoup de choses qui n'ont d'autre raison de leur existence, que sa seule volonté. Selon lui, il est indifférent, par exemple, que les planètes se meuvent d'occident en orient, ou d'orient en occident : la volonté suprême en est la seule raison. Voltaire, qui rapporte ce raisonnement de Newton, et les objections de Leibnitz, dans son chapitre de la Liberté de Dieu, n'ose décider entre eux; et, par ce doute, il semble donner gain de cause au philosophe anglais. Je ne rapporterai point ici les arguments spécieux de Clarke, en faveur de la liberté infinie de Dieu, arguments qu'il détruit lui-même, en objectant que la volonté de l'Être suprême est la raison. « On cesse de » sentir, me disait Jean-Jacques, à l'occasion de » Malebranche, quand on commence à raison- » ner. » Je peux ajouter, qu'on cesse de raisonner, quand on commence à disputer. Newton donne aussi, si j'ose dire, un coup de pied à son système, quand il objecte à Leibnitz qu'il n'y a pas de raison pour que les planètes se meuvent d'occident en orient plutôt qu'autrement. Cette raison existe dans la force centrifuge même du soleil, qui, provenant du mouvement de rotation de sa partie supérieure vers son inférieure, oblige les planètes d'incliner vers lui, dans le même sens, le côté qui le regarde, et d'abaisser leur orient en élevant leur occident. D'ailleurs il est évident que notre terre a des chaînes de montagnes disposées dans le même ordre. Si, par exemple, le vent que le soleil fait élever maintenant sous la Ligne, du côté de l'orient, par le mouvement actuel de notre globe, soufflait de l'occident, par un mouvement en sens contraire, il est certain que toute la partie torridienne de l'Amérique ne recevrait pas une seule vapeur de l'Océan atlantique qui la baigne, qu'elle n'aurait aucune rivière, et que toutes les vapeurs qui s'éleveraient de la vaste mer du Sud, iraient s'arrêter en vain à la chaîne des Cordilières, qui n'a point son continent tourné vers l'occident.

On pourra me demander maintenant pourquoi le soleil abaisse vers nous sa partie supérieure, plutôt qu'il n'élève son inférieure : à cela je répondrai sans doute comme Newton, que la raison en est dans la volonté suprême de Dieu; mais sa volonté n'est pas sans raison, puisque, suivant le newtonien Clarke, elle est la raison même. Au reste, j'anéantis la mienne devant sa sagesse infinie, à l'exemple de Newton, de Clarke, de Leibnitz, et de tous les hommes qui ont tant soit peu médité sur ses sublimes ouvrages.

Quelques obligations que nous ayons à Newton, il ne faut pas croire qu'il ait découvert l'attraction des planètes; il en a seulement calculé les lois. Bacon l'avait soupçonnée, et Képler, comme je l'ai dit, l'avait appliquée à leurs mouvements bien avant lui; elle a été d'ailleurs connue dans la plus haute antiquité. Il est curieux de voir comme le bon Plutarque s'évertue à la combattre dans son traité intitulé : De la Face qui apparaît au rond de la Lune. Il regarde l'attraction comme une des plus grandes absurdités de l'esprit humain. « Il y a des philosophes,
» dit-il, qui assurent que la terre est ronde
» comme une boule, et néanmoins nous voyons
» qu'elle a de si grandes hauteurs et si grandes

» profondeurs.... Ne tiennent-ils pas qu'il y a
» des antipodes qui habitent à l'opposite les uns
» des autres, attachés de tous côtés à la terre,
» comme si c'étaient des chats qui s'attachassent
» à belles griffes? Ne veulent-ils pas que nous
» soyons posés sur la terre, non à plomb et à
» angles droits, mais penchant à côté comme
» font ceux qui sont ivres? Ne font-ils pas ces
» contes, que s'il y avait des fardeaux de mille
» quintaux qui tombassent dedans la profondeur
» de la terre, que quand ils seraient arrivés au
» centre du milieu, ils s'arrêteraient sans que
» rien les contînt ni leur vînt au-devant; et si
» d'aventure tombant à force, ils outre-passaient
» le milieu, ils s'en retourneraient, et rebrous-
» seraient derechef arrière d'eux-mêmes? Ne
» supposent-ils pas que si un torrent impétueux
» d'eau coulait contre-bas, et qu'il rencontrât le
» point du milieu, lequel ils tiennent être *incor-*
» *porel*, il s'amasserait, tournant en rond tout à
» l'entour, demeurant suspendu d'une suspen-
» sion perpétuelle et sans fin?... N'est-ce pas
» mettre le haut en bas, et tout bouleverser,
» puisque ce qui est jusqu'au milieu sera le bas,
» et ce qui est dessous le milieu sera le haut;
» de manière que si quelque homme avait son
» nombril au centre de la terre, il aurait tout
» ensemble les pieds et la tête en haut? » Après
un pareil jugement du plus juste appréciateur

du mérite des hommes de lettres grecs et romains, il en faut conclure que la raison humaine est sujette à s'éblouir par l'éclat même de l'évidence; que le sort de la vérité est d'abord d'être méconnue et méprisée, et que tout homme qui la cherche sincèrement, pour la loger dans son cœur, doit laisser toujours la porte de son jugement ouverte au doute.

Observons que le nom d'*incorporelle*, que Plutarque donne à l'attraction, suppose une espèce d'ame qui agit sur la matière, et qui en explique mieux tous les phénomènes, que le nom de corporelle ou de matérielle, que les attractionnaires d'aujourd'hui lui attribuent, comme une qualité résultante de la matière. En effet, dans quel corps réside l'attraction qui fait tourner le soleil autour du cercle?

Les anciens connaissaient également la force centrifuge, et la faisaient résulter de l'attraction ou force centripète; ils l'appliquaient au cours des planètes. « Si la lune, dit Plutarque, au même
» traité, ne tombe point sur les Ethiopiens,
» c'est qu'elle ne se meut point selon le mouve-
» ment de sa pesanteur, son inclination étant
» déboutée et empêchée par la violence de la
» révolution circulaire.... ni plus ni moins que
» les cailloux, et tout ce que l'on met dans une
» fronde, sont empêchés de tomber, parce qu'on
» les tourne violemment en rond. »

Les pythagoriciens connaissaient le mouvement des planètes autour du soleil ; ils évaluaient la distance de la lune à la terre à cinquante-six demi-diamètres de la terre, et nous la faisons de soixante, c'est-à-dire, de quatre-vingt-dix mille lieues pour sa distance moyenne, etc. Mais toutes ces vérités, aujourd'hui si bien démontrées, sont entremêlées, dans Plutarque, d'opinions les plus absurdes, qui les offusquent et les prédominent : telle est, par exemple, celle de Pindare, qui prétend que la terre est portée par des colonnes de diamants. Les débris de notre grand système planétaire, connu des anciens, ne nous apparaissent plus, au milieu des imaginations des philosophes et des poëtes, que comme les ruines d'un temple antique à travers des ronces et des broussailles, à la vérité couvertes de fleurs. *

* Je me suis un peu arrêté sur l'attraction du soleil, parce qu'elle est la base de tout notre système planétaire ; qu'elle est répandue dans toutes les parties de notre globe, qui tendent vers leur centre commun, et qui s'attirent les unes les autres ; qu'elle paraît se combiner avec l'électricité positive et négative, et qu'elle semble produite par les flux et reflux du feu, dont le soleil est le foyer, puisque la plupart des corps électriques attirent quand ils sont échauffés, et repoussent quand ils perdent leur chaleur.

L'astre qui produit ces effets et une infinité d'autres dans la nature, semble avoir des analogies particulières avec l'homme. Quoiqu'il soit à trente millions de lieues de nous dans sa plus petite distance, et qu'il ait environ cent onze diamètres et demi de la terre, ou trois cent dix-neuf mille trois cent quatorze lieues de largeur, sa grandeur apparente sur nos horizons est de douze doigts, c'est-à-dire, à-peu-près de la grandeur de la face humaine, sous laquelle on le représente quelquefois. Il occupe un demi-degré du ciel, en sorte qu'il faudrait sept cent vingt soleils pour en faire tout le tour, et trois cent soixante pour en embrasser un hémisphère depuis l'orient jusqu'à l'occident. Ce dernier nombre est très-remarquable, en ce qu'il est le même précisément que celui de la division de notre cercle, formée de décimales tirées du nombre de nos doigts. C'est encore à-peu-près le même que celui des jours de l'année, formée de trois cent soixante et cinq jours cinq heures quarante-huit minutes et environ douze secondes. Le cours d'un jour serait, en quelque sorte, par ses divisions naturelles, une image du cours de l'année, comme un cercle de l'horizon en est une du globe; mais il ne faut pas s'attendre, dans les ouvrages infinis de la nature, à trouver ces rapports terminés en formes circonscrites, et en nombres ronds, tels que nous les désirons dans nos travaux bornés. Les excès ou les défauts d'une période ne sont que les pierres d'attente d'une autre ; toutes les parties du monde sont engrenées, et leur perfection n'est que dans leur ensemble. Les rapprochements que j'indique ici, peuvent avoir un jour leur utilité ; et je me crois aussi bien fondé à les faire du soleil à l'homme, que Newton l'a été à rapporter les sept couleurs, qu'il appelle primitives, aux sept tons de la musique. Au reste, nous avons observé, dans nos Études, que la marche de l'homme sur la terre était réglée, en quelque sorte, sur celle du soleil dans l'année ; car il peut le suivre aisément, d'un tropique à l'autre, en faisant seulement cinq ou six lieues par jour.

Au surplus, l'homme ne doit pas s'enorgueillir de ces convenances lointaines : il serait confondu de son néant, s'il pouvait approcher assez de cet astre, pour en entrevoir seulement la grandeur. Ce n'est pas assez de dire que cet astre a plus de cent onze fois le diamètre de la terre, ou trois cent dix-neuf mille trois cent quatorze lieues de largeur, et qu'il est un million trois cent quatre-vingt-quatre mille quatre cent soixante-deux fois plus gros. On y a aperçu, au télescope, des taches qui étaient dix-sept cent vingt-huit fois plus volumineuses que la terre, et qui n'étaient pas sensibles à la vue.

Je me suis toujours étonné que des dessinateurs et des peintres se soient donné beaucoup de peine pour nous représenter des fleurs, des coquillages, des oiseaux étrangers ; qu'ils aient même entrepris de longs voyages aux Indes, pour y dessiner des insectes vus au microscope, tandis qu'aucun d'eux n'a encore essayé de peindre le soleil, tel qu'il paraît dans le télescope. L'objet le plus admirable de notre univers, et le plus commun, en est le moins connu. Nous en avons des planisphères fort mal faits, si j'en juge par celui de la lune, qui ne ressemble point du tout à ce que j'ai vu moi-même dans cette planète, avec une lunette de vingt pieds, comme je le dirai en son lieu. Les astronomes ne déterminent, sur le disque du soleil, que quelques positions, et ils ne les expriment que par des contours secs. Ils font comme nos géographes, qui ne marquent, sur leurs mappemondes, les Cordilières et les Alpes que comme des taupinières isolées. Il a fallu que des naturalistes voyageassent, pour nous donner une idée des chaînes de montagnes qui divisent le globe, de leurs relations avec l'Océan, des bras dont elles entourent ses golfes, et pour nous faire connaître les causes et les sources des fleuves qui arrosent la terre. Si d'habiles artistes avaient représenté le soleil, tel qu'on le voit dans le télescope, il n'y a pas de doute qu'ils ne nous eussent manifesté une multitude d'effets qui eussent contribué à faire connaître sa nature. Quoique son disque paraissé tout lumineux, il ne brille pas également par-tout. Son portrait bien rendu nous eût d'abord fait sentir sa convexité sur son planisphère, ce que ne font pas les cartes des astronomes; et nous aurions vu, par l'uniformité ou l'aspérité de son limbe, s'il n'a que des écumes à sa surface, comme un fluide, ou s'il a des montagnes, comme les autres corps planétaires. De savants peintres ou dessinateurs nous eussent montré les embranchements et les correspondances de ses diverses parties, et, par la magie des demi-teintes, ils nous y eussent, en quelque sorte, transportés. En vérité, si mes moyens me l'eussent permis, j'aurais fait le voyage d'Angleterre, principalement pour voir le soleil dans le télescope d'Herschell, et remercier ce grand homme d'avoir étendu, dans les cieux, la vue et les espérances du genre humain. De longues caravanes de pélerins traversent tous les ans une partie de l'Asie, pour aller baiser une pierre noire à la Mecque ; d'un autre côté, des caravanes de savants européens vont admirer les ruines de l'Italie, de la Grèce et de l'Égypte, monuments de la caducité des travaux de l'homme ; et nul ne sort de son pays pour avoir une vue plus étendue du plus magnifique ouvrage de la Divinité. Je ne doute pas que des sauvages du Pérou, ou de pauvres nègres de l'Afrique, n'entreprissent le voyage de l'Europe, seulement pour y voir le soleil dans nos télescopes, s'ils avaient une idée des merveilles de notre optique.

Le télescope d'Herschell grossit quatre mille fois un objet, c'est-à-dire, six à sept fois plus que les meilleurs instruments de ce genre qui aient été faits avant lui : ne pourrait-on pas accroître sa force ? Le microscope solaire, inventé par Lieberkhun, produit des effets bien plus considérables : j'ai vu une puce plus grosse qu'un mouton, parfaitement dessinée. Ne pourrait-on pas rendre une petite portion du soleil visible par le microscope solaire même ? Je ne présente cet aperçu que comme celui d'un ignorant; mais il n'y a pas cinq cents ans qu'on imagina de faire des lunettes avec le verre : au bout d'un siècle, on fit, avec des verres à lunettes, des lunettes d'approche d'un bien plus grand effet. On croyait avoir atteint la perfection de l'art, lorsque Newton inventa le télescope à réflexion ; on pensait qu'il était impossible de voir plus loin que Newton, lorsque Herschell a augmenté de beaucoup l'action de cet instrument : pourquoi quelque opticien ne le porterait-il pas encore au-delà d'Herschell ? Le télescope ne peut-il pas étendre la vue de l'homme dans l'infiniment grand, autant que le microscope dans l'infiniment petit ?

Newton et les autres astronomes prétendent que cet astre est un globe de feu, dont la chaleur est vingt mille fois plus forte que celle d'un boulet rouge, et qu'il tourne sur son axe en vingt-cinq jours et demi. Il est couvert, selon eux, d'une mer ignée, qui bouillonne sans cesse, et produit des écumes qui apparaissent à sa surface en forme de taches; c'est même d'après la rotation de ces écumes sur sa circonférence, qu'ils ont conclu celle de son globe. Tel est le résultat de leurs observations faites avec l'ancien télescope. Herschell, le Christophe Colomb de l'astronomie, vient de renverser, avec le sien, toute cette physique. Il a vu et revu que le soleil était un corps planétaire solide, environné, à quinze cents lieues de distance, d'une atmosphère lumineuse et ondoyante, de six à neuf mille lieues de hauteur. Cette atmosphère s'entr'ouvre de temps en temps, et laisse alors apercevoir, au-dessous d'elle, des parties du disque solaire, qui ne sont point des taches ou des écumes, mais des montagnes et des vallées véritables.

Herschell assure qu'il a réitéré ces observations de manière à les mettre hors de doute. On ne peut, sur ce point, refuser sa confiance à un astronome qui a découvert, avec ce même télescope, la nouvelle planète qui porte son nom, et les deux satellites qui l'accompagnent, avec deux nouveaux satellites de Saturne, et plusieurs volcans dans la lune.

Herschell remarque, avec raison, que les calculs de Newton sur la chaleur immédiate du soleil sont sans fondement, puisqu'ils ne sont établis que sur celle que cet astre exerce sur la terre, et qui n'y existe que par la médiation d'une atmosphère aérienne, sans laquelle elle serait sans action, même dans la zone torride. C'est ce que démontrent les sommets des Cordilières, qui, étant au sein de cette zone même, au-dessus de la région de l'air, sont toujours glacés. Il en conclut donc que le soleil, n'étant ni un globe de feu, ni une mer ignée, mais un corps planétaire semblable au nôtre, est habitable.

S'il m'est permis de joindre mes faibles raisonnements aux sublimes expériences de ce grand homme, je trouve encore d'autres inconséquences dans le système des astronomes. 1º Si le soleil était pénétré de feu, il serait aplati sur ses pôles, et dilaté sur son équateur par la force centrifuge, comme je l'ai déjà dit. 2º Si les taches qu'ils ont aperçues à sa circonférence étaient des écumes, elles n'apparaîtraient pas sombres sur un globe vingt mille fois plus ardent qu'un boulet rouge : ce n'est que l'action de l'air qui noircit et altère la surface des corps brûlants; et quand il y aurait une atmosphère d'air autour du soleil, elle serait trop dilatée pour agir à la surface d'une semblable fournaise : un charbon dans un creuset, un boulet dans sa forge, sont tout blancs lorsqu'ils sont imprégnés de feu. 3º Il s'ensuivrait que les preuves de la rotation du soleil sur son axe seraient fort douteuses, puisqu'elles n'auraient pour appui que des écumes mobiles, qui peuvent être entraînées par des courants particuliers, sur un globe en fusion. C'est comme si des astronomes placés dans le soleil concluaient un mouvement de rotation de la terre d'un pôle à l'autre, en observant les montagnes de glaces qui en descendent, tous les étés, vers l'équateur. Il faut l'avouer, l'édifice de nos sciences est bien imparfait, et les plus habiles n'ont pu, autour de lui, élever que quelques petits échafauds.

L'idée que Herschell vient de nous donner du soleil me plaît infiniment. Elle me paraît la seule véritable, parce que je la trouve seule conforme aux plans généraux de la nature, qui varie ses ouvrages à l'infini, et qui n'en fait aucun en vain. Si le soleil, au moins douze cent mille fois plus gros que toutes les autres planètes ensemble, était un globe de feu uniquement destiné à les éclairer, le réverbère serait beaucoup plus grand que les habitations. Les satellites, qui ne renvoient que de simples reflets de sa lumière, sont plus petits que les planètes qu'ils réchauffent. J'aime d'ailleurs à voir le soleil animer le monde sans se montrer, et, à l'image de Dieu, par la seule gloire qui l'environne. Je pense que si ses éléments sont les mêmes que les nôtres, ils doivent être dans un autre ordre que sur nos planètes ténébreuses, et qu'il est habité, puisqu'il est habitable. Il ne doit point y avoir d'ombre sous une atmosphère de lumière, de nuit aux sources du jour, d'hiver à celles de la chaleur, ni de mort à celles de la vie.

Platon disait que notre monde n'était qu'une figure du monde véritable, qu'il en existait un autre, où étaient en réalité les idées des choses dont nous n'avions que les ombres. S'il existe dans quelque lieu visible, ce doit être sans doute dans le soleil.

S'il était permis à un être aussi borné que moi, d'oser étendre ses spéculations sur un astre que je n'ai pas eu même le bonheur de voir dans le télescope, je dirais que sa matière doit être de l'or, d'abord parce que l'or est la plus pesante de toutes les matières que nous connaissons ; ce qui convient au soleil, placé au centre de notre univers. Sa lumière, comme l'or, est jaune, indestructible, divisible à l'infini ; elle dore tous les objets qu'elle frappe, et semble être un or volatilisé. Si on rassemble les rayons du soleil au foyer d'un miroir ardent, et qu'on expose de l'or à leur action, alors ce métal se revêt, en se fondant, de la plus riche couleur pourpre ; il s'en élève de petits globules, qui circulent en l'air parmi les rayons, et s'attirent mutuellement. La lumière du soleil, si légère et si active, est pesante ; elle augmente sensiblement le poids de tous les corps qu'elle pénètre, et on assure qu'elle forme l'or au sein de la terre. C'est ce que semblent prouver les mines d'or, situées, pour l'ordinaire, dans les montagnes de la zone torride, en Afrique et au Pérou. Si on en trouve en Sibérie, c'est qu'il y a apparence que cette contrée a été autrefois dans la zone torride, ainsi que semblent le démontrer les os d'éléphants fossiles, et d'autres preuves, que nous avons rapportées aux harmonies terrestres. Au reste, il est très-remarquable que les anciens chimistes ont désigné, par des rapports d'analogie, les métaux par les noms des planètes, l'or par le soleil, l'argent par la lune, le vif-argent par Mercure, le cuivre par Vénus, le fer par Mars, le plomb par Saturne. Il est certain que ces métaux tiennent, dans l'estime des hommes et par rapport à leur valeur en or, le même rang que leurs planètes corrélatives occupent dans les cieux, par rapport à leurs distances au soleil. Je conclus de là que notre système astronomique est bien plus ancien que nous ne le croyons. La lune seule est exceptée de cet ordre ; mais on peut dire, d'un autre côté, qu'après le soleil, elle influe le plus sur nous, de tous les corps planétaires, et qu'elle est dans le même rapport avec lui, que l'argent avec l'or. L'or est le premier mobile des sociétés du genre humain, comme le soleil l'est de l'univers. L'or fait mouvoir toutes les harmonies sociales, chez les peuples policés comme chez les sauvages. Les financiers, pour nous en inspirer l'indifférence, et l'attirer dans leurs coffres, n'en parlent que comme d'un signe idéal et fictif des richesses nationales, qu'on peut suppléer aisément par tout autre ; mais il a une valeur intrinsèque, du consentement universel de tous les hommes. S'il était possible qu'il vînt tout-à-coup à perdre son crédit chez les nations, ou à cesser de circuler entre elles, tous leurs gouvernements seraient renversés de fond en comble ; car tous sont fondés sur l'amour de l'or. Il faudrait en excepter peut-être quelques petites nations inconnues qui se gouverneraient par la vertu, car la vertu est autant au-dessus de l'or que Dieu est au-dessus du soleil.

On doit rapporter à la matière de l'astre, de la lumière les pierres précieuses qui en décomposent les couleurs primitives, comme les diamants, les topazes, les rubis, les saphirs, etc. Ce qu'il y a de certain, c'est que leurs mines ne sont point dispersées sur le globe ; nous ne les trouvons que dans les montagnes et les vallées de la zone torride : c'est là aussi que croissent les végétaux les plus aromatiques, l'arbre de l'encens, le cannellier, le giroflier, etc., dont les parfums viennent des influences constantes du soleil dans cette zone, puisqu'ils dégénèrent par-tout ailleurs.

Nous avons vu que la sphère contenait virtuellement toutes les formes connues et à connaître. Le soleil, qui est une sphère vivante et vivifiante, doit en présenter les plus belles dans les vastes contours de ses montagnes et de ses vallées. Quelles montagnes que celles qui nous apparaissent dix-huit cents fois plus grosses que notre terre! On ne doit point y voir, comme sur notre globe, des rochers brisés par la rigueur des hivers, des monts dégradés par des torrents, des promontoires formés et détruits par les mers, un globe mourant et renaissant au milieu de ses ruines; mais on y voit un monde jouissant de toutes les perfections de la beauté, et de toutes les plénitudes de la vie. Des vallées riantes doivent se perdre dans des horizons cent dix fois plus étendus que les nôtres. Des Alpes de la même proportion, offrant dans leurs croupes les courbes les plus parfaites, doivent porter leurs sommets non dans une atmosphère glacée, comme sur notre terre, mais au sein de cette atmosphère de lumière qui ranime au loin les mondes. Leurs rochers de diamants, d'émeraudes et de rubis, y étincellent de feux que ne peuvent supporter les yeux des mortels; ils brillent au sein du soleil comme de nouveaux soleils; de leurs gerbes éblouissantes, tout éclatantes à-la-fois des reflets de l'aurore et du couchant, s'écoulent des ruisseaux de liqueur, de lait, de vin, que le soleil colore de ses rayons immortels. La lumière ne s'y harmonie point avec les ombres, ni l'été avec l'hiver, ni la vie avec la mort ; mais la lumière s'y conjugue avec la lumière, le printemps avec le printemps, la vie avec la vie : là, tout silence est un repos, tout bruit une mélodie, toute odeur un parfum. La géographie de notre terre ne nous présente que des noms insignifiants, ou ceux des puissances qui l'ont bouleversée : ici est l'île du Volcan ; là, le cap des Tourmentes : la Nouvelle-Espagne, la Nouvelle-Angleterre, la Nouvelle-France, fameuses par leurs conquêtes sanguinaires, sont au sein de l'innocente Amérique. Mais si la géographie du soleil pouvait porter, dans la langue des hommes, des noms convenables à sa nature, on y trouverait tout ce qu'ils cherchent en vain sur la terre, et dont leurs instincts ne leur offrent que des images fugitives. Dans ses courbes innombrables sont la quadrature du cercle, et la réunion de l'hyperbole à ses asymptotes ; dans ses terres virginales est la fixation des rayons du soleil en or, et dans leur atmosphère lumineuse et ondoyante est la volatilisation de l'or en rayons de lumière ; à la source du mouvement est le mouvement perpétuel, et une jeunesse éternelle à celle de la vie et de la beauté : là sont aussi d'éternelles amours et des générations sans fin ; sur ses pics sont les ravissements du génie, et dans leurs grottes profondes les extases de la consolation. Leurs influences se répandent sur notre terre avec les rayons du soleil, et y voltigent avec l'espérance; elles se reposent de temps en temps sur la vertu. Elles éclairaient votre intelligence, chaste Newton, quand vous décomposiez la lumière, et que vous pesiez les mondes; elles se firent sentir à vous, infortuné Jean-Jacques, quand, parvenu aux extrémités de la vie terrestre et sur les limites de la vie du ciel, vous vous écriâtes en expirant : « Oh! que le soleil est » beau! je le sens qui m'appelle. »

Si les poëtes portent aussi en latin le nom de *vates*, qui veut dire prophète, parce que, dans leur enthousiasme, ils sont quelquefois inspirés sur l'avenir, pourquoi les hommes vertueux, ces amis de la Divinité, n'auraient-ils pas aussi de semblables pressentiments? Fénélon a dû en avoir à ces deux titres. Il décrit, sans y songer, dans son Télémaque, le séjour des âmes heureuses dans les Champs-Élysées, comme s'il était placé dans le soleil.

« Le jour n'y finit point, et la nuit, avec ses
» sombres voiles, y est inconnue; une lumière
» pure et douce se répand autour du corps de
» ces hommes justes, et les environne de rayons
» comme d'un vêtement. Cette lumière n'est
» point semblable à la lumière sombre qui éclaire
» les yeux des faibles mortels; et qui n'est que
» ténèbres; c'est plutôt une gloire céleste qu'une

» lumière : elle pénètre plus subtilement les
» corps les plus épais, que les rayons du soleil
» ne pénètrent le plus pur cristal ; elle n'éblouit
» jamais ; au contraire, elle fortifie les yeux, et
» porte dans le fond de l'ame je ne sais quelle
» sérénité. C'est d'elle seule que les hommes
» bienheureux sont nourris ; elle sort d'eux, et
» elle y rentre ; elle les pénètre, et s'incorpore à
» eux comme les aliments s'incorporent à nous ;
» ils la voient, ils la sentent, ils la respirent ;
» elle fait naître en eux une source intarissable
» de paix et de joie : ils sont plongés dans cet
» abyme de délices comme les poissons dans la
» mer ; ils ne veulent plus rien, ils ont tout sans
» rien avoir, car le goût de la lumière pure
» apaise la faim de leur cœur : tous leurs désirs
» sont rassasiés, et leur plénitude les élève au-
» dessus de tout ce que les hommes avides et
» affamés cherchent sur la terre. »

Virgile avait dit avant lui, sur les habitants de ce séjour, ces vers qu'on peut appliquer si heureusement aux habitants du soleil :

Largior hîc campos æther et lumine vestit
Purpureo ; solemque suum, sua sidera, norunt.

ENEID., lib. VI, v. 640.

« Une atmosphère plus vaste que la nôtre couvre leurs campagnes
» d'une lumière purpurine ils ont en propriété le soleil et ses pla-
» nètes. »

En effet, s'il est un lieu où l'on puisse goûter des jouissances célestes, ce doit être dans le soleil, par la nature de sa lumière vivifiante, et parce qu'il est au centre de notre univers. A quoi servirait l'ensemble des ouvrages de la Divinité, s'il n'y avait pas des êtres qui en jouissent? Leur principale beauté serait perdue. Une simple mousse a des insectes qui la contemplent; le monde doit avoir aussi ses spectateurs. Les parties de notre terre, quelque agréables qu'elles nous paraissent, n'en sont que des portions infiniment petites; notre plaisir croît par leur rapprochement. Nous en éprouvons d'abord à la vue d'une simple fleur; il augmente par celle de la plante qui l'a produite; il s'accroît par celle de la prairie qui en est émaillée; il redouble à la vue des brebis qui y cherchent leur pâturage; il devient plus touchant à celle de la bergère qui file la laine de ses brebis, tandis que son amant, avec son chien, défend le troupeau; il acquiert encore plus d'intérêt à celle du hameau voisin, composé de familles laborieuses et innocentes : mais le bonheur d'un homme se termine souvent à son horizon; heureux encore s'il peut y atteindre! S'il s'en éloigne, d'autres mœurs, d'autres lois, un autre langage, des procès, des religions contraires, des guerres cruelles, lui font douter s'il n'a pas pour ennemie sa propre espèce. Ainsi, dans le petit coin que nous habitons, nous n'embrassons pas plus la sphère de la vie que celle de la terre; nous ne jouissons à-la-fois que du jour qui nous éclaire, et de l'horizon qui nous environne; les révolutions des temps et des générations, ne nous paraissent souvent que comme un cercle monotone et difforme de jours et de nuits, d'étés et d'hivers, de naissances et de morts. Placés sur un point de sa circonférence, le monde se montre à nous comme une figure peinte en perspective sur des cercles concentriques; parmi quelques couleurs agréables, elle ne nous présente qu'un ensemble monstrueux : mais mettez à son centre le miroir cylindrique qui en rassemble les traits, au lieu d'une furie vous verrez une Vénus.

Il en serait de même de la terre, si nous la considérions du soleil : nous la verrions avec l'astre qui fait tout voir. Nous l'observerions à travers cette atmosphère merveilleuse de lumière, qui, comme un cristallin vivant, entoure l'œil de notre univers. Les rayons qu'il lance sont peut-être semblables à ceux qui sortent de nos yeux, qui en expriment bien quelques passions au dehors, mais qui ne manifestent pas les images qu'ils reçoivent au dedans : ils ressemblent peut-être aux lunettes de longue vue, qui rapprochent par un bout et éloignent par l'autre. Newton les a décomposés par l'extrémité qui arrive jusqu'à la terre ; encore n'y a-t-il aperçu que des couleurs, quoiqu'ils renferment bien d'autres qualités, comme le prouvent tant de productions qu'ils font éclore : mais qui les analysera par le côté où ils émanent du soleil ? Il y a grande apparence que, si nous étions habitants de cet astre, nous verrions la terre, dans sa grandeur naturelle, tourner sur elle-même, et nous développer toute sa circonférence dans le plus grand détail. Nous verrions son continent former des harmonies innombrables avec ses mers, exposer tour-à-tour aux influences du soleil, dans des rapports opposés de sécheresse et d'humidité, deux zones torrides, deux tempérées et deux glaciales. Nous y verrions les aurores et les couchants, les jours et les nuits, les étés et les hivers, se succéder tour-à-tour dans chaque lieu, et paraître tout à-la-fois dans chaque hémisphère. Nous y distinguerions le genre humain, seul de tous les genres animés, répandu sur le globe pour en recueillir les productions, et seul en rapport avec les influences de l'astre du jour.

Nous verrions les mêmes harmonies du soleil se répéter en grand dans les cieux : la terre n'en a que des zones, le ciel en a des sphères. Le soleil fait circuler autour de lui, dans deux zones torrides, Mercure à onze millions de lieues de distance, et la brillante Vénus à vingt-deux millions; dans deux zones tempérées, la terre à trente-quatre millions, et Mars, couleur de sang, à quarante-six millions; dans deux zones glaciales, Jupiter, couleur d'azur, à cent cinquante-six millions, et Saturne à trois cents. Le solitaire Herschell trace, par un cercle de six cent cinquante-cinq millions six cent deux mille six cents lieues de rayon, les pôles de cette sphère immense, au-delà desquels cependant circulent encore des comètes.

Supposons-nous donc dans le soleil, au centre du mouvement des planètes. Non-seulement nous les verrions tourner autour de nous dans leurs périgées, c'est-à-dire, quand elles sont du côté de la terre; mais encore dans leurs apogées, c'est-à-dire, au-delà du soleil, parce que cet astre tourne sur lui-même en vingt-cinq jours et demi. Nous les verrions de toute leur grandeur dans leur périhélie, c'est-à-dire, quand elles en sont le plus proches, et dans leurs aphélies, quand elles en sont le plus éloignées; car elles décrivent autour de lui non des cercles, mais des ellipses. Nous les distinguerions parfaitement dans le plus grand éloignement, comme dans le plus grand détail, parce que notre vue, qui aurait toutes ses perfections, ne serait pas inférieure à celle des insectes sur la terre, qui réunit souvent les avantages du microscope et du télescope. Telles sont, par exemple, les abeilles, qui voient à-la-fois les glandes nectarées dans le calice des fleurs où elles pompent leur miel, et au loin la ruche où elles doivent le porter. La vue des hommes, sur la terre, est proportionnée à leurs horizons, et à leurs besoins matériels et passagers; mais elle doit s'étendre, dans le soleil, aussi loin que la sphère de ses rayons, et n'avoir d'autres limites que la bonté toute-puissante du Créateur dans l'étendue des mondes. Ils doivent tout connaître dans l'astre qui fait tout voir et tout mouvoir; il est pour eux le séjour de la vérité, comme celui de la lumière. Ils n'ont entrevu sur la terre que quelques harmonies éparses de jours, de mois, de saisons, d'années et de vies; mais ils les verraient se développer sous d'autres proportions dans les planètes, et leur présenter les combinaisons innombrables de l'existence subsolaire: Nous les distinguerions d'abord d'avec les étoiles, qui sont en nombre infini, en ce qu'elles n'étincellent point comme elles, mais qu'elles réfléchissent d'une manière calme la lumière qu'elles empruntent du soleil. Il est possible que Dieu les ait composées d'éléments différents de ceux de la terre; mais comme nous y apercevons des atmosphères, des montagnes et des vallées; que plusieurs ont des lunes comme la terre; qu'elles parcourent des courbes et des périodes semblables, il n'y a pas de doute qu'elles ne soient de même nature, quoique de différentes espèces. Elles doivent avoir aussi des êtres organisés; car la nature n'a rien fait en vain. À quoi serviraient des globes déserts? Il y a des végétaux, puisqu'il y a de la chaleur; il y a des yeux, puisqu'il y a de la lumière; et il y a des êtres intelligents, puisqu'il y a de l'intelligence. Les plantes et les animaux doivent s'y développer à proportion de l'intensité de leurs latitudes et de la durée de leur vie. C'est ainsi que les mauves et les fougères de l'Europe, deviennent des arbres dans les parties méridionales de l'Afrique et de l'Amérique. Mais comme les mêmes zones terrestres offrent des productions tout-à-fait différentes, à plus forte raison les sphères des zones célestes; cependant il n'y a pas d'apparence que les hommes y soient en proportion de taille avec leurs planètes. La nature, qui a mis sur la terre des éléphants au midi, et des baleines au nord, a fait les hommes de grandeur égale dans toutes les latitudes : les habitants des îles ne sont pas plus petits que ceux de ses continents. Il est vraisemblable qu'elle a donné les mêmes proportions humaines à tous les êtres intelligents qui habitent les différentes planètes de notre système, comme elle leur a donné à tous le même soleil. L'homme est dans une harmonie parfaite avec la terre et les convenances solaires de cette planète. Il est formé de manière qu'il peut, en faisant cinq à six lieues par jour, parcourir en un demi-jour son horizon, suivre en une demi-année le cours du soleil d'un tropique à l'autre, parcourir la moitié d'un hémisphère dans une année, et toutes les latitudes et les longitudes du globe dans le cours de sa vie.

HARMONIES SOLAIRES

DE MERCURE.

Je suppose que nous jouissions dans le soleil de toutes les harmonies de son système ; nous verrions d'abord Mercure quinze fois moins gros que la terre, c'est-à-dire de onze cent soixante-six lieues de diamètre, tracer, à onze millions de lieues de distance du soleil, un cercle annuel de quatre-vingt-sept de nos jours vingt-trois heures quatorze minutes trente-trois secondes ; nous apercevrions sa rotation sur lui-même ou son jour particulier, qui a échappé jusqu'à présent à nos astronomes, parce qu'il est, par rapport à eux, comme perdu dans les rayons du soleil. Cependant, à en juger par analogie avec la longueur du jour de Vénus, qui est de vingt-cinq de nos jours dans la même zone torride, et avec la brièveté de celui de Jupiter, qui n'est que de dix heures dans la zone glaciale, il est possible que celui de Mercure soit de tout son cours annuel, c'est-à-dire de quatre-vingt-huit jours ; en sorte qu'un de ses hémisphères serait constamment éclairé pendant près de six semaines. Il s'ensuivrait de là qu'un corps qui tourne rapidement devant le feu en est plus pénétré que celui qui y tournerait lentement ; ce qui semble contraire aux lois de notre physique. Cependant, on ne peut douter que le mouvement n'ajoute à l'action du feu, et qu'un corps planétaire voisin du soleil, en tournant lentement ses hémisphères vers lui, ne donne à celui qui lui est opposé le temps de se refroidir : d'ailleurs il n'en faut pas conclure avec Newton que la chaleur soit dans Mercure sept fois plus forte que dans la zone torride de la terre, et que l'eau y soit constamment bouillante. La chaleur, comme nous l'avons observé, n'étant qu'une harmonie de l'air et des rayons du soleil, peut être nulle au sommet des montagnes de Mercure ; si elles sont très-élevées au-dessus de son atmosphère, comme celles des Cordilières, qui sont couvertes de glace au sein de la zone torride. Or, c'est ce que prétendent les astronomes, qui attribuent à l'élévation des rochers de Mercure les reflets brillants qu'il nous envoie quand il est dans son périgée. Je suis porté à croire qu'ils n'ont tant d'éclat que parce qu'ils sont couverts de glace ; je me confirme dans cette opinion, parce que Mercure, au milieu de toute sa splendeur, présente des taches obscures. Cette obscurité ne peut provenir de ses mers, qui sont naturellement resplendissantes, comme nous le verrons ailleurs, mais du sol même de ses montagnes, dont les glaces fondent à certaines périodes. Il y a apparence que sa zone glaciale est dans sa zone torride, et que dans son cours annuel il incline le plan de son orbite de quatre-vingt-dix degrés sur son équateur, et que les solstices sont dans ses pôles. Il en doit résulter, au contraire du globe terrestre, que ses pôles sont les plus habités, et qu'ils sont rafraîchis par des fontes périodiques de glaces qui descendent des hautes montagnes de son équateur ; elles doivent être encore plus élevées que les montagnes de l'Éthiopie, figurées en grands plateaux, qui projettent des ombres profondes à leurs pieds. Tout ce que les deux Indes produisent sur la terre de plus précieux, n'approche point des richesses d'une planète baignée de toutes les influences du soleil. Les végétaux qui les reçoivent pendant des jours de six semaines, doivent parvenir à des développements et à des perfections qui ne sont comparables qu'à ceux des végétaux des terres solaires mêmes. La canne à sucre doit s'y élever à la hauteur des bambous du Gange ; et la vanille, dont les siliques exhalent de si doux parfums, doit étendre ses sarments dans les forêts aussi loin que les longues lianes de l'Amérique. Les puissances de la nature, qui semblent parvenues à leurs plus hauts périodes dans la zone torride de la terre, ne s'y sont peut-être arrêtées que parce que l'action du soleil ne les a pas portées plus loin ; mais dans Mercure elles doivent former avec lui de nouvelles harmonies, et établir dans les minéraux, les végétaux et les animaux, une multitude de genres inconnus à nos Linnæus. Les habitants fortunés de Mercure n'ont pas besoin de soutenir leur vie par la mort des animaux, ni de se livrer aux rudes travaux de l'agriculture. Des fruits mille fois plus délicieux que ceux de nos vergers, croissent spontanément sur une planète dont les pôles, par leur température, doivent produire les litchis et les mangoustans. Leur globe n'a presque que le tiers du nôtre en circonférence; mais il doit être plus difficile d'y voyager, à cause de l'âpreté de ses rochers, et de la zone glaciale qui le divise en deux hémisphères. Le marcher et la durée de la vie des habitants de cette planète doivent être en rapport avec son étendue et ses années de trois mois; ils doivent mourir, comme les habitants de la terre, au bout du temps nécessaire pour la parcourir en entier, et en entrevoir toutes les harmonies. Si nous pouvons juger de leurs mœurs par celles des peuples qui ont vécu sous les plus belles latitudes de la terre, elles ressemblent à celles de ces bons Éthiopiens, sur lesquels Homère feint que Jupiter jetait les yeux pour les délasser des horribles combats des Troyens et des Grecs. Au sein de l'abondance et des plus riches productions de la nature, ils doivent être semblables à ces sages Indiens, livrés aux plus douces et aux plus sublimes méditations, chez lesquels les anciens philosophes de l'Europe allaient puiser des connaissances en tout genre ; eux-mêmes en découvrent qui nous sont tout-à-fait inconnues. Dans le voisinage du soleil, qui leur apparaît trois fois plus grand qu'à nous, ils doivent être ravis d'admiration et de joie lorsque son atmosphère ondoyante de lumière s'entr'ouvre, et qu'ils y entrevoient ces terres célestes où coulent les sources immortelles de l'intelligence et de la vie, où ils aspirent d'arriver.

HARMONIES SOLAIRES

DE VÉNUS.

Mercure passait chez les anciens pour la planète des sciences et de l'esprit. A onze millions de lieues plus loin, et vingt-deux millions du soleil, est Vénus, considérée de tout temps comme l'astre des amours. Elle doit son nom à son éclat, car c'est la plus brillante des planètes pour les habitants de la terre : ils l'appellent étoile du matin ou *Lucifer*, c'est-à-dire porte-lumière, lorsqu'elle devance le lever du soleil; *Vesper*, ou l'étoile du berger, lorsqu'elle le suit à son couchant. Son diamètre est à-peu-près égal à celui de la terre, c'est-à-dire de deux mille sept cent quarante-huit lieues : ainsi elle est d'un neuvième plus petite. Son année est de deux cent vingt-quatre jours seize heures quarante et une minutes et quarante et une secondes. Son jour propre, c'est-à-dire sa révolution sur elle-même, est de vingt-trois de nos heures, suivant Cassini, qui l'observa, en 1700, avec une lunette de seize pieds, qui la lui fit paraître trois fois plus grande que la lune à la simple vue; mais, en 1726, le cardinal de Polignac ayant fait établir à Rome, à ses dépens, une lunette de Campani, de cent cinquante palmes de longueur, un célèbre astronome italien, appelé Bianchini, s'en servit, aux mois de février et de mars de la même année, pour observer Vénus; il y découvrit sept taches principales vers son équateur, et deux vers ses pôles : il conclut par leur révolution que cette planète tournait sur elle-même, non pas en vingt-trois heures, comme Cassini avait cru le voir, mais en vingt-quatre jours huit heures. Cette observation vient d'être récemment confirmée par un autre astronome. Elle paraît s'accorder davantage avec les lois de la rotation particulière de chaque planète, dont la rapidité semble en raison inverse de leur distance au soleil. Ainsi Vénus, à vingt-deux millions de lieues de cet astre, tourne sur elle-même en vingt-cinq jours environ; la terre, qui en est à trente-quatre millions, tourne en vingt-quatre heures; et Jupiter, à cent cinquante-six millions, en dix heures. Mais la physique céleste a sans doute des lois inconnues à la physique terrestre, et inexplicables par l'attraction ou la force centrifuge; car Mars, qui est à quarante-six millions de lieues du soleil, fait sa rotation à-peu-près dans le même temps que la terre; et Saturne, qui en est à près de trois cent millions de lieues, circule sur lui-même, ainsi que son anneau, à-peu-près dans le même temps que Jupiter sur ses pôles, c'est-à-dire en dix heures, ainsi que vient de le découvrir Herschell. Quant aux inclinaisons de leur équateur sur leurs orbites, on ne saurait également les assujettir à des lois mécaniques, car celle de Vénus est de soixante et onze degrés trente-six minutes quarante secondes ; celle de la terre, de vingt-trois degrés et demi, et celle de Jupiter de deux degrés cinquante-cinq minutes. S'il m'est permis de hasarder mes faibles conjectures sur de si étonnants mouvements, je crois que les inclinaisons des planètes sur leurs orbites changent insensiblement, et qu'elles sont ordonnées non-seulement pour produire des harmonies par les variétés des jours et des saisons, mais même par celles des années et des siècles. Il arrive de là que les pôles et les latitudes de chaque planète ne sont plus les mêmes au bout d'un certain temps. Nous nous flattons d'en avoir exposé des preuves démonstratives, lorsque nous avons parlé de la mutation des pôles de la terre aux harmonies terrestres.

Au reste, comme la nature, dans ses contrastes, a établi différentes zones autour du soleil, ainsi que dans chaque planète, elle fait encore contraster entre elles celles qui sont du même genre. Chaque double zone peut se diviser, sur la terre, en terrestre proprement dite, et en aquatique. Les premières contiennent plus de terre que de mer, et sont plus chaudes : telles sont celles qui sont dans notre hémisphère boréal. Les secondes renferment plus de mer que de terre, et sont plus froides : telles sont celles qui composent notre hémisphère austral, dont le pôle est situé au sein des mers, comme le pôle nord au sein des continents. Ainsi, nous avons deux zones torrides, à droite et à gauche de l'équateur : la boréale renferme les sables brûlants de l'Afrique et les presqu'îles de l'Inde, dont les habitants sont presque tous noirs ; l'australe contient le Brésil, le Pérou, et une multitude d'îles tempérées dans la mer du Sud, dont les habitants sont presque tous blancs : c'est ainsi qu'il y a également deux planètes torridiennes qui circulent autour du soleil, dont la plus voisine, Mercure, est plus chaude que celle de Vénus.

Quoi qu'il en soit, on a observé que les montagnes de Vénus sont plus élevées que celles de la lune ; c'est-à-dire qu'elles ont plus de trois lieues de hauteur perpendiculaire : Vénus en paraît toute hérissée. En leur supposant une atmosphère qui ne soit pas plus étendue que la nôtre, elles doivent être couvertes de pyramides de glaces et de neiges, beaucoup plus hautes que les Cordilières du Pérou. Herschell juge que son atmosphère doit être très-dense, parce que ses taches sont peu sensibles. Sa densité vient peut-être des vapeurs de ses eaux ; elle en est couverte comme d'un parasol. C'est sans doute aux reflets qu'y produit le soleil, qu'elle doit son grand éclat. Ces pyramides nombreuses ne peuvent se former que par les vapeurs des mers qui les environnent : Vénus doit donc être parsemée d'îles qui portent chacune des pics cinq ou six fois plus élevés que celui de Ténériffe. Les cascades brillantes qui en découlent, arrosent leurs flancs couverts de verdure, et viennent les rafraîchir. Ses mers doivent offrir à-la-fois le plus magnifique et le plus délicieux des spectacles. Supposez les glaciers de la Suisse, avec leurs torrents, leurs lacs, leurs prairies et leurs sapins, au sein de la mer du Sud ; joignez à leurs flancs les collines des bords de la Loire, couronnées de vignes, et de toutes sortes d'arbres fruitiers ; ajoutez à leurs bases les rivages des Moluques, plantés de bocages où sont suspendus les bananes, les muscades, les girofles, dont les doux parfums sont transportés par les vents ; les colibris, les brillants oiseaux de Java, et les tourterelles, qui y font leurs nids, et dont les chants et les doux murmures sont répétés par les échos. Figurez-vous leurs grèves ombragées de cocotiers, parsemées d'huîtres perlières et d'ambre gris ; les madrépores de l'Océan indien, les coraux de la Méditerranée, croissant, par un été perpétuel, à la hauteur des plus grands arbres, au sein des mers qui les baignent ; s'élevant au-dessus des flots par des reflux de vingt-cinq jours, et mariant leurs couleurs écarlates et purpurines à la verdure des palmiers; et enfin des courants d'eaux transparentes qui reflètent ces montagnes, ces forêts, ces oiseaux, et vont et viennent d'île en île par des flux de douze jours, et des reflux de douze nuits : vous n'aurez qu'une faible idée des paysages de Vénus. Le soleil s'élevant, au solstice, au-dessus de son équateur, de plus de soixante-onze degrés, le pôle qu'il éclaire doit jouir d'une température plus agréable que celle de nos plus doux printemps. Quoique les longues nuits de cette planète ne soient point éclairées par des lunes, Mercure, par son éclat et son voisinage, et la Terre, par sa grandeur, lui tiennent lieu de deux lunes. Ses habitants, d'une taille semblable à la nôtre, puisqu'ils habitent une planète du même diamètre, mais sous une zone céleste plus fortunée, doivent donner tout leur temps aux amours. Les uns, faisant paître des troupeaux sur les croupes des montagnes, mènent la vie des bergers; les autres, sur les rivages de leurs îles fécondes, se livrent à la danse, aux festins, s'égayent par des chansons, ou se disputent des prix à la nage, comme les heureux insulaires de Taïti.

HARMONIES SOLAIRES

DE LA TERRE.

La terre est à dix millions de lieues de Vénus, et à trente-quatre millions du soleil.* Nous avons vu que ce nombre de jours ou de révolutions sur elle-même correspondait à-peu-près au nombre de diamètres apparents du soleil, qui pourraient être contenus sur un de ses hémisphères célestes, depuis l'orient jusqu'à l'occident. Ces harmonies solaires existent probablement avec d'autres proportions sur les horizons des autres planètes ; elles pourraient servir à déterminer leurs heures ainsi que les nôtres, comme leurs révolutions sur elles-mêmes déterminent leurs jours, et celles qu'elles font autour du soleil, leurs années. Ce diamètre apparent du soleil, qui est à-peu-près sur la terre d'un demi-degré céleste, pourrait y servir de mesure

* La terre, de deux mille huit cent soixante-cinq lieues de diamètre, à deux mille deux cent quatre-vingt-trois toises la lieue, tourne sur elle-même en vingt-quatre heures, et autour du soleil en trois cent soixante-cinq jours cinq heures quarante-huit minutes et douze secondes environ.

fixe et constante. Il serait fort aisé de l'avoir sur un miroir plan, en y découpant une feuille de papier de la grandeur de l'image, à l'équinoxe du printemps, à l'heure de midi, lorsqu'il est tout-à-fait élevé au-dessus des vapeurs de l'horizon, qui la grossissent. Mais nos astronomes viennent de donner la préférence à la longueur du pendule, plus sujette à variation, mais plus savante. La terre, en tournant sur elle-même, dans un jour, présente au soleil tour-à-tour son hémisphère supérieur et inférieur; et, en tournant autour de lui obliquement dans un an, elle lui montre tour-à-tour son hémisphère septentrional et le méridional. C'est ce mouvement oblique, qui forme l'inégalité de ses jours et de ses nuits, et qui donne alternativement à chaque hémisphère le printemps, l'été, l'automne et l'hiver. Pour s'en faire une idée, il faut considérer la terre circulant autour du soleil pendant un an; de manière que la moitié de son équateur soit six mois au-dessus de son orbite, et six mois au-dessous, sans que toutefois son pôle septentrional cesse de se diriger vers l'étoile polaire. La plus grande obliquité de son équateur sur son orbite est de vingt-trois degrés et demi, et elle y parvient à un des solstices; elle en prend une opposée, et de la même inclinaison, à l'autre solstice. Cette obliquité alternative paraît provenir du centre de gravité de ses deux hémisphères, qui sont alternativement plus pesants. Les vapeurs que le soleil élève par sa chaleur sur l'Océan, s'accumulent sur le pôle qu'il n'éclaire pas, au point d'y former des continents de glaces de quatre à cinq mille lieues de circonférence, et de plusieurs lieues de hauteur.

Ce pôle surchargé se rapproche du soleil, qui l'attire, et oblige le pôle opposé de s'en éloigner : il perd insensiblement une partie de ses glaces et de son poids par la présence du soleil, qui l'échauffe pendant six mois, jusqu'à ce que le pôle opposé, redevenu à son tour plus pesant par l'absence du soleil qui accumule sur lui de nouvelles glaces, reprenne son ancienne inclinaison. De ces mouvements versatiles des pôles, qui ont lieu aux deux équinoxes, quand chaque hémisphère, entraîné par son poids, se rapproche tour-à-tour du soleil, naissent les deux courants généraux de l'Océan, qui changent aux mêmes époques, et qui proviennent de la fonte alternative des glaces polaires, dont ils entraînent des fragments entiers, hauts comme des montagnes, et grands comme des îles, au sein des zones tempérées. Je suis porté à croire que l'Océan, en harmonie avec la présence et l'absence du soleil, est la cause de tous les mouvements de la terre, comme il l'est de toutes ses températures. L'académicien Mairan a prouvé géométriquement que la seule action du soleil sur l'hémisphère d'une planète suffirait pour la faire tourner : les savants lui ont fort applaudi. Je ne sais comment il applique cette action aux satellites des planètes qui n'ont point de rotation sur eux-mêmes ; mais il est certain que notre Océan, qui forme par ses congélations deux énormes contre-poids sur ses pôles, doit influer sur tous les mouvements de notre terre : il circule autour d'elle, comme la sève dans les végétaux, et le sang dans les animaux. Il est, après le soleil, le premier mobile de toutes les circulations de l'atmosphère, des fleuves, et des êtres organisés : c'est ainsi que l'eau, qui fait mouvoir la grande roue d'une machine, est le mobile de tous ses effets.

Quoi qu'il en soit, si la terre montrait constamment son équateur au soleil, comme il devrait arriver par les simples lois de sa gravitation, les glaces de ses pôles ne fondraient jamais ; elles augmenteraient de jour en jour ; l'Océan n'aurait plus de courants généraux de six mois, qui proviennent de leurs fontes, produites tour-à-tour par l'action du soleil sur chaque hémisphère boréal et méridional pendant cette demi-année ; il n'aurait plus de marées de douze heures dans un jour, qui en sont les suites, étant produites par l'action du soleil sur la partie supérieure ou inférieure de ce même hémisphère dans un demi-jour; le bassin de l'Océan se dessécherait; les vapeurs que pompe l'atmosphère n'alimenteraient plus les fleuves, elles iraient se fixer en congélations sur les pôles; la seule zone de l'équateur serait habitable, mais elle ne s'étendrait pas fort loin; la plus grande partie du globe serait couverte de glaces, à-peu-près comme son atmosphère septentrionale l'est au mois de mars : la terre alors apparaîtrait très-brillante au milieu des autres planètes, à l'exception de sa zone torride, qui formerait autour d'elle une bande sombre. Il faudrait toutefois en excepter les sommets glacés de ses hautes montagnes, et ses mers, qui, comme toutes les eaux, sont resplendissantes. Je prendrai, à cette occasion, la liberté de réfuter quelques erreurs accréditées par de savants astronomes : ils prétendent que les parties brillantes que l'on aperçoit dans les planètes sont des continents, et que leurs taches sont des mers. C'est, à mon avis, tout le contraire. Si vous mettez, dans votre chambre, de l'eau dans un vase de terre aux rayons du soleil, il est certain qu'ils seront réfléchis par l'eau, et non par le vase; vous verrez la lumière tremblante de l'eau vaciller sur votre plafond; elle sera beaucoup plus éclatante que celle que peuvent renvoyer votre plancher et tous les corps non polis. Si vous jetez les yeux sur un paysage, les collines lointaines y paraissent d'un bleu sombre; mais les rivières se distinguent, au sein des vertes prairies, comme des méandres d'azur et d'argent. Il en est de même des mers : elles sont resplendissantes ; mais les îles apparaissent ternes, et c'est même à leurs teintes rembrunies, qu'on les distingue des nuages de l'horizon. Il en faut excepter les sommets de leurs montagnes quand ils sont couverts de neige ; car alors ils sont très-brillants, tandis que le reste de l'île est dans l'obscurité, quoique le soleil l'éclaire : c'est ce que j'ai observé moi-même en passant à vingt lieues du pic de Ténériffe. Ces effets sont connus de tous les peintres, et ils prouvent que les astronomes ont besoin de s'en rapprocher ; car si ceux-ci déterminent les distances des objets à l'aide de leurs instruments, ceux-là, qui étudient davantage les harmonies de la lumière, les expriment mieux avec leurs pinceaux. La réverbération des rayons du soleil sur les eaux est même si forte, qu'elle occasione souvent en été ce qu'on appelle des coups de soleil ; elle n'est pas moins grande sur les nuages et les brouillards, qui obscurcissent, dit-on, quelquefois les planètes. Il n'est pas douteux qu'ils ne voilent l'éclat du ciel quand ils sont épais, en grand nombre, et qu'on les voit du fond d'une vallée interposée entre le soleil et la terre ; mais quand on est élevé au-dessus d'eux et au sommet d'une haute montagne, et qu'ils sont éclairés du soleil, alors ils paraissent éclatants comme la surface d'un lac. C'est dans cet éclat que nous les apercevons souvent, lorsque, réunis en grandes masses dans l'atmosphère, et frappés des rayons du soleil, ils apparaissent d'une blancheur éblouissante, comme une portion neigeuse des Alpes suspendue dans les airs. Ces considérations sont très-importantes. Elles nous préserveront d'abord des préjugés astronomiques, et serviront tout-à-l'heure à expliquer les causes de ces bandes circulaires, tantôt sombres, tantôt lumineuses, que l'on aperçoit dans Mars, Jupiter et Saturne. Au reste, je n'ai plus rien à dire, dans ce paragraphe, sur la terre, ayant fait connaître, dans le cours de cet ouvrage, les harmonies de ses diverses puissances. J'observerai seulement que cette planète étant dans la zone céleste tempérée, la nature lui a donné pour compagne une lune ou un satellite, qui renvoie les rayons du soleil, particulièrement vers ses pôles, comme elle a mis sur la terre deux longues bandes de sable à droite et à gauche de son équateur, pour produire les mêmes effets par le moyen des vents. La lune a pour diamètre environ le quart de celui de la terre, c'est-à-dire, sept cent quatre-vingt-deux lieues; elle en est éloignée de quatre-vingt-cinq mille sept cent quatre-vingt-douze lieues dans sa distance moyenne, et elle fait sa révolution autour d'elle en vingt-neuf jours douze heures quarante-quatre minutes trois secondes. Elle lui renvoie les rayons du soleil suivant diverses harmonies, se montrant successivement en croissant, pleine, et en dessous; mais lorsqu'elle est pleine, elle circule jour et nuit autour du pôle terrestre, que l'astre du jour abandonne. Comme ces harmonies sont nombreuses, et qu'elles ont, avec celles du soleil, la plus grande influence sur la terre, nous les peindrons ensemble, immédiatement après avoir achevé de donner ici une idée des autres planètes, de leurs satellites, et même des étoiles.

HARMONIES SOLAIRES

DE MARS.

Après la terre suit Mars, à quarante-sept millions de lieues du soleil dans sa distance moyenne. Il a de diamètre environ la moitié de celui de la terre, c'est-à-dire mille quatre cent quatre-vingt-dix lieues : ainsi il est cinq fois moins gros.*
Son cercle annuel est le plus excentrique de tous ceux que décrivent les autres planètes ; de sorte qu'il apparaît à la terre quelquefois fort grand, et quelquefois fort petit : quoique plus éloigné qu'elle du soleil, il n'a point de lune ; mais il est environné d'une atmosphère beaucoup plus considérable. Une étoile fixe, éclipsée par lui, ne reprend la vivacité de sa lumière, que quand elle en est éloignée des deux tiers du diamètre

---

* Son jour est de vingt-quatre heures trente-neuf minutes vingt et une secondes ; et sa révolution autour du soleil, ou son année, d'un an trois cent vingt et un jours vingt-deux heures dix-huit minutes vingt-sept secondes. Son équateur est incliné sur son orbite de vingt-huit degrés quarante-deux minutes : ce qui lui donne une zone torride de cinquante-sept degrés vingt-quatre minutes.

de Mars; ce qui suppose que cette atmosphère la réfracte, et qu'elle a au moins mille lieues d'élévation. Elle doit y accroître considérablement la chaleur du soleil, en réunissant une très-grande quantité de ses rayons; car, comme nous l'avons vu, l'atmosphère d'une planète fait autour d'elle l'office d'une grande loupe sphérique : le soleil doit donc apparaître sur l'horizon de Mars long-temps avant son lever, et n'en disparaître que long-temps après son coucher; son diamètre doit aussi y être considérablement augmenté par la réfraction : les nuages que sa chaleur y élève montent à une hauteur bien plus grande que ceux de la terre, qui ne parviennent guère qu'à une lieue et demie. Ceux de Mars forment, dans sa vaste atmosphère, des perspectives aériennes ravissantes, de plus de cent lieues d'élévation, et de deux ou trois cents lieues de profondeur; il doit y avoir de terribles tonnerres et de prodigieux échos; les rayons du soleil doivent s'y refléter de mille et mille manières: c'est probablement à ces riches reflets que Mars doit la lumière rougeâtre qui le distingue des autres planètes; peut-être aussi la doit-il à la couleur d'un sol ferrugineux, comme quelques-uns le pensent.

Ce qu'il a encore de très-remarquable, est une bande obscure qui occupe quelquefois plus d'un de ses hémisphères, ainsi qu'elle apparut en 1704 et en 1717, avec cette différence, qu'en 1717, elle était plus éloignée de son équateur, et plus rapprochée de son pôle méridional. En 1719, depuis le 17 mai jusqu'au mois de novembre, lorsque l'été commençait à régner sur le pôle de Mars, à notre égard le méridional, la lumière de sa zone fut très-remarquable, tandis que celle de l'hémisphère opposé, qui s'était montré auparavant dans le même éclat, disparut entièrement. On ne peut expliquer ces variations régulières, en assurant, comme quelques astronomes, qu'il s'y fait des bouleversements considérables par des tremblements de terre ou des submersions de mer : il serait plus naturel de supposer que les hémisphères de Mars, comme ceux de la terre, se couvrent, dans leurs hivers, de neiges, qui les rendent éclatants lorsque le soleil vient à les éclairer; et qu'ensuite ils apparaissent sombres, lorsque ces neiges sont fondues par la chaleur de leurs étés. Il en doit être de même des hémisphères de la terre, qui doivent, suivant les saisons, apparaître aux habitants des autres planètes, tantôt brillants par les neiges qui les couvrent, tantôt ternes et rembrunis, lorsque ces neiges ont disparu. Il y a sans doute, dans Mars, des mers, dont les vapeurs produisent alternativement ces effets par leurs congélations et leurs fontes. Outre la bande de Mars, qui passe d'un hémisphère dans l'autre, alternativement sombre et brillante, quelquefois ovale, quelquefois coudée, il y a aussi deux taches temporaires, voisines de ses pôles, et plus éclatantes que le reste, mais dont on ne voit qu'une seule à-la-fois, étant tour-à-tour éclatantes après leur hiver, et sombres après leur été. Il arrive de là que cette planète paraît quelquefois échancrée à un de ses pôles, qui disparaît entièrement. Ceux de notre terre, au contraire, doivent toujours être en évidence, et lui conserver sa rondeur apparente, parce que les glaces n'y fondent jamais en entier. Les pôles de Mars ont le soleil, pendant leur été, élevé de cinq degrés de plus sur leur horizon. Ils l'y voient circuler pendant près d'un an; et comme leur atmosphère est beaucoup plus étendue, ils en reçoivent plus de chaleur, malgré son éloignement, et doivent perdre toutes leurs glaces. D'un autre côté, quand le soleil reparaît sur le pôle opposé, où les glaces ont eu le temps de s'accumuler pendant une nuit et un hiver de trois cent quarante-trois de nos jours, cet hémisphère jette alors un éclat si vif par la réflexion de ses glaces, et la réfraction de sa vaste atmosphère, que, lorsque Mars est à-la-fois dans son périgée et son périhélie, son disque étant sombre à un pôle et très-brillant à l'autre, il apparaît quelquefois comme le disque irrégulier d'une comète. Si on calcule la grandeur des habitants de cette planète d'après son diamètre, ils doivent être la moitié plus petits que nous, et avoir seize fois moins de force corporelle, si on suppose la force des corps animés en raison de leurs cubes. Mais comme la nature, ainsi que je l'ai déjà dit, n'a pas proportionné les hommes sur la terre à la grandeur des îles qu'ils habitent, mais aux rapports généraux de leur globe avec le cours du soleil, il est probable qu'ils sont de la même grandeur sur toutes les planètes. Ceux de Mars occupent un globe beaucoup plus petit que le nôtre, mais qui a, à proportion, plus de terres habitables, parce que ses zones glaciales se fondent entièrement : ils ont d'ailleurs le temps de les parcourir pendant des étés d'une de nos années. Si la chaleur y a moins d'intensité, elle y a plus de durée; ce qui établit des proportions toutes différentes des nôtres avec la maturité des fruits et les générations des animaux. Le diamètre de leur terre est une fois plus petit, et la longueur de leur année est une fois plus grande. Ils doivent découvrir sur leurs pôles, dénués de glace pendant six mois, des phénomènes que les hommes n'ont jamais pu observer sur ceux de la terre, qui restent, après leur court été, toujours couverts de glaciers de plus de quinze cents lieues de circonférence. Ils en voient le pôle aimanté à nu, ses nombreuses minéralisations, ses crêtes élevées, surmontées de cratères profonds, qui ont été les berceaux de ses mers, et qui, pendant son été, se couvrent de verdure. Mais lorsque, dans son hiver, les courants du pôle opposé viennent couvrir leurs longues grèves de flots que le froid y cristallise, et que leurs vapeurs s'y accumulent en hautes pyramides de neige; alors une foule d'animaux abordent le long de ces régions glacées, non pour y trouver des aliments que la terre leur refuse, mais pour y recueillir ceux que les mers étalent sur ces rivages. C'est vers les pôles que se rendent la plupart des débris et des dissolutions de toutes les productions des continents et des eaux. C'est sans doute à des alluvions semblables qu'il faut attribuer l'instinct qui porte les ours blancs et les renards de l'Europe à fréquenter les côtes stériles de la Nouvelle-Zemble; et les chevaux marins, les lions marins, les baleines, les pingouins, et une multitude d'oiseaux de marine, à s'approcher des îles australes et boréales. Ces animaux ne trouveraient rien sur ces terres désolées et couvertes de neiges éternelles, si les courants du pôle opposé n'apportaient, pendant l'été, sur leurs rivages, jusqu'aux arbres des pays plus méridionaux. C'est ce qu'éprouvèrent les Hollandais qui passèrent l'hiver à la Nouvelle-Zemble par le soixante-seizième degré. Les instincts des ours blancs et des renards hyperboréens, sont de nouvelles preuves des fontes périodiques polaires, qui entretiennent ces correspondances d'une extrémité du globe à l'autre, en occasionant les courants et les flux et reflux des mers. Il y a apparence que les habitants de Mars se livrent à des chasses abondantes sur les grèves de leurs pôles, que leur Océan couvre et découvre dans des espaces immenses. Leurs forêts, leurs rochers et leur vaste atmosphère, retentissent du son belliqueux de leurs cors, et peut-être aussi de celui des tambours et des trompettes, qui fait verser le sang des hommes ; car la chasse est le premier apprentissage de la guerre. Situés à l'extrémité de la zone tempérée céleste, ils doivent avoir des mœurs semblables à celles des Tartares, des Polonais et des Allemands septentrionaux, placés aux confins de notre zone tempérée terrestre. La planète de Mars, suivant l'opinion des anciens, nous envoie des influences guerrières, comme le dieu de la guerre dont elle porte le nom ; mais elles sont tempérées par celles de l'astre des amours, qui circule à la même distance de nous, dans une plus heureuse latitude.

HARMONIES SOLAIRES

DE JUPITER.

Après Mars suit Jupiter, le plus grand de tous les corps planétaires.* Sa couleur tire sur l'azur. Il a, comme Mars, des bandes tantôt brillantes, tantôt sombres ; elles sont parallèles à son équateur : communément on en observe deux sombres à-la-fois. Sa bande méridionale reparaît de six ans en six ans, et ramène une tache noire, située à son bord septentrional. Ses variations ont été observées au mois de septembre des années 1665, 1677 et 1713, et au mois d'avril des années 1672 et 1708. Mais ce qu'il a encore de très-remarquable, c'est qu'il paraît aplati sur ses pôles d'une manière si sensible, que son axe est plus court d'un dix-huitième que son grand diamètre. Les astronomes ont conclu de ces apparences, que ses bandes sombres venaient des

* Il est treize cents fois plus gros que la terre ; il est, dans sa distance moyenne, à cent soixante-trois millions sept cent mille lieues du soleil : il tourne sur lui-même en neuf heures cinquante-six minutes ; son cours annuel est de onze ans trois cent quinze jours huit heures cinquante-huit minutes.

nuages qui s'élevaient à sa surface, et l'aplatissement de ses pôles de sa force centrifuge; mais nous oserons former d'autres conjectures. Si les bandes obscures de Jupiter n'étaient composées que de nuages, il nous semble qu'elles ne seraient ni si constantes ni si larges; elles ne se dirigeraient pas parallèlement à son équateur : car, n'étant formées que de vapeurs, elles seraient le jouet des vents; et les vents, quoi qu'en aient dit les attractionnaires, dépendent en partie de l'atmosphère des pôles qui reflue vers l'équateur, où l'air est toujours dilaté par l'action constante du soleil : d'ailleurs nous avons prouvé que des nuages éclairés par le soleil étaient resplendissants. Quant à l'aplatissement des pôles de Jupiter, il ne provient point de la force centrifuge; car, comme nous l'avons dit, pourquoi n'aurait-elle pas produit le même effet sur les autres planètes parfaitement sphériques, et sur-tout sur le soleil, qui est le foyer de cette force? Nous croyons donc que Jupiter, étant dans la zone glaciale du système solaire, et couvert de glace dans toute sa circonférence, excepté aux pôles, les mers et les continents y sont distribués, non d'un pôle à l'autre, comme sur notre globe, mais par zones d'orient en occident : ainsi les bandes variables qui apparaissent entre les bandes éclatantes, sont des terres qui sont brillantes lorsque l'hiver de leur hémisphère les a couvertes de neiges, et qui deviennent sombres dans son été lorsque ces neiges ont été fondues. En effet, ces bandes sombres varient tous les six ans à-peu-près, c'est-à-dire toutes les demi-années de Jupiter, et elles passent d'un hémisphère dans l'autre, comme ses étés. Quant à l'aplatissement de ses pôles, nous pensons qu'il n'est produit que par une illusion d'optique ; nous croyons que ses pôles, n'étant couverts ni de glaces ni de mers, ne réfléchissent point la lumière, et par conséquent échappent à notre vue, ce qui fait paraître sa sphère aplatie à ses deux extrémités. C'est ainsi que Mars lui-même paraît échancré à un de ses pôles, lorsque l'été en a fondu les glaces qui le rendaient apparent. Nous observerons ici un trait bien sensible de la Providence dans Jupiter. Rappelons-nous d'abord que les inclinaisons des équateurs des planètes sur leurs orbites vont toujours en diminuant, à mesure que ces planètes s'éloignent du soleil, afin que l'action de cet astre ait moins de force sur les mêmes lieux, à mesure qu'elles en sont plus près, et qu'elle en ait davantage à proportion qu'elle s'affaiblit par leur éloignement. Plus leur zone torride est étendue, moins elle a d'action, et plus elle en acquiert en se rétrécissant.

La nature en a fait des continents, et elle en a éloigné les mers. Elle paraît les avoir entremêlées avec les terres dans cet ordre ; elle a mis une bande de terre sous l'équateur de Jupiter, avec deux bandes d'eau collatérales, dont les vapeurs en hiver couvrent celle du milieu de frimas, qui la font apparaître blanche et la confondent avec elle. Après chaque bande d'eau, suivent de chaque côté une bande de terre, et une autre bande d'eau, qui produit sur sa collatérale les mêmes effets dans chaque hémisphère, suivant ses saisons. Quoique ces mers soient disposées en zones aquatiques alternativement avec des zones de terre qui les séparent, je suis porté à croire qu'elles communiquent entre elles, par des détroits, de l'équateur aux pôles, dont elles tempèrent l'atmosphère. La circulation des mers est le premier mobile de la température des globes. Elle est dans les planètes, ce que le sang est dans le corps humain ; il part du cœur pour réchauffer les extrémités, et revient des extrémités pour rafraîchir le cœur. La simple évaporation des mers par le soleil suffit pour en établir tour-à-tour la circulation dans chaque hémisphère, comme la transpiration des corps animés produit peut-être la circulation de leur sang. Nous observerons encore que la nuit de Jupiter n'étant que de cinq heures dans sa zone torride, son disque n'a pas le temps de s'y refroidir pendant l'absence du soleil. C'est sans doute par une raison contraire que la nature a donné à Vénus des nuits vingt-cinq fois plus longues que les nôtres. D'ailleurs, s'il est vrai que nos boulets de canon s'échauffent en traversant l'air, et même que des balles de plomb lancées par de simples frondes se liquéfient, comme le prétendaient quelques anciens, on ne peut douter que le mouvement rapide de rotation de Jupiter sur son axe n'augmente sa chaleur; car son disque doit frotter aussi un peu contre son atmosphère. Cette vitesse est par heure de neuf mille trois cent trente-cinq lieues dans Jupiter, tandis qu'elle n'est, dans le même temps, que de trois cent cinquante-huit lieues pour la terre, et de quatorze lieues seulement pour Vénus. Mais peut-être ce frottement n'a-t-il pas lieu, et Jupiter emporte-t-il autour de lui son atmosphère tranquille, quoi qu'en dise le docteur Halley, qui attribue au mouvement de rotation de la terre celui de son atmosphère en sens contraire d'orient en occident, d'où il dérive la cause des vents alizés. D'après son hypothèse, ceux qui règnent sous l'équateur de Jupiter seraient d'une violence incomparable, et il n'y en aurait point dans Vénus, dont cependant la zone torride a besoin d'être rafraîchie. Les vents alizés de Jupiter auraient vingt-six fois plus de vitesse que ceux de notre zone torride, qui sont quelquefois bien impétueux; et cette même zone terrestre, d'après le système de Halley, n'aurait jamais de calmes, qui cependant y sont fréquents, comme le savent bien les marins. Mais laissons ces petits moyens de notre physique terrestre pour étudier ceux de la physique céleste. La nature en a employé encore d'autres que ceux de l'attraction et de la force centrifuge. Ce ne sont point ces forces qui ont réglé dans les cieux les rangs des planètes, qui ont mis celles qui sont de diamètres égaux à des distances inégales, les plus grosses et les plus petites tantôt plus loin, tantôt plus près ; ce ne sont point elles qui font tourner ces planètes sur elles-mêmes, les unes lentement et les autres rapidement, quelle que soit leur vitesse dans leur orbite ; enfin ce ne sont point ces forces qui ont donné des satellites à celles qui étaient éloignées du soleil, et qui en ont refusé à celles de son voisinage : c'est la Providence qui a disposé ces harmonies admirables, d'après des lois qui nous sont inconnues, mais dont les effets nous sont sensibles. La terre étant à plus de trente-quatre millions de lieues du soleil, la nature lui a adjoint une lune de la moitié de son diamètre, pour réverbérer sur elle les rayons de l'astre du jour. Jupiter, étant cinq fois plus éloigné, en a reçu quatre, chacune du diamètre entier de la terre. Ces quatre lunes, appelées aussi satellites, parce qu'elles accompagnent Jupiter comme un roi, furent découvertes, au commencement du siècle passé, par le célèbre et infortuné Galilée. Il fut mis en prison par l'Inquisition de Rome, pour avoir prouvé le mouvement de la terre. Ces satellites, * et surtout le quatrième, étant tournés vers la terre, y apparaissent avec des taches obscures, qui les font paraître quelquefois plus petits qu'ils ne sont, sans être plus éloignés, de sorte que le quatrième disparaît quelquefois entièrement. On suppose, d'ailleurs sans preuve, qu'ils tournent sur eux-mêmes, et qu'ils nous montrent dans leur rotation des taches obscures, qui diminuent tout-à-coup leur diamètre. Mais je pense, au contraire, qu'ils ne tournent point sur leur axe, qu'ils font l'office de réverbère, et que les foyers lumineux de leurs miroirs sont toujours dirigés vers Jupiter : de sorte qu'en décrivant leurs orbites autour de lui, ces foyers, tantôt sont tournés vers nous, alors ces satellites nous apparaissent dans toute leur grandeur; tantôt ils cessent de l'être et se montrent obliquement, alors les satellites disparaissent en partie et quelquefois entièrement. Nous verrons que ces réverbères existent dans

---

* Le premier de ces satellites est à quatre-vingt-huit mille lieues de Jupiter, et il tourne autour de lui en un jour dix-huit heures vingt-huit minutes; le second, à cent quarante mille lieues de distance, en trois jours treize heures dix-sept minutes; le troisième, à deux cent vingt-trois mille lieues, en sept jours trois heures cinquante-neuf minutes; et le quatrième, à trois cent quatre-vingt-quatorze mille lieues, en seize jours dix-huit heures cinq minutes.

notre lune, lorsque nous parlerons de la configuration de ses montagnes. Quoi qu'en disent quelques astronomes, cette planète secondaire ne tourne pas sur son axe, puisqu'elle nous montre toujours la même face. Les planètes du premier ordre, qui font leur révolution autour du soleil, ont besoin de tourner sur leurs pôles, afin d'éclairer toute leur circonférence de ses rayons; mais les planètes du second ordre, ou satellites, qui font leur révolution autour d'une planète principale, servent à lui renvoyer les rayons du soleil par leurs réverbères, dont les foyers seraient dérangés à chaque instant, si elles avaient un mouvement de rotation. Il est certain que ce mouvement prouvé n'a été encore aperçu dans aucun des satellites. La communication doit être facile dans toutes les parties de Jupiter; l'été de chacun de ses deux hémisphères y est de six ans. Il est aussi aisé à un de ses habitants de parcourir une zone de sa planète, qu'à un homme d'en parcourir une semblable sur la terre. Si Jupiter a dix fois plus de circonférence, son été a près de douze fois plus de durée. Ainsi, on voit que le cours du soleil et le globe de Jupiter, malgré sa grosseur, sont encore en proportion avec les pas de l'homme. Il n'est donc pas besoin de supposer à ses habitants une grandeur gigantesque pour le parcourir : cependant, s'ils sont dans la même proportion de taille que nous, ils ont d'autres harmonies de la lumière. Dans le même espace de temps, ils vivent plus d'une fois plus de jours, et douze fois moins d'années. Leur adolescence commence à un an, leur jeunesse à deux, leur virilité à quatre, leur vieillesse à six, leur décrépitude à huit. Le terme des années de leur vie est celui des années de notre enfance. Nos jours sont longs et nos années sont courtes, disait Fénélon : c'est tout le contraire dans Jupiter ; ses jours sont courts et ses années sont longues. Ses plus vieux arbres n'ont que peu d'anneaux concentriques, et ses plantes annuelles doivent en avoir qui se croisent en plusieurs sens, si ses satellites influent sur leur végétation, comme notre lune sur la nôtre ; mais tous les végétaux doivent y prendre des accroissements prodigieux dans des étés de six ans.

Il doit résulter de ces périodes solaires et lunaires une multitude d'harmonies toutes différentes des nôtres, pour la génération des végétaux et des animaux. Le soleil doit éclairer les deux pôles de Jupiter à-la-fois, puisqu'il ne descend jamais plus de trois degrés au-dessous de l'équateur de cette planète. Il est remarquable que c'est à-peu-près le terme de la réfraction de ses rayons dans notre zone glaciale. Ainsi, une aurore perpétuelle les éclaire et s'y combine avec la lumière et la chaleur réfléchie du soleil par quatre lunes aussi grandes que la terre. Ses con-

tinents, peu élevés, doivent être couronnés, sous
sa zone torride, d'arbres fruitiers, et dans ses
zones tempérées, de forêts et d'immenses pâturages. Les vastes mers qui les entourent par anneaux, et lui donnent sa couleur azurée, doivent offrir à ses habitants, sous les mêmes latitudes, des navigations faciles et des pêches abondantes. Leur caractère est sans doute semblable
à celui des peuples maritimes de l'Europe ; ils
doivent être industrieux, patients, sages, réfléchis, comme les Danois, les Hollandais, les Anglais. Eclairés par des aurores constantes, qui se
mêlent aux douces clartés des lunes, lorsqu'ils
trayent leurs nombreux troupeaux dans leurs
vastes prairies, ou qu'ils étalent, avec leurs filets, des légions de poissons sur leurs grèves sablonneuses, ils bénissent la Providence; et n'imaginent point de plus beaux jours ni de plus heureuses nuits.

HARMONIES SOLAIRES
DE SATURNE.

SATURNE, plus petit que Jupiter, est mille fois plus gros que la terre. * Herschell vient de découvrir qu'il tourne sur lui-même en dix heures douze minutes. Son inclinaison sur son orbite est également inconnue ; on l'a présumée de trente degrés, mais sans preuve. La chaleur du soleil doit y être bien faible à une distance aussi considérable ; cependant on observe sur ses deux hémisphères des bandes changeantes, comme sur ceux de Jupiter, qui prouvent que l'été et l'hiver y règnent tour-à-tour. En effet, la nature en a multiplié les réverbères en lui donnant sept satellites, tous d'un diamètre aussi grand que celui de la terre. ** Voilà donc sept grandes lunes

* Son diamètre est de vingt-huit mille six cent une lieues ; il est à trois cent millions cinq cent mille lieues du soleil, dans sa distance moyenne : il fait sa révolution annuelle autour de lui en vingt-neuf ans cent soixante-quatre jours sept heures vingt et une minutes.

** Le premier, c'est-à-dire celui qui en est le plus près, en est à quarante-deux mille neuf cents lieues, et tourne autour sur son horizon. La plus voisine doit y apparaître huit fois plus large que la nôtre sur la terre, c'est-à-dire, avec une surface soixante-quatre fois plus étendue. Mais ce qu'il y a de plus merveilleux, est un anneau qui environne Saturne : il fut découvert par Galilée au commencement du dernier siècle. Ce grand homme prit d'abord ses deux extrémités lumineuses pour deux satellites, et il fut fort surpris, deux ans après, de ne les plus revoir. Ce ne fut qu'en 1655 que Huyghens découvrit que Saturne avait autour de son équateur un anneau mince, plan, qui se soutenait autour de son disque, comme un pont sans piliers, ou plutôt, comme un horizon au-

de Saturne en vingt-deux heures quarante minutes quarante-quatre secondes; le second, à cinquante-cinq mille lieues, tourne en un jour huit heures quarante minutes quarante-quatre secondes; le troisième, à soixante-huit mille lieues, en un jour vingt et une heures dix-huit minutes; le quatrième, à quatre-vingt-huit mille neuf cents lieues, en deux jours dix-sept heures quarante-quatre minutes; le cinquième, à cent vingt-trois mille huit cents lieues, en sept jours trois heures; le sixième, à deux cent quatre-vingt-six mille lieues, en quinze jours vingt-deux heures; et le septième, à huit cent vingt-neuf mille lieues, en soixante-dix-neuf jours vingt-deux heures. Les deux premiers viennent d'être découverts par Herschell. Huyghens avait aperçu d'abord le quatrième, et Cassini les autres. Ils circulent dans le plan de l'équateur de Saturne, et sont inclinés, sur son orbite, de trente degrés, excepté le septième, qui l'est de quinze degrés.

tour d'un globe artificiel. Depuis le disque de Saturne jusqu'à la circonférence intérieure de son anneau, il y a neuf mille cinq cent trente-quatre lieues, et l'anneau a autant de largeur ; de sorte qu'il a deux cent quatre-vingt-dix-neuf mille huit cent huit lieues de circonférence extérieure. Ce n'est pas tout, cet anneau est double, c'est-à-dire formé de deux anneaux concentriques. On l'avait déjà soupçonné par une petite ombre circulaire qui le divise dans le milieu ; mais Herschell vient de s'en assurer ; car il a observé une étoile entre la séparation des deux anneaux, qui lui ont, pour ainsi dire, servi de lunettes. Cet anneau est fort mince, comme je l'ai dit. Quand la planète a son équateur plus ou moins élevé que notre rayon visuel, nous voyons alors son anneau obliquement, et nous apercevons ses deux anses brillantes, dont l'intérieur est obscur ; quand au contraire l'anneau est dans la direction de notre rayon visuel, il disparaît entièrement pour nous, à cause de son peu de largeur. Ce phénomène arrive tous les quinze ans, ou toutes les demi-années de Saturne, c'est-à-dire à son équinoxe. Cet anneau produit autour de Saturne le même effet qu'un cercle de pétales autour du disque d'une fleur. Il lui renvoie la lumière du soleil pour le féconder, à l'exception que le cercle de la planète produit ce même effet de deux côtés ; car il échauffe tour-à-tour deux hémisphères, et peut-être tous les deux à-la-fois. Lorsqu'il est dans la direction de notre rayon visuel, ce qui arrive tous les quinze ans, on distingue sur Saturne trois bandes rembrunies, une au milieu de l'équateur, et les deux autres environ à quarante-cinq degrés plus loin, l'une dans l'hémisphère méridional, et l'autre dans le septentrional. On les vit toutes les trois à-la-fois en 1715. Les astronomes supposent qu'elles sont produites par l'ombre de l'anneau de Saturne; mais il ne formerait pas trois ombres à-la-fois. Celle du milieu est, selon moi, un effet direct de la chaleur du soleil, qui a fondu les glaces de l'équateur de Saturne, dont la zone terrestre apparaît rembrunie, comme il arrive en pareil cas dans Jupiter, qui n'a point d'anneau. Quant aux deux bandes supérieure et inférieure, elles sont produites par la double réflexion de l'anneau, qui agit à-la-fois des deux côtés. Lorsqu'il est incliné vers le soleil, et éclairé d'un seul côté, il doit jeter son ombre hors de sa planète, dont il est éloigné suffisamment. L'architecte de l'univers a réglé l'étendue de cette ombre, portée à quarante-cinq degrés, comme les architectes de la terre, qui déterminent celle de la perspective de leurs monuments sous le même angle, et en font les ombres égales à leur hauteur. Or, la distance de l'anneau de Saturne à son globe est précisément égale à sa largeur; ce qui suffit pour que son ombre ne tombe pas dessus la planète. Quand le soleil l'éclaire à quarante-cinq degrés et au-dessus, sous un plus petit angle, l'ombre de l'anneau, qui a peu d'épaisseur, diminue, et le disque rond de Saturne lui échappe en rentrant sur lui-même. Si l'anneau de Saturne jetait son ombre sur un globe aussi éloigné du soleil, elle y apparaîtrait blanche, et non obscure, par un arc de quatre-vingt-dix degrés. Il arriverait alors ce que nous voyons sur notre terre, lorsque la neige la couvre pendant l'hiver : les ombres des corps y sont blanches, et les parties éclairées du soleil en sont brunes. On remarque souvent ces effets dans les arbres couverts de frimas exposés au soleil. Certainement l'anneau de Saturne renvoie de la chaleur, et non des ombres, sur le globe autour duquel il circule. Des philosophes modernes, avec de simples miroirs plans multipliés, ont rassemblé assez de rayons solaires pour porter l'incendie à plus de deux cents pas; ensuite ayant exposé la boule d'un thermomètre aux rayons de la lune, sans doute par un vent du nord, ils ont prétendu que l'esprit-de-vin n'y éprouvait aucune chaleur : à la vérité, d'autres expériences, faites sur l'évaporation rapide de l'eau exposée à la lumière de la lune, ont prouvé le contraire. D'ailleurs, est-il vraisemblable que les petits miroirs de nos physiciens renvoient les rayons du soleil avec une partie de leur chaleur à une distance plus que centuple de leur diamètre; et que les réverbères célestes soient sans action? Celui de l'anneau de Saturne, de plus de neuf mille cinq cents lieues de diamètre, en doit avoir une très-forte, à une distance égale à sa largeur.

Les flancs méridionaux d'une simple montagne réverbèrent la chaleur des rayons solaires quelquefois sur tout son horizon. La nature a-t-elle moins de sagacité que nos philosophes, ou fait-elle, comme eux, quelquefois des expériences en vain? A quoi serviraient ces lunes nombreuses, et cet anneau merveilleux, s'ils ne renvoyaient qu'une lumière sans chaleur, sur une planète en congélation? Quoique l'anneau horizontal de Saturne soit mince, il n'est pas plan dans sa surface, comme on l'avait d'abord supposé. Herschell y a découvert des ombres; et c'est même par leur moyen qu'il s'est assuré qu'il tournait autour de Saturne, et dans le plan de son équateur, en dix heures dix-huit minutes, c'est-à-dire, un peu plus vite que Jupiter sur lui-même, et un peu moins vite que Saturne, dont la rotation est de dix heures douze minutes. Je conclus de ces ombres, qu'il a des montagnes; et de la lumière éclatante qu'elles renvoient, qu'elles sont disposées et figurées en réverbères, ainsi que nous le verrons en parlant des montagnes de la lune.

Je crois de plus que cet anneau non-seulement jette son ombre hors de Saturne, quand le soleil l'éclaire en dessus ou en dessous ; mais qu'il n'en porte point du tout sur la planète, même quand il est éclairé horizontalement. Je suppose, pour cet effet, que les deux bandes qui le composent, ne sont pas tout-à-fait dans le même plan, que l'extérieure est un peu plus élevée que l'intérieure, et que c'est cette élévation qui produit la petite ombre circulaire que l'on aperçoit dans le milieu de l'anneau. Par cette différence de plan, les rayons du soleil passent horizontalement entre les deux bandes, et vont éclairer l'équateur de Saturne, comme les rayons visuels de l'astronome Herschell y ont passé obliquement pour voir une étoile. La lumière solaire, de plus, doit être réfractée et divergée dans ce passage, par les montagnes de ces deux bandes, disposées en réverbères, qui d'ailleurs peuvent avoir leur limbe intérieur beaucoup plus mince que l'extérieur. Certainement la nature n'a pas mis moins d'intelligence dans la construction des planètes que dans celle des fleurs, où elle emploie une géométrie si sublime et si variée. Le double anneau de Saturne ne lui a pas plus coûté que le double rang de pétales d'une marguerite ; tous deux servent au même usage, à réverbérer les rayons du soleil sur leur disque. La nature, qui semble avoir patronné la plupart des fleurs sur celui de l'astre du jour, en leur donnant un petit hémisphère à leur centre et des rayons autour, semble avoir voulu modeler Saturne, avec son anneau et ses lunes, sur le soleil lui-même avec tout son système planétaire. Comme le soleil a une atmosphère de lumière et sept planètes, dont la dernière, Herschell, est à une distance double de Saturne ; Saturne a pareillement un anneau lumineux et sept satellites, dont le dernier est à une distance double du pénultième. Certainement des harmonies si merveilleuses ne peuvent se rapporter à une aveugle attraction. Les satellites de Saturne, d'un diamètre à-peu-près égal, sont à des distances de lui fort différentes ; ces distances paraissent être dans des proportions semblables à celles des planètes du soleil, quoique celles-ci soient au contraire de grosseurs fort inégales. Il paraît que la nature a voulu compenser Saturne, en lui donnant dans ses lunes une idée de nos planètes, dont la plupart lui sont invisibles, mais sur-tout en lui rendant une partie des bienfaits de la lumière du soleil, dont il est si éloigné. Il semble encore qu'elle ait voulu réunir dans la zone glaciale céleste, tous les reflets de l'astre de la lumière, par tant d'anneaux et de lunes qui la réfléchissent, comme elle les a répétés dans la zone glaciale terrestre, par les parélies et les aurores boréales. Mais leurs plus brillants effets n'ont rien de comparable aux jours et aux nuits de Saturne. Si le soleil éclaire chacun de nos pôles pendant six mois, il échauffe tour-à-tour ceux de Saturne pendant quinze ans. Cette longue action, quoique faible, doit donner à leurs végétaux un développement bien supérieur à celui qu'éprouvent les nôtres dans des étés fort courts; mais rien n'égale la magnificence de leurs nuits, et peut-être la douceur de leur température. Quand les habitants d'un hémisphère sont dans l'obscurité la plus profonde, un double anneau lumineux, de plus de neuf mille cinq cents lieues de largeur, apparaît sur leur horizon. Ils le voient, de chaque hémisphère, à-peu-près de sa grandeur naturelle; car sa distance est égale à son étendue, et est la plus favorable pour apercevoir un objet dans toutes ses parties ; d'ailleurs cet anneau s'incline vers eux de trente degrés. Malgré les ténèbres de la nuit, ils le distinguent aussi aisément qu'un navigateur, qui côtoie dans l'obscurité le rivage d'une île, en distingue les collines, les rivières et les montagnes lointaines, éclairées par les rayons du soleil. Ainsi, ils voient, hors de leur globe, des mers nouvelles, de vastes continents, de longues chaînes de montagnes, et toute la topographie d'un grand corps planétaire. Rien n'égale la beauté de ce superbe horizon, dont les monts et les eaux leur envoient de toutes parts des gerbes de lumière. Sept lunes qui le couronnent, s'élèvent au-dessus de lui avec autant d'éclat et de majesté. La plus voisine, qui en est à quarante-deux mille lieues, leur apparaît sept fois plus large que nous ne voyons notre lune, car elle est du diamètre de la terre; les autres vont en diminuant de grandeur jusqu'à la plus éloignée, qui, à plus de huit cent mille lieues de distance, leur apparaît encore de la moitié de notre lune, et toutes ensemble forment, sur un ciel étoilé, des perspectives ravissantes. Quand les rayons d'un soleil lointain ont allumé les atmosphères de ces magnifiques réverbères, mille et mille tableaux lumineux se peignent à-la-fois aux yeux des habitants de Saturne. Leurs jouissances sont incomparablement plus grandes que celles d'un amateur de tableaux, qui, dans un riche muséum de peinture, arrête d'abord ses regards sur celui d'un grand maître, et qui brûle d'impatience de voir les tableaux de la même main qui sont à la suite les uns des autres : le plaisir qui le charme s'accroît encore par celui qui l'attend. Cependant tous ces corps planétaires n'offrent point à leurs spectateurs des points de vue isolés et toujours permanents ; ils voient le double anneau, de plus de neuf mille cinq cents lieues de largeur, avec tous ses continents, toutes ses mers, toutes ses montagnes, ses îles et ses fleuves, et sa circonférence de plus de deux cent mille lieues, passer sous leurs yeux en dix heures de temps. Leur ravissement est mille fois plus grand que celui d'un homme qui, n'étant jamais sorti de son village, lit pour la première fois une relation de voyage à la mer du Sud, et qui, dans quelques heures, fait en esprit le tour du monde. Ils doivent voir sur les deux faces de leur anneau, des effets qui existent sur les deux hémisphères de notre globe, et que l'œil humain n'y peut saisir à-la-fois; ils doivent y voir encore deux atmosphères, l'une supérieure, l'autre inférieure, et des îles et des chaînes de montagnes adossées par leurs bases. S'ils ont un Herschell, ils doivent distinguer dans des terres si voisines, des rivières, des forêts, des troupeaux, des amants et des amantes opposés par leurs pieds, et qui se donnent les mains aux extrémités de leur anneau. S'ils ont un Montgolfier ou un Charles, ils peuvent s'y transporter dans les airs. La circonférence de notre terre, que nos vaisseaux parcourent si fréquemment, n'est guère moins étendue que la distance de leur globe à leur anneau, probablement enveloppés de la même atmosphère. Au mouvement circulaire de leur anneau, se joint celui de leurs sept lunes, qui, à des distances inégales, quoique de diamètres égaux, parcourent dans les cieux des cercles particuliers avec des vitesses différentes. Par une providence admirable, ces lunes ne circulent point dans le même plan, suivant les lois prétendues de l'attraction ; mais leurs orbites particulières sont plus ou moins inclinées sur l'équateur de Saturne, en sorte qu'elles ne s'éclipsent que dans leurs nœuds, c'est-à-dire dans les points où leurs orbites se croisent. Des bergers et des bergères qui dansent en rond autour d'un mai qu'ils ont planté, ou de jeunes garçons et de jeunes filles qui sautent de joie autour d'une grande meule de blé qu'ils ont moissonné, n'ont point des mouvements aussi variés et aussi gracieux que ces reines des nuits autour du globe qu'elles éclairent et qu'elles fécondent. Si les nuits de ces habitations célestes ont tant de beautés, leurs jours n'en ont pas moins. Leur lumière, composée à-la-fois des reflets argentés de tant de planètes et de la lumière dorée du soleil, est semblable à celle que cet astre répand dans nos forêts à travers les feuillages des arbres, tandis que quelques-uns de ses rayons pénètrent dans leur sein, brillent çà et là sur les troncs moussus des arbres et au sein des eaux : ce sont des clairs de lunes entremêlés d'aurores. Leur globe, divisé en zones de terres et de mers, comme celui de Jupiter, n'a point de montagnes dont l'élévation puisse empêcher, par des ombres prolongées, l'action d'une lumière lointaine et horizontale ; aussi il jette moins d'éclat que ses réverbères. Son territoire ne doit être couvert que de collines et de longues pelouses plantées de cèdres et de genévriers. C'est là que ses habitants paissent leurs troupeaux sur les rivages de leurs terres tranquilles ; du sein de leur doux crépuscule, ils jouissent du spectacle brillant et toujours renouvelé qui les environne. La fable n'a rien imaginé d'aussi merveilleux que ce qu'a exécuté autour d'eux la nature. Ces tableaux de leur bonheur ne sont point produits par mon imagination, exaltée par le sentiment d'une Providence toute-puissante : je n'en offre ici qu'un misérable croquis, mais tracé avec une précision astronomique. Si Dieu a donné aux habitants de Saturne, reculés aux extrémités de notre univers, une image de son ensemble dans les planètes secondaires qui les environnent, que n'a-t-il donc pas fait pour les habitants immortels du soleil, placés au centre de nos mondes, et qui en aperçoivent le système planétaire tout entier ? Eux seuls, aux sources de la vie, en ont toutes les jouissances, tandis que nous autres, faibles mortels, épars dans différents globes, n'en avons que des reflets.

HARMONIES SOLAIRES

D'HERSCHELL.

« Quand même on supposerait, dit Voltaire dans ses Éléments de la Philosophie de Newton, quelque autre planète que Saturne, qui ferait sa révolution autour du soleil, par exemple, à six cent millions de lieues de distance du centre universel de notre système, de quoi lui serviraient la lumière et la chaleur de cet astre, dans une distance où il ne paraîtrait pas plus grand que nous paraissent Jupiter ou Vénus ? J'ai supposé six cent millions de lieues de distance moyenne de ce prétendu corps au soleil, parce que, si cette distance était moindre, les planètes s'attireraient et s'embarrasseraient trop par leur gravitation réciproque. »

A la louange de Voltaire et de Newton, ou au moins du système de la gravitation, Herschell a découvert une nouvelle planète à six cent millions deux cent mille lieues de distance moyenne au soleil ; il l'a appelée l'Astre de Georges II, pour honorer la mémoire du roi d'Angleterre son bienfaiteur ; d'autres astronomes l'ont nommée Uranus, mais la plupart lui ont donné le nom d'Herschell, et c'est avec grande justice. Chacun doit recueillir la gloire de ses travaux, et le nom d'un philosophe est encore plus digne du souvenir des hommes, que celui d'un roi ou d'un dieu de la fable.

La nature a donc placé la planète d'Herschell à plus de six cent cinquante millions de lieues du soleil, dans sa plus grande distance de cet astre : sans doute elle participe à sa lumière et à sa chaleur, car la nature n'a rien fait en vain. Il est très-possible que le soleil paraisse plus grand que Jupiter ou Vénus sur l'horizon d'Herschell, si cette planète est environnée d'une grande atmosphère, comme il est vraisemblable. Elle a douze mille sept cent soixante lieues de diamètre, c'est-à-dire environ dix-huit fois plus de surface que la terre, et quatre-vingts fois plus de grosseur.*

---

* Elle décrit son orbite annuelle autour du soleil dans quatre-vingt-trois ans cinquante-deux jours quatre heures dix minutes. Quant à sa révolution diurne, elle est inconnue. Herschell a observé un grand aplatissement sur ses pôles, peut-être parce que n'étant pas revêtus de glaces, et n'étant pas lumineux, ils cessent d'être visibles. Il lui a découvert six satellites, dont le premier et le plus proche fait sa révolution en cinq jours vingt et une heures vingt-cinq minutes; le deuxième, en huit jours dix-sept heures une minute dix-neuf secondes; le troisième, en dix jours vingt-trois heures quatre minutes; le quatrième, en treize jours onze heures cinq minutes une seconde; le cin-

Les distances des planètes au soleil se prouvent par la grandeur des angles sous lesquels elles l'aperçoivent, et réciproquement la grandeur de ces angles par les distances des planètes. Quoique cet astre ne paraisse pas plus grand sur l'horizon d'Herschell que Vénus sur celui de la terre, il peut allumer une forte chaleur dans sa vaste atmosphère, comme une étincelle, au moyen de l'air, allume un incendie. Son influence électrique doit y être bien grande, puisque ses rayons réfléchis ont encore assez de force pour revenir d'Herschell vers la terre, et se rendre sensibles à nos télescopes, et même à l'œil nu. Herschell, placé aux extrémités du système solaire, n'en aperçoit pas plus les planètes qu'il n'en est aperçu ; mais il voit peut-être celles des systèmes voisins, qui en parcourent aussi les extrémités ; il voit peut-être aussi les soleils loin-

quième, double de la distance du quatrième, en trente-huit jours une heure quarante-neuf minutes ; et le sixième, quadruple de la distance du cinquième, en cent sept jours seize heures quarante minutes. Ces distances ne sont point marquées dans notre *Connaissance des Temps*, où l'on remarque, d'ailleurs, qu'il y a beaucoup d'obscurité et de doutes répandus à dessein sur les découvertes de ce grand homme. Quoi qu'il en soit, Herschell soupçonne à sa planète un double anneau pour l'éclairer, comme celui de Saturne. Il n'a pu découvrir le temps diurne. Un autre astronome vient d'y découvrir deux nouveaux satellites.

tains qui les éclairent, et dans son immense orbite, il compte ses saisons par des aurores étrangères ; une vaste atmosphère doit les réfracter sur son horizon et en augmenter les effets : il a sans doute encore d'autres foyers de chaleur, sur lesquels nous sommes réduits à conjecturer. Mais ce n'est pas s'éloigner de la vraisemblance, de supposer que les continents d'Herschell sont par zones circulaires, parallèles à son équateur, et entremêlées de zones maritimes, comme celles de Jupiter et de Saturne ; que ses terres, et surtout les polaires, au lieu d'être élevées en hautes montagnes, comme celles de Mercure et de Vénus, voisines du soleil ; ou disposées en pentes douces comme celles de Jupiter et de Saturne, sont creusées, sur un plan uni, en vallées qui réverbèrent les rayons du soleil. Il faut au moins accorder à la nature autant d'industrie qu'aux Chinois, qui, sous le climat de Pékin, où les rivières gèlent tous les ans pendant six semaines, construisent des serres en forme de fossés, où ils font croître sans feu des primeurs pendant l'hiver. Le Créateur a placé des modèles de ces vallées chaudes au sein de la zone glaciale, comme il a placé des montagnes glaciales au milieu de la zone torride. Il est probable que la planète d'Herschell a des volcans sur ses rivages, qui en réchauffent le sol ; comme le volcan de l'Hécla réchauffe le sol de l'Islande. Peut-être les mousses et les lichen qui décorent nos neiges de verdure, de pourpre et de fleurs, s'y élèvent à la hauteur des arbres, pendant des hivers de quarante-deux ans. Si de simples fougères de nos climats parviennent à la hauteur des palmiers dans notre zone torride, et si des mousses pendent comme de grandes draperies aux rameaux des sapins dans notre zone glaciale; celles-ci doivent former, vers les pôles d'Herschell, des forêts de laine et de soie. Les lichen qui tapissent nos rochers, et dont les semences mûrissent malgré les âpres vents du Nord, doivent offrir dans leurs urnes de corail des asyles aux oiseaux, et peut-être même à des bergères. Des poissons cétacées, comme des baleines, et des amphibies, tels que les chevaux marins, qui se plaisent au milieu des glaces flottantes, s'y engraissent sans doute dans de vastes mers, et y sont d'une grosseur prodigieuse : ils fournissent à ses habitants les huiles nécessaires à leurs lampes et à leurs foyers. Nous n'en devons pas douter, puisque c'est en partie des huiles décomposées des poissons, que l'Océan forme sur la terre les bitumes de ses eaux, et entretient tant de volcans qui brûlent sur ses rivages.

Il est probable que la nature leur a donné, comme à nos Lapons, pour compagnons de leur vie, des animaux de l'espèce du renne, qui ne paît que la mousse, et qui réunit à-la-fois en lui la toison de la brebis, le lait de la vache, la force du cheval, la patience de l'âne et la légèreté du cerf. Ils ont sans doute aussi le chien fidèle, qui s'attache par-tout aux destinées de l'homme, même les plus malheureuses, et que l'on trouve errant avec les Patagons sur les rivages désolés du cap Horn. Mais la nature n'a point abandonné une planète entière à la rigueur des hivers et à l'intempérie des éléments. Si des glaces couvrent une grande partie d'Herschell ; si des volcans flambent et détonnent au milieu de ses mers, ses habitants, réfugiés dans leurs vallées méridionales, voient paître tranquillement autour d'eux leurs troupeaux. Une nuit et un hiver de quarante-deux ans viennent-ils régner sur leur hémisphère, les reflets des neiges voisines, les feux qui brûlent au sein des eaux, les clartés de leurs lunes, les aurores lointaines du soleil, les environnent encore d'une douce lumière. Rassemblés en familles avec leurs rennes et leurs chiens autour du même foyer, dans des grottes tapissées de mousse, l'épouse y réchauffe l'époux, le frère le frère, la sœur la sœur, l'enfant le vieillard. Là, ils chantent sans doute les douces affections qui les rassemblent. Ils n'ont point de théâtres, point de bibliothèques, point de monuments qui leur rappellent le souvenir des conquérants et des religions qui les ont subjugués ; l'histoire ne cherche point dans leurs crimes la matière de ses grands tableaux, mais la poésie et la musique en trouvent d'inépuisables dans leurs vertus. Ils vivent comme ces Hyperboréens auxquels les anciens Grecs envoyaient, chaque année, de l'île de Délos, des présents, comme des hommages dus à l'innocence de leur vie. Leurs mœurs sont semblables à celles de nos Lapons, qui chantent sur leurs tambours leurs affections, jusqu'à ce qu'ils aient conquis un ami ; et leurs déplaisirs, jusqu'à ce qu'ils aient ramené à eux un ennemi. Ils vous ressemblent, bons et pauvres Finlandais, chez lesquels j'ai trouvé encore des traces de ces vertus philanthropiques et de ces mœurs hospitalières. Dans l'enfance de la raison, ils ont conservé l'innocence ; ils n'ont jamais calomnié leurs semblables, ni versé leur sang pour le choix d'un système politique. Unis entre eux par les plus doux liens, ils vivent tranquilles, et ils meurent en paix ; ils n'honorent point un Dieu fait par la main des hommes, mais ils adorent l'Auteur de la nature dans la nature même ; et si, placés dans les limbes d'un de ses mondes, ils pouvaient l'y méconnaître, ils en retrouveraient encore le sentiment dans leur propre cœur, par celui de leur félicité.*

* Piazzi et Olberts ont découvert depuis peu deux planètes nouvelles : Herschell leur a donné le nom d'*astéroïdes*, parce qu'elles ont quelque ressemblance avec les petites étoiles.

HARMONIES SOLAIRES

PLANÉTAIRES.

QUOIQUE je n'aie donné qu'un bien faible aperçu des harmonies du soleil dans les planètes, il est aisé de voir que ce n'est ni sa force centripète, ni sa force centrifuge qui les ont dispersées dans l'ordre où elles sont. Si cela était, les plus grosses seraient ou les plus voisines de lui, ou les plus éloignées, ainsi que je l'ai observé; elles seraient rangées autour de lui à des distances proportionnées à leurs diamètres : or c'est ce qui n'est pas. Herschell en est bien plus éloigné que la terre, quoiqu'il soit plus de soixante-quatre fois plus gros; et Vénus en est plus près, quoique de même grosseur à-peu-près que notre planète. En vain leur suppose-t-on des densités différentes ; elles devraient au moins être toutes dans le plan de son équateur : leurs orbites, au contraire, sont inclinées sur lui du même côté, sous différents angles;* de sorte que ces pla-

* L'orbite de Mercure est de quatorze degrés vingt minutes; celle de Vénus, de dix degrés quarante-trois minutes vingt se-

nètes ne s'éclipsent que dans leurs nœuds, c'est-à-dire, aux points où leurs orbites se croisent. Sans cette disposition admirable, elles se fussent éclipsées fréquemment, et les plus voisines du soleil eussent enlevé la lumière aux plus éloignées. Il n'en est pas ainsi de l'inclinaison des orbites des satellites, par rapport à leurs planètes. Tous ceux d'une planète sont sur le même plan, et ont la même inclinaison sur son équateur.* Comme ces planètes secondaires ne reçoivent pas la lumière de leurs planètes principales, et qu'au contraire elles leur renvoient celle du soleil, elles ne se nuisent pas les unes les autres dans le même plan : elles y sont placées comme des miroirs qui réverbèrent tous ensemble vers les mêmes foyers. Certainement l'attraction n'a pas réglé ces convenances, puisqu'elles paraissent contraires à ses lois ; car les inclinaisons des orbites sont variées dans les

condes ; de la terre, de sept degrés vingt minutes ; de Mars, de neuf degrés onze minutes ; de Jupiter, de huit degrés trente-neuf minutes dix secondes ; de Saturne, de neuf degrés cinquante minutes vingt secondes ; d'Herschell, de huit degrés six minutes vingt-cinq secondes.

* Les orbites des satellites de Jupiter y sont inclinées de trois degrés dix-huit minutes environ ; ceux de Saturne, ainsi que son anneau, de trente degrés ; ceux d'Herschell, de quatre-vingt-dix degrés. Il faut en excepter l'inclinaison de l'orbite du sept.ème satellite de Saturne, qui n'est que de quinze degrés.

planètes, par rapport au soleil; et elles sont, par rapport à chaque planète, égales dans leurs satellites, qui d'ailleurs en sont à des distances fort différentes. Effectivement, comment concevoir que des planètes, dont les masses et les distances sont si inégales, et dont les mouvements sont si réguliers, n'obéissent qu'aux lois uniformes de l'attraction? Comment imaginer que c'est justement lorsqu'elles sont le plus voisines du soleil, et qu'il les attire le plus fortement, qu'elles s'en éloignent avec plus de vitesse? Quel contradictoire effet de la force centripète! Que ferait donc de plus la force centrifuge? Comment concevoir que la première se change tout-à-coup dans la seconde, précisément quand elle est parvenue à son plus haut degré? Comment a-t-on pu appliquer cette théorie aux comètes, tant de fois prédites en vain? J'aimerais autant croire qu'un vaisseau qui vogue à pleines voiles sur l'Océan, est attiré aux Indes par une force centripète, qui le repousse ensuite vers l'Europe au moment où il est près d'échouer sur leurs rivages. J'admets que l'attraction existe dans toutes les parties de la matière, qu'elle émane du soleil, et qu'elle attire à lui tout ce qui flotte dans l'océan immense de ses rayons; je conçois ses effets comme ceux du courant général des mers, qui, partant d'un des pôles de la terre, pousse vers son équateur tous les corps qui nagent à leur surface, et qui les ramène vers ce même pôle par des contre-courants latéraux. Mais comme il y a dans un vaisseau un pilote qui en dirige la route, n'y a-t-il pas aussi dans chaque astre un être intelligent qui en dirige le cours? N'y aurait-il pas un pilote céleste qui, malgré le voisinage des autres corps planétaires qui l'attirent, et sa force prodigieuse qui le précipite sur le soleil, dirige toujours son orbite autour de lui dans des temps et des espaces réguliers? Il y a sans doute dans ces corps célestes, des ames qui disposent de leurs aimants, comme il y en a dans le corps des animaux terrestres, qui disposent de leurs passions, et qui en ont l'instinct et la conscience. Un simple coquillage est formé d'une matière crétacée, disposée par couches concentriques, et parsemée à sa surface de tubercules et de sillons, comme la terre. Il est souvent couvert de plantes marines qui y végètent, et de petits animaux qui les habitent. Il est semblable à un petit monde; cependant il renferme un animal intelligent, qui voyage dans l'Océan avec ses forêts et ses habitants, va, vient, circule, et passe souvent d'une zone dans l'autre, en réglant sa route sur le soleil ou sur la lune. Que dis-je! tout est rempli sur notre globe d'êtres animés : l'air, les eaux, la terre, l'épiderme d'une feuille. Un rotifère, habitant des toits, semblable à un grain de poussière, aurait une ame qu'il peut conserver des siècles dans une gouttière, sans nourriture, malgré l'excès du chaud et du froid : et il n'y en aurait pas une dans le globe immense d'une planète ! il n'y en aurait pas dans le soleil, qui donne à tous les animaux de la terre le mouvement et la vie ! Quoi ! lorsque, la nuit, je jette un coup-d'œil sur les astres innombrables du firmament, et que, confondu dans mon néant, j'entrevois leurs distances inappréciables, leurs grandeurs immenses, leurs durées éternelles ; je croirais alors que moi qui ne me suis rien donné, moi dont la vie est moins robuste que celle d'un rotifère, moi qui ne puis rien savoir que par le secours de mes semblables, moi qui ai tout reçu ; je croirais, dis-je, que moi seul ai une ame intelligente, à l'exclusion des objets que je contemple ! Je croirais que ces corps immenses sont les jouets éternels d'une force aveugle, qui les attire toujours sans jamais les réunir, et qui les repousse sans cesse sans jamais les séparer ! Si un de ces animalcules lumineux, dont l'Océan est imprégné dans la zone torride, était capable d'une certaine étendue de jugement, et que, bouleversé par la proue d'un vaisseau qui vogue la nuit au milieu des légions innombrables de ses semblables, il en conclût que nos flottes sont des masses obscures et inanimées, emportées par d'aveugles courants, il raisonnerait plus conséquemment que l'astronome, qui sait que des milliards d'ames sont disséminées sur la terre qu'il foule aux pieds, et qui affirmerait qu'il n'y en a pas une seule dans les cieux. Pour moi, je crois certainement qu'il y a dans chaque planète un génie qui en règle les mouvements, et auquel il a été donné de voir l'ensemble de nos mondes, qu'à peine l'homme peut entrevoir. Je crois que, s'il m'a été permis d'apercevoir ces mondes à l'aide de leur lumière, il a été donné à ceux qui les gouvernent, d'influer sur moi et de pénétrer dans mon cœur, à la faveur de cette même lumière dont ils disposent; enfin, je crois qu'ils sont les témoins de mes actions, comme ils en sont les flambeaux. Je ne suis point surpris que parmi des peuples corrompus, il y ait des hommes qui refusent une ame à la nature entière, lorsqu'ils méconnaissent celle qu'ils ont reçue, et qu'ils ont dépravée. Mais parmi tous ceux qui sont restés fidèles à ses lois, il n'y en a pas un qui n'ait placé, ou un génie, ou un ange, ou une divinité, dans chaque astre. Quel est l'homme de mer qui, la nuit, au sein d'une tempête, ne sent pas renaître l'espérance dans son cœur quand il voit apparaître sur les flots l'astre de Vénus? Quel est l'infortuné, que le chagrin tourmente par de longues insomnies, qui ne se sent pas consolé quand, au sein des ténèbres, son humble réduit est éclairé tout-à-coup par les rayons de la lune nouvelle? Je vous prends à témoin de ces influences célestes, peuples hyperboréens : quels sentiments religieux n'éprouvez-vous pas lorsque, après une nuit de plusieurs mois, l'aurore vient répandre ses couleurs de rose sur les neiges de vos régions! Il vous semble alors que l'espérance et la joie descendent des cieux avec la lumière, pour consoler les malheureux mortels.

Les planètes sont liées entre elles par des rapports entrevus dès la plus haute antiquité, mais méconnus des modernes, qui n'en admettent que les attractions réciproques.

Il est très-remarquable que le cours des années planétaires semble offrir des rapports marqués avec les époques principales de la vie humaine, comme si l'homme, ou un être semblable à l'homme, devait être l'objet de toutes les harmonies dont le soleil est le premier moteur, sans parler de celles de l'astre des jours et de celui des nuits, qui les règlent. Quand l'astre des jours a déterminé l'âge de la puberté de l'homme par un certain nombre de révolutions annuelles, qu'on peut fixer à douze ans pour les mâles, dans la zone torride; et que l'astre des nuits, de son côté, a préparé dans les filles la conception par les révolutions périodiques de ses mois, et l'enfantement par neuf de ses révolutions, qui embrassent le cours du soleil depuis son départ du solstice d'hiver, où il commence à réchauffer notre hémisphère, jusqu'à ce qu'il l'ait couvert de fruits et qu'il soit retourné à l'équateur : l'homme alors paraît à la lumière. Les phases de sa vie sur la terre semblent se régler sur celles que les planètes ont avec le soleil dans les cieux. Au bout d'une année de Mercure, c'est-à-dire à trois mois, il commence à jouir de la vue et à juger des distances ; à sept mois et demi, après une année de Vénus, à sourire à sa mère ; à une année de la terre, à la parcourir, c'est-à-dire à marcher : c'est alors qu'il commence aussi à goûter de ses fruits, à l'époque de la pousse de ses premières dents. Après une révolution de Mars, qui est de près de deux années, il commence à parler ; celle de Jupiter, qui est de douze ans, lui amène la puberté ; celle de Saturne, de près de trente ans, la virilité ; et celle d'Herschell, de quatre-vingt-trois ans, la vieillesse et la décrépitude. Les hommes, seuls de tous les êtres, naissent en tout temps et en tous lieux ; ils éprouvent les influences des astres suivant les époques de leur naissance, comme les rivages de la mer éprouvent ses flux et reflux suivant leurs différentes latitudes, quoique les courants qui les produisent partent le même jour du même pôle. Mais je ne doute pas que les végétaux et les animaux, dont les genres sont déterminés à certaines zones, ne soient soumis tous à-la-fois à quelques-unes de ces phases planétaires. C'est ce que confirment les époques diverses et précises de leur naissance, de leurs amours, de la portée de leurs petits, de leurs émigrations, et de la durée de leur vie. Nous en avons indiqué quelques-unes des plus connues dans le cours de ces harmonies. Le soleil en est le premier moteur. Semblable à l'Apollon de la Fable, il tire avec son archet d'or, formé de rayons de lumière, des harmonies innombrables de tout ce qui l'environne : les planètes qui tournent autour de lui sont les cordes de sa lyre. Si nous habitions son globe fortuné, nous connaîtrions toutes ces merveilles et une infinité d'autres. Est-il vraisemblable que l'astre du jour soit revêtu d'une sphère entière de lumière, et, comme s'il n'en avait qu'une auréole, qu'il n'influe que sur quelques planètes qui sont dans le plan de son équateur ? Ses pôles si brillants n'échauffent-ils pas encore des mondes latéraux qui nous sont inconnus ? Les comètes semblent circuler autour de lui sur des plans différents de son système planétaire.

Quels astres merveilleux, si toutefois ce sont des astres, que ces corps lumineux à longues queues qui traversent les aires des planètes sans déranger leur cours, et emploient des siècles à s'approcher et à s'éloigner du soleil ! Il y en a qui apparaissent nébuleuses, et formées de plusieurs noyaux semblables à ces glaces flottantes qui descendent de nos pôles vers la zone torride. D'autres, observées par la sœur d'Herschell, transparentes, sans opacité, et peut-être impalpables, paraissent des amas de feu électrique. La nature emploierait-elle pour rafraîchir la zone torride de la sphère solaire, et pour en réchauffer la zone glaciale, des moyens semblables à ceux qu'elle emploie dans les zones du globe terrestre, des courants d'un fluide tour-à-tour en congélation et en fusion, des atmosphères chaudes et froides, des douches et des glaces flottantes ? L'immense océan de la lumière aurait-il ses flux et reflux comme notre petit Océan terrestre ? Que dis-je ? les rayons du soleil se perdent-ils en vain dans ces espaces infinis où les planètes sont à peine aperçues ? Leur matière si vivifiante, recueillie avec tant de soin par des lunes et par des anneaux planétaires, par des océans et des fleuves qui la font circuler, par les pétales des fleurs, par les yeux des animaux, par leur sang, va-t-elle s'anéantir dans les régions éthérées ? La gerbe de lumière qui part du soleil et vient en sept minutes et demie échauffer notre globe, va-t-elle se perdre pour toujours dans le firmament, au moment même qu'elle touche notre horizon ? Un petit ruisseau qui s'échappe sous la roue du moulin qu'il fait mouvoir, va ensuite arroser des prairies ; il nourrit dans son sein une multitude d'êtres vivants. Il n'y a pas une seule de ses gouttes d'inutile, soit qu'il s'évapore dans l'air, soit qu'il se perde dans la terre, soit qu'il soit absorbé par une rivière où il se jette : et l'océan de la lumière, qui vivifie toutes choses, n'échaufferait-il que quelques petites planètes à des centaines de millions de lieues les unes des autres ? Ne baigne-t-il, dans son sein, que quelques îles flottantes, et n'est-il pas ordonné à quelques continents dont il environne les rivages ? Ne nourrit-il pas quelques espèces d'êtres vivants, incorruptibles, indivisibles, et d'une nature semblable à la sienne ? Si on peut comparer des êtres bornés à ceux qui n'ont point de bornes, une goutte d'eau, qui doit sa fluidité au soleil, est remplie d'animalcules. Nos mers, imbibées de sa lumière, paraissent, dans nos nuits d'été, et en toute saison entre les tropiques, tout étincelantes de petits corps lumineux qui s'agitent dans tous les sens. Pour moi, j'ai vu, dans nos jours d'été, un phénomène semblable dans l'air de notre atmosphère. Couché sur l'herbe, les yeux fixés sur le ciel azuré, j'ai aperçu souvent de petits cercles blancs, les uns simples, les autres doubles, avec un centre obscur, se mouvoir rapidement à droite et à gauche, en haut et en bas, tandis que quelques-uns restaient immobiles et comme stationnaires. Je ne mets point ces témoignages de mes faibles télescopes na-

turels, en parallèle avec ceux des télescopes
d'Herschell : les siens découvrent des mondes,
et les miens des globules. Peut-être est-ce une
illusion de ma vue, comme me l'ont assuré
quelques physiciens ; mais enfin je rapporte ce
que j'ai éprouvé. L'existence de ces globules
mouvants est aussi certaine pour moi, que celle
des satellites d'Herschell, invisibles à tous les
hommes, est évidente aux yeux des astronomes.
D'ailleurs, pourquoi notre océan d'air n'aurait-il
pas ses animalcules, comme notre Océan d'eau ?
Pourquoi la lumière, qui leur donne leur couleur, leur fluidité, leur mouvement, leur température, n'aurait-elle pas, non-seulement ses
globules, mais des habitants d'une nature céleste
semblable à la sienne ? Jamais le sublime Newton,
qui a si bien analysé les rayons du soleil, n'a
osé leur donner le nom de matière. En effet, ils
ne sont point, comme elle, divisibles et corrup-
tibles. On ne peut point les renfermer dans des
vases, comme l'air ou comme l'eau ; ils traversent
les tempêtes sans en être ébranlés, et la profondeur des mers sans s'éteindre. L'astre qui
nous les envoie, réunit sans doute bien d'autres
propriétés inconnues, qu'il verse sur les mondes
avec les flots de sa lumière. Là décomposition
de sa chaleur donne peut-être les formes aux
objets, et celle de son attraction leurs mouvements, comme celle de sa lumière leurs couleurs.

Au moins toutes les combinaisons de la forme de ses lignes, de ses angles, de ses courbes, renfermées virtuellement dans une sphère terrestre et morte, peuvent sortir actuellement d'une sphère céleste et vivante.

HARMONIES SOLAIRES

SIDÉRALES.

Le soleil nous paraîtrait le dieu de l'univers, s'il n'y avait pas d'étoiles; mais, avec tous ses mondes roulants, il n'est lui-même, dans le ciel, qu'un point lumineux. Les étoiles sont des astres infiniment éloignés, et d'une grandeur immense. Herschell, qui est à plus de six cent millions de lieues de nous, les éclipse; et le télescope de son astronome, qui grossit quatre mille fois sa grandeur apparente, et nous découvre ses lunes, diminue celle des étoiles, et ne les laisse voir que comme un point, en les dépouillant de leur lumière divergente, et de leur scintillation trompeuse. Cet instrument donne à peine aux étoiles les plus brillantes un diamètre de quelques secondes. C'est d'après ce petit angle, que Cassini a évalué la distance de l'étoile appelée Syrius à la terre, à quarante-trois mille sept cents fois la distance de la terre au soleil, c'est-à-dire, un billion quatre cent quatre-vingt-dix-sept milliards neuf cent dix millions de lieues; et sa largeur à trente-trois millions de lieues de diamètre : de sorte que son globe remplirait tout l'espace qui est entre la terre et le soleil. Il s'ensuit de là que Syrius est près d'un million de fois plus gros que notre soleil, qui est lui-même plus d'un million de fois plus gros que la terre. Si les planètes éclairées par Syrius sont, par rapport à lui, dans les mêmes proportions que celles qui circulent autour de notre soleil, elles doivent être un million de fois plus grosses; il doit aussi y en avoir un bien plus grand nombre : la plus éloignée doit décrire autour de lui une orbite de plusieurs centaines de milliards de lieues; son année doit être une longue suite de siècles. Là, sans doute la vie a des proportions qui nous sont inconnues; mais quoique notre pensée ne puisse pénétrer dans ces nouveaux modes de l'existence, nous sentons que les étoiles ne sont à de si énormes distances les unes des autres, qu'afin que leurs planètes aient assez d'espace pour circuler autour d'elles. La planète Herschell, qui n'aperçoit qu'à peine quelques-unes de celles de notre monde, en est bien dédommagée en voyant circuler dans son voisinage celles des mondes limitrophes. Elle voit l'Herschell de Syrius plus gros que notre soleil. Quoique le nôtre soit un million de fois plus gros que la terre, il n'est, par rapport à celui de Syrius, que ce qu'une petite pirogue est à l'égard d'un vaisseau de guerre. Quoiqu'il n'ait que deux lunes, et qu'il soit très-éloigné de son soleil, quand il voit paraître sur son horizon cette grosse planète étrangère avec de nouveaux satellites; quand il la voit dans la tangente de son orbite, naviguer avec lui côte à côte au sein des mers éthérées, le couvrant des reflets d'un soleil un million de fois plus brillant : alors il n'envie plus à Saturne ses sept lunes et son double anneau. S'il entrevoit à peine le système de son monde, il aperçoit l'axe des mondes voisins. Dans son année de quatre-vingt-trois ans, et dans son orbite de trois milliards huit cent millions de lieues, s'il ne compte pas ses saisons, comme les planètes ses sœurs, par leurs levers mutuels, il les compte par les aurores de nouveaux soleils. Ainsi ses habitants, aux extrémités de notre monde, ne sont point abandonnés par l'Auteur de la nature, et ils reconnaissent sa providence à ses compensations.

Il est très-vraisemblable que chaque étoile a des planètes soumises à son attraction; il est évident que cette attraction n'existe point entre les étoiles même, et que par conséquent elle n'est point une qualité inhérente à la matière, et une loi universelle de la nature. Les étoiles, pour la plupart, sont immobiles, et c'est cette immobilité qui leur a fait donner le nom de fixes, par rapport à nos corps planétaires, qui sont toujours en mouvement. Il est vrai que plusieurs d'entre elles ont des mouvements particuliers ; il y en a une qui décrit un cercle de deux degrés et demi de diamètre : notre soleil, dit-on, en décrit aussi un en tournant sur lui-même en vingt-cinq jours. Il y a une chose très-remarquable dans la lumière des étoiles ; celle de plusieurs va en croissant et en diminuant. Cette période est de trois jours dans une étoile d'Argo, de cinq dans une de Céphée, de six dans une de la Lyre, de cent dans une d'Antinoüs, de soixante dans une d'Hercule, de trois cent trente et un dans une de la Baleine, de trois cent quatre-vingt-quatorze dans la changeante de l'Hydre, de quatre-vingt-dix-sept dans la changeante du Cygne. On en compte environ cent quarante qui ont disparu tout-à-fait. Une des sept Pléiades s'évanouit à l'époque de la destruction de Troie. L'ingénieux et sensible Ovide dit qu'elle fut si touchée du sort de cette malheureuse ville, qu'elle se couvrit le visage de ses mains. Mais si une étoile se cachait à chaque crime de la terre, le ciel n'en aurait bientôt plus. Il en paraît de temps en temps de nouvelles. En 1572, on en vit une de la grandeur de Vénus dans Cassiopée, et on ne l'a plus revue depuis 1574. L'étoile de la Baleine n'est visible que quatre mois et demi, elle reparaît au bout de onze mois ; celle du Cygne au bout de treize, et celle de l'Hydre au bout de deux ans : celle-ci brille pendant quatre mois. On suppose que toutes ces variations viennent de ce qu'elles ont un côté plus lumineux que l'autre, qui quelquefois est ténébreux, et que, dans leur rotation sur elles-mêmes, elles nous montrent tantôt l'un et tantôt l'autre. Pour moi, si j'ose dire ma pensée, je crois que la lumière, cet élément céleste, est la vie des astres; qu'il forme un océan immense dont les constellations sont les archipels, et les soleils des îles qu'il baigne par des flux et reflux éternels; et qu'il aboutit à des continents où la Divinité, dont la lumière n'est que l'ombre, réside dans son essence et dans toute sa splendeur. Peut-être les étoiles errantes ne sont-elles que des planètes étrangères à notre soleil, qui se trouvent éloignées du centre de leurs systèmes, et qui apparaissent dans le nôtre quand elles sont à l'extrémité limitrophe de leurs orbites; peut-être aussi sont-ce de vraies étoiles, qui se meuvent par des lois qui nous sont inconnues. Mais si elles s'attiraient réciproquement, le mouvement d'une seule les dérangerait toutes; la voûte céleste s'écroulerait, si les voussoirs en étaient mobiles. Dans ce nombre infini d'étoiles qui s'attireraient mutuellement, il y en aurait qui se joindraient et s'amalgameraient ensemble; on en verrait au moins quelques-unes de doubles : celles qui le paraissent, et auxquelles on en a donné le nom, se montrent séparées dans le télescope.

Cependant ces étoiles, éloignées les unes des autres à des distances auxquelles ne peut atteindre l'arithmétique des hommes, sont liées entre elles; elles sont ordonnées sur différents plans, qui s'enfoncent dans la profondeur du firmament. Les plus apparentes s'appellent étoiles de la première grandeur, et l'on place dans la septième grandeur celles qui sont près d'échapper à notre vue. Elles nous paraissent diversement groupées. Les unes sont sur la même ligne, comme celles de la ceinture d'Orion, vulgairement appelées les Trois-Rois, qui brillent du même éclat; d'autres ne composent qu'une grappe lumineuse, comme celles de la Poussinière. D'autres, encore moins distinctes, forment, par leur multitude innombrable, des nuages blancs comme ceux de Magellan près du pôle sud, et sur-tout cette longue bande blanche et irrégulière qui entoure le firmament dans sa circonférence. Tous ces espaces blancs et lumineux renferment des millions d'étoiles que l'on distingue au télescope. Les anciens ont divisé ces différentes régions du ciel en constellations. Ils en comptaient environ soixante-trois; mais l'abbé de La Caille y en a ajouté quatorze, qu'il avait formées dans l'hémisphère austral, où il avait découvert neuf mille quatre cent cinquante étoiles nouvelles. Les anciens, après avoir assemblé ces constellations, suivant leur fantaisie, leur donnèrent des noms aussi absurdes que leurs figures, avec lesquelles elles n'ont d'ailleurs aucune ressemblance. Ils appelèrent constellation de l'Ourse les sept étoiles voisines du pôle de la terre, et qui ne ressemblent pas plus à cet animal qu'au Chariot du roi David, dont le peuple leur fait porter le nom. Les Indiens, qui conçoivent l'univers fait comme un œuf, regardent la bande lumineuse qui semble le partager en deux, comme une fracture qu'y a faite le Mauvais Principe. Les Grecs, qui ramenaient tout aux divinités de leur pays, imaginèrent que c'était le lait que Junon répandit en allaitant Hercule. L'abbé de La Caille est, je crois, le premier qui ait placé dans les cieux les images des objets utiles aux hommes, en consacrant aux arts ses nouvelles constellations. Il les a nommées l'Atelier du sculpteur, le Fourneau chimique, l'Horloge à pendule, le Burin du graveur, la Boussole, le Télescope, etc. Cette idée était digne de la vertu de cet astronome laborieux; mais il n'y a pas d'apparence que ces dénominations intéressent jamais les peuples, ni même les artistes, qui d'ailleurs ne peuvent trouver dans ces figures aucune ressemblance avec leurs instruments. Ne vaudrait-il pas mieux donner aux constellations et à leurs étoiles les noms des bienfaiteurs du genre humain ? Ces monuments célestes ne seraient pas exposés à être renversés par l'envie ; ils brilleraient aux yeux de toutes les nations, et réveilleraient peut-être dans leur ame les sentiments d'humanité qui devraient les réunir. Quel politique forcené, quel égoïste voluptueux, ne serait pas touché d'un sentiment de bienfaisance pour tous les hommes, quand il verrait luire sur son toit l'astre de Confucius, ou celui de Fénélon ?

Bien des gens croient avoir dans le ciel chacun leur étoile, qui préside à leur naissance, et les rend heureux ou misérables pour toute leur vie. Elles les rendraient peut-être bons, si elles présidaient à des vertus. Chacune d'elles paraît, par son immensité, son éclat et sa durée, un temple qui leur est élevé par la nature. La construction de ces monuments n'a point à craindre, comme les nôtres, le mauvais choix d'un emplacement, le défaut de finances, la malédiction des peuples qu'on accable d'impôts, l'impéritie des architectes, les injures du temps, et sur-tout celles des factions, encore plus cruelles. La terre trouverait, à la gloire et au bonheur de ses habitants, des dépenses toutes faites par les cieux; il y aurait place pour tous les noms dans *cet immense élysée*. Herschell dit qu'il y a un si grand nombre d'étoiles, que dans quelque endroit du ciel qu'il ait braqué son télescope, il en a vu le champ tout parsemé. Il en a compté cent cinquante-huit mille dans un espace de la Voie Lactée de quinze minutes, pendant trois quarts d'heure de révolution. Ce qu'il y a de singulier, c'est qu'un astronome moderne, de la secte des matérialistes, affirme qu'ayant observé, pendant un quart d'heure, la révolution d'une zone de deux degrés de largeur dans la cuisse d'Ophicius, il n'y en a pas vu une seule. Ne serait-ce point parce qu'il n'est pas donné aux athées de faire des découvertes dans aucun genre? La lumière, dit Platon, est l'ombre de la Divinité ; quand on a étouffé le sentiment de Dieu dans son cœur, on en doit perdre la trace dans les cieux. Parmi les cent cinquante-huit mille étoiles qu'Herschell a observées à-la-fois, il en a vu çà et là un très-grand nombre de groupées deux à deux, trois à trois, quatre à quatre, cinq à cinq, et même six à six. Elles ne sont point sur le même plan, mais à la suite les unes des autres, comme si on les avait mises en perspective : elles sont à des distances incalculables. Un philosophe anglais dit qu'il y en a de si éloignées, que leur lumière, qui parcourt plus de quatre millions de lieues par minute, n'a pas encore eu le temps, depuis la création, de parvenir jusqu'à nous. Cette pensée paraît une hyperbole ; mais les imaginations des hommes n'en peuvent enfanter d'assez exagérées pour atteindre à l'immensité de la nature. Ne croyons pas pouvoir nous former une idée de son ensemble. Quelque admirables que soient des soleils innombrables, entourés de leurs systèmes planétaires, ne pensons pas que l'univers entier en soit rempli, comme une ruche l'est d'alvéoles qui se touchent par leurs côtés, ainsi que l'imaginait Descartes avec ses tourbillons, et comme ils semblent s'offrir à notre vue. Les astres ne sont peut-être que la plus petite modification de l'existence. Il y a sans doute ailleurs d'autres matériaux, d'autres combinaisons, d'autres lois, d'autres résultats; il n'est pas vraisemblable que l'Auteur de la nature, qui a créé avec une intelligence infinie une multitude d'êtres organisés, sur des millions de plans différents, pour peupler le globule de la terre si borné, ait répété toujours la même idée sidérale dans l'immensité d'un espace sans bornes. Nous ne sommes point en place ici-bas pour juger l'univers, nous petits êtres de six pieds, haletant sans cesse après mille besoins, avec un souffle de vie. Son plan est hors de notre vue et de notre conception; la mort seule peut nous en montrer la réalité, comme la nuit, qui est l'image de la mort, nous en découvre quelques aperçus dans les étoiles. Des astronomes, sans doute pour nous faire honneur, soupçonnent que notre soleil fait partie de la constellation d'Hercule; mais les étoiles qui se montrent avec quelque éclat, sont plus considérables; témoin Syrius, qui est un million de fois plus gros. Je suis bien plutôt porté à croire le soleil une des étoiles innombrables qui nous apparaissent comme des grains de sable dans la Voie Lactée, d'autant que cette voie nous entoure au zénith et au nadir; mais quelque part que nous soyons, nous n'apercevons que quelques îles et quelques archipels de cet océan céleste. Nous sommes si loin des plus voisines, que notre navigation de plus de cent quatre-vingt-dix millions de lieues par an ne change rien à leur position. Quoique notre globe coure avec plus de vitesse qu'un boulet de canon, nous ne pouvons ni nous en approcher, ni nous en reculer assez pour changer seulement de point de vue; nous ne pouvons rien imaginer même au-delà de ce que nous montre la nature. Les révolutions de nos pensées, comme celles de notre planète, nous ramènent toujours dans notre petite orbite. Nous ne savons point quels sont les habitants de tant de mondes isolés; s'il y a un continent au-delà, dont ils sont les débris; où est le séjour de celui qui a produit tant de merveilles; quels plaisirs il s'est réservés pour son bonheur, lui qui en a tant créé de diverses sortes sur la terre, pour celui des êtres sensibles: cependant il existe aussi dans les cieux. Il a lié entre elles toutes les parties de leur architecture infinie. Non-seulement il a mis en harmonie une multitude de globes lumineux qui ne se meuvent point, avec des globes opaques qui se meuvent sans cesse autour d'eux pour recueillir leur lumière; mais il les a mis en rapport avec l'homme. Notre système planétaire, qui a plus de quinze cents millions de lieues d'étendue; ces étoiles qui sont à des distances incalculables; cette Voie Lactée remplie de milliards d'étoiles; toutes leurs constellations, qui s'étendent depuis celle de l'Ourse jusqu'à celle de l'Éridan, et qui se déroulent peu-à-peu à ses yeux pour lui présenter de nouveaux objets : tout ce tableau incommensurable vient, dans les ténèbres, se peindre sur sa rétine, qui n'a pas une ligne de diamètre. O profondeur de la toute-puissance de Dieu! o sagesse infinie! vous m'anéantissez sous le poids de vos miracles : mon intelligence succombe sous les prodiges de la vôtre; et si, sur la terre et dans un corps mortel, on peut en supporter un faible aperçu, pour surcroît de merveille je le dois à la nuit et à mon ignorance profonde.

Si nous pouvons connaître un jour ces harmonies sublimes, ce ne peut être que dans le soleil, à travers cette sphère de lumière qui environne ses fortunés habitants; c'est son atmosphère rayonnante qui, comme un télescope céleste, nous en montrera les relations avec ses planètes et les autres soleils, comme notre petite atmosphère aérienne rassemble sur la terre les rayons de l'astre du jour, pour nous réchauffer et nous ranimer. La lumière du soleil forme avec celle des étoiles des rets infinis, incorruptibles, éternels, qui lient toutes les parties de l'univers. Quoique cet astre si brillant et si grand n'en soit qu'un petit nœud, il doit être un des foyers de la vérité, comme il en est un de la lumière corporelle et de la vie. Ce n'est que dans un des mobiles de la nature qu'on peut la connaître; ce n'est qu'au centre de nos mondes qu'on doit jouir de leur ensemble : la vue de tout ce qui s'y passe est sans doute dans le globe qui les fait voir et se mouvoir. S'il est, après la mort, un point de réunion pour les faibles et passagers mortels, c'est dans l'astre qui leur a distribué la vie ; c'est là que les ames des justes conservent le souvenir des vertus qu'elles ont exercées parmi les hommes ; c'est là sans doute qu'elles influent encore sur leur bonheur, et qu'elles aident l'innocence malheureuse par des inspirations, des consolations, des pressentiments. C'est du soleil qu'elles ont une vue pure et une jouissance sans fin de la Divinité, dont elles ont été les images sur la terre. C'est là sans doute que vous vivez, bienfaiteurs du genre humain qui vous a persécutés, Orphée, Confucius, Socrate, Platon, Marc-Aurèle, Epictète, Fénélon, dont les lumières et la sagesse président, comme des astres, aux destinées des nations; et vous aussi dont les vertus sont d'autant plus dignes de récompense, que, méprisées des hommes, elles n'ont été connues que de Dieu. C'est là sans doute que vous êtes, infortuné Jean-Jacques, qui, parvenu aux extrémités de la vie, en entrevîtes une nouvelle dans le soleil!

Mais il n'est pas permis à d'aveugles mortels qui se traînent encore dans la poussière, de pénétrer, par la pensée, dans cette sphère de lumière; notre intelligence en est éblouie, comme notre vue. Pour moi, semblable à la chenille privée d'yeux, qui rampe sur les feuilles que lui disputent les vents, j'entoure çà et là de quelques fils de soie le tombeau où j'ensevelis l'hiver de ma vie; mais lorsque, dégagé de ma chrysalide, les ailes de mon ame seront développées par la mort, comme le pensait Platon, alors j'espère prendre mon vol vers les régions où règne un printemps éternel. Je ne verrai plus que de loin cette terre malheureuse, qui ne nourrit que des tyrans et des victimes. Cependant j'aimerai encore à fréquenter les lieux où je vécus solitaire et heureux dans la contemplation de la nature, où les rayons de l'aurore, la verdure des prairies, l'ombre des forêts, les consolations de l'amitié, les ravissements de l'amour, confirmés par des joies paternelles, me donnèrent les premières sensations de la Divinité. Je croîtrai mon bonheur dans les cieux, de celui que j'aurai pu procurer aux infortunés sur la terre. C'est là que nous jouirons tous des harmonies ineffables de la lumière, au sein même de la lumière. En attendant, examinons-en les effets sur notre globe, d'abord dans l'astre des nuits, qui nous la renvoie du soleil.

HARMONIES SOLAIRES

DE LA LUNE.

Képler, le restaurateur de l'astronomie, et celui qui entrevit le premier la loi par laquelle les planètes s'attirent, assure positivement que la lune a une atmosphère : il en donne pour preuves les éclipses centrales du soleil, où l'on voit toujours un anneau lumineux autour de la lune, qui ne provient, selon lui, que de l'atmosphère de ce satellite, qui réfracte les rayons du soleil qui l'éclairent dans la partie opposée. Selon lui, les diamètres apparents de ces deux astres sont de la même grandeur à-peu-près, celui du soleil ne surpassant celui de la lune que de sa cent quatre-vingtième partie; Gassendi et quelques autres astronomes croient même que celui de la lune est toujours plus grand; enfin, dans plusieurs éclipses solaires centrales observées à Londres, et décrites dans les Transactions philosophiques, on a toujours remarqué un anneau lumineux, large de plus d'un doigt, qui entourait le limbe de la lune, et qui se réfractait sur son disque, de manière qu'à peine il paraissait obscurci. Telle fut, entre autres, l'éclipse totale du soleil, du 1er mars 1738, observée à Édimbourg par Mac-Laurin, célèbre professeur de mathématiques. Il dit que, durant l'apparence de l'anneau, la lumière du soleil fut toujours très-sensible; et il ajoute que plusieurs personnes de bonne vue, et de bonne foi, ce qui est plus rare, lui assurèrent que, vers le milieu de l'apparence annulaire, c'est-à-dire dans le plus fort de l'éclipse, ils ne pouvaient discerner la lune sur le soleil. Ces effets expansifs des rayons solaires ne peuvent s'attribuer qu'à leur réfraction dans l'atmosphère de la lune.

Les autorités que je viens de citer sont grandes sans doute; mais je pense qu'il ne faut admettre que celles de l'expérience et de la raison, lorsqu'il s'agit de la recherche de la vérité. Les anti-atmosphériques lunaires opposent, il est vrai, expériences à expériences; mais les leurs paraissent fautives. Il est possible que l'atmosphère de la lune ne soit pas plus élevée que ses montagnes, qui, comme nous l'allons voir, sont d'une hauteur prodigieuse. Dans cette hypothèse, elle ne doit pas altérer la lumière des étoiles sur lesquelles elle passe, puisqu'elle ne déborde pas sa planète. Il est possible encore qu'après des jours d'un demi-mois, elle se trouve fort dilatée, et par conséquent peu réfrangible dans l'hémisphère qui nous regarde.

Au défaut de preuves astronomiques, apportons-en de physiques pour prouver son existence. On ne peut douter que la lune n'ait une atmosphère, depuis qu'Herschell y a observé trois volcans. Il est certain qu'il ne peut exister de feu apparent sans air, ni de volcans sans eau, puisque c'est l'eau qui leur fournit des aliments : or, l'eau seule contient beaucoup d'air, selon les chimistes; et de plus, il n'y a que l'air environnant qui brûle dans un corps enflammé. Il est étonnant que les physiciens démontrent, d'une part, qu'il n'y a point de feu sans air; et que, d'une autre part, les astronomes soutiennent qu'il n'y a point d'air dans la lune, où il y a des volcans : les sciences devraient au moins se mettre d'accord, et pour cela elles devraient marcher ensemble.

Empruntons nous-mêmes de la physique terrestre les lumières qui doivent nous éclairer dans la physique céleste : les rapprochements que j'en vais faire sont dignes de la plus grande attention.

Nous venons de démontrer que la lune avait une atmosphère pour rassembler sur elle les rayons du soleil; nous allons voir qu'elle est disposée de la manière la plus propre à les réverbérer.

Tous les peintres et tous les opticiens savent que si un corps sphérique est éclairé, il y brille un seul point lumineux, qui va en se dégradant sur le reste du corps, et le fait paraître arrondi; dans la représentation qu'ils en font, ils expriment ce jet de lumière par une masse de blanc qui tombe sur le globe, et fuyant de demi-jour en quart de jour sur le reste de son hémisphère, lui donne de la rondeur. Cet effet a lieu sur tous les fruits ronds suspendus aux arbres. Nous y voyons un coup de lumière qui frappe sur un point, et sur tout le reste, des demi-teintes ou plutôt des demi-lueurs, qui l'arrondissent à la vue. Ceci est très-sensible sur le globe de l'œil, quoiqu'il soit blanc en grande partie.

Il n'en est pas de même de la plupart des fleurs. Nous avons démontré, dans nos Études, que c'étaient autant de réverbères ou convergents ou divergents, qui renvoient la lumière du soleil sur leurs parties sexuelles; elles la réfléchissent par leurs pétales convexes et concaves, ce qui y produit plusieurs jets lumineux. Il résulte de là que les fleurs ont plus d'éclat que les fruits de la même couleur et du même diamètre. Ainsi, par exemple, un tableau de roses paraît sensiblement plus grand qu'un tableau de pêches de la même proportion; parce que chaque rose a plusieurs foyers de lumière dans ses pétales, à-la-fois concaves et convexes; et que chaque pêche n'en a qu'un seul jet, comme tous les corps ronds. Ces effets sont très-apparents, sur-tout dans la nature. Les roses éclairées par le soleil semblent avoir un éclat lumineux, et le rosier qui les porte apparaît d'un diamètre beaucoup plus grand que lorsqu'il n'est couvert que de feuilles. Il n'en est pas ainsi, à beaucoup près, d'un pêcher de la même grandeur. Ceci posé, il est certain que si la lune était un corps sphérique tout uni, nous n'y verrions, lorsqu'elle est pleine, d'autre lumière brillante qu'un point lumineux, qui irait en dégradant sur le reste de son hémisphère, et nous la ferait paraître saillante et ronde comme ces globes dorés qu'on voit au haut de quelques clochers, et comme tous ceux que représentent les peintres. Au contraire, nous voyons la lune plate et unie comme un miroir plan : il faut donc qu'elle nous renvoie la lumière de toutes les parties de son hémisphère. Or, il n'y a qu'une lumière disséminée également dans toutes les parties d'un globe, qui puisse le faire paraître aplati : c'est en effet ce qui arrive à un boulet, ou à un simple charbon embrasé au milieu d'une fournaise; on n'aperçoit que le contour et la surface uniforme. Ces effets sont évidents dans le soleil, qui, dardant des rayons de tous côtés, ne nous présente, comme la lune, qu'une surface plate, sans saillie ni convexité. Il y a plus; c'est que ces deux astres, dont l'un fait jaillir ses rayons de tout son globe, et l'autre les réfléchit de tout un hémisphère, nous apparaissent, ainsi que les fleurs, d'un diamètre plus grand qu'ils ne le sont en effet : car nous les voyons sensiblement plus petits, du sommet d'une haute montagne, dans la moyenne région de l'air, où leurs rayons sont moins réfractés.

Je conclus donc de l'uniformité de la lumière de la lune, qui fait paraître son hémisphère aplati, que ses montagnes y sont disposées en réverbères, pour renvoyer également de tous les points de sa circonférence les rayons du soleil sur la terre. D'ailleurs est-il vraisemblable que Dieu, qui a donné des réverbères si variés à de simples fleurs, pour réfléchir les rayons de l'astre du jour sur leurs parties sexuelles, en ait refusé à l'astre des nuits, qui devait les refléter sur un monde?

C'est sans doute par cette raison que la lune nous montre toujours la même face, et qu'elle ne tourne pas sur elle-même ; car elle dérangerait à chaque instant ses foyers lumineux. Quelques astronomes prétendent qu'elle a une rotation sur son axe, et ils croient en donner la preuve en supposant que cette rotation cadre exactement avec sa révolution autour de la terre ; mais je crois qu'ils se trompent dans la cause, quoiqu'ils aient raison dans l'effet. Cette harmonie, au reste, serait une preuve encore plus admirable de la Providence, qui aurait fait accorder d'une manière si juste la rotation de la lune avec sa révolution terrestre. Représentons-nous donc la lune fixée à l'extrémité du rayon de son orbite terrestre, et faisons-la tourner, ainsi fixée, autour de la terre : il est certain qu'elle lui montrera toujours sa même face, sans avoir de rotation sur elle-même. Les astronomes disent que dans ce mouvement elle découvre sept à huit degrés de l'hémisphère opposé, et ils en concluent sa rotation ; mais il est évident qu'en la supposant fixée par son centre à un rayon de la terre, et en la faisant circuler autour, on apercevra dans ce mouvement de translation quelque petite partie de son hémisphère opposé, dès qu'on ne la verra plus en face.

Nous pouvons juger des différents effets de la lumière à la simple vue, en comparant la lumière réfléchie de la terre sur la lune à celle de la lune sur la terre : celle-ci paraît beaucoup plus vive, quoique la planète qui la renvoie ait seize fois moins d'étendue. Il est remarquable que les axes des réverbères de la lune ne sont pas tout-à-fait dirigés parallèlement au rayon de son orbite autour de la terre, mais que leurs foyers sont un peu divergents. S'ils n'étaient formés, par exemple, que de courbes paraboliques parallèles au rayon de son orbite, ils ne renverraient tous ensemble, même dans la pleine lune, qu'une gerbe de lumière égale au diamètre de la lune, et ils n'éclaireraient sur la terre qu'un espace de sept cent cinquante lieues de large ; tandis que lorsque la lune est nouvelle, et qu'elle n'a qu'un croissant lumineux, elle éclaire un hémisphère terrestre tout entier. Il s'ensuit de là que la lune est à une distance convenable pour produire sur la terre le plus grand effet lumineux possible, et que, par cette distance, on pourrait calculer la courbure de ses réverbères. Je ne doute pas aussi que la terre n'ait les chaînes de ses hautes montagnes couvertes de glaces, et sur-tout les glaciers de ses pôles, disposés pour produire quelques-uns de ces effets sur le disque de la lune. La nature sait faire des miroirs ardents avec des glaces, pour le moins aussi bien que nos physiciens. Le navigateur Martens raconte que dans le voyage qu'il fit sur les côtes du Spitzberg pour y pêcher des baleines, la réverbération du soleil dans les glaces flottantes était si forte, qu'elle faisait fondre le goudron de son vaisseau.

Je vais traiter fort superficiellement un sujet bien au-dessus de ma portée; mais je suis si peiné de l'ingratitude de quelques prétendus savants, qui emploient les découvertes faites par des hommes de génie, pour tâcher d'établir le matérialisme jusque dans les cieux, que je veux leur faire voir qu'il ne faut que du sens commun pour renverser tous leurs sophismes, et qu'un ignorant peut les confondre. Je vais donc essayer de donner une idée des réverbères célestes, non d'après de fausses hypothèses, mais d'après les observations les plus certaines. Les cartes que j'ai vues de la lune ne sont pas plus ressemblantes que celles du soleil. Les astronomes la représentent sillonnée irrégulièrement, comme si les volcans l'avaient bouleversée. A la vérité, ils y expriment quelques endroits rayonnants, auxquels ils ont donné avec raison les noms de plusieurs philosophes illustres, tels que ceux de Platon, de Tycho, de Képler, de Copernic; mais ils regardent ces rayons comme des torrents de matière fondue, qui se sont écoulés en divergeant d'un volcan immense. Ces idées sont dues à des astronomes italiens, et sans doute elles leur sont venues à l'aspect des laves du mont Etna ou du mont Vésuve, qui étaient dans leur voisinage. S'ils eussent raisonné en bons physiciens, tels qu'ils l'étaient d'ailleurs, ils auraient senti que des chaînes de montagnes disposées en rayons autour d'un centre, ne pouvaient être des laves produites par un volcan, parce qu'elles n'auraient pu s'étendre aussi loin de leur cratère sans se refroidir. Celles de Tycho occupent au moins un tiers de l'hémisphère de la lune, c'est-à-dire deux ou trois cents lieues. La terre qui est soixante-seize fois plus étendue, et dont l'Océan est beaucoup plus grand que toutes les mers de la lune, n'a pas de volcans dont les laves aient seulement trois lieues de rayon. D'ailleurs ces chaînes de montagnes divergentes ne ressemblent en rien à des matières volcaniques. J'ai vu la lune, à l'Ile-de-France, dans une lunette de vingt pieds :

elle me parut presque par-tout d'une blancheur éblouissante, et semblable à un bain de chaux éteinte, couverte, en grande partie, de bulles rondes, rangées près à près à la suite les unes des autres, comme des jetons comptés sur une table ; il me parut même que plusieurs empiétaient les unes sur les autres. Ces bulles n'étaient point en creux, comme celles d'un bain de chaux, mais en relief et évidées dans leur milieu, avec un petit piton à leur centre. Elles ressemblaient au chaton d'une bague d'argent, dont l'entourage et le milieu seraient en relief, et l'entre-deux creusé ; ou plutôt au disque d'une fleur entourée d'un seul pétale. Quant à la disposition de ces montagnes entre elles, j'avoue que je n'y ai pas fait une grande attention, et j'en suis bien fâché ; mais je ne soupçonnais pas alors qu'il pût y avoir quelques harmonies dans les montagnes d'une planète, puisque les naturalistes mêmes n'en admettaient pas dans les pétales des fleurs, qui sont des corps organisés. Au reste, de toutes les descriptions que j'ai lues de la lune, je ne trouve que celle du P. Beccaria, qui se rapporte à ce que j'ai vu ; encore n'ai-je eu qu'un faible aperçu de sa relation, ainsi que de cette planète. Selon lui, la plupart des montagnes de la lune s'arrondissent en rentrant sur elles-mêmes, et renferment une vallée ronde, au centre de laquelle est un monticule. L'idée que cet habile astronome nous en donne, est d'autant plus digne de confiance, qu'il est, je crois, le premier qui ait découvert le volcan soupçonné par Hévélius dans le lieu appelé mont Porphyrite, parce qu'il paraît toujours rouge. Herschell, depuis, en a vu trois dans cette planète. Cependant je ne pense pas, avec Beccaria, que ces montagnes, évidées dans le milieu avec un piton, et qui forment de longs rayons à la suite les unes des autres, soient des laves, ni même des volcans éteints ; car leurs laves et leurs cratères noircis par le feu, ne rendraient pas une lumière aussi vive et aussi blanche. Les terres lointaines, comme je l'ai dit ailleurs, apparaissent sombres : ce sont les eaux et les sommets des monts couverts de neiges et de glaces qui resplendissent. Je crois donc que ces montagnes qui rentrent sur elles-mêmes, et renferment une vallée ronde avec un monticule au milieu, sont de véritables réverbères, dont les axes sont tournés vers la terre. Sans cette direction, nous ne verrions pas l'intérieur de la plupart tout-à-la-fois, comme nous le voyons dans la pleine lune ; le plus grand nombre de leurs foyers fuiraient en perspective sur la sphéricité de cette planète. Je crois donc que ces montagnes si lumineuses, qui ont dans leur centre une vallée et un monticule, sont si élevées, que leurs sommets sont toujours couverts de glaces : et cette température est très-vraisemblable ; car, outre que leur atmosphère s'élève peu, elles ont plus de trois lieues de hauteur, ainsi que l'ont observé Cassini et Riccioli. Elles sont si hautes, qu'elles font paraître le limbe de la lune dentelé comme une grosse scie. C'est par une des profondes vallées de sa circonférence, disposées en réverbères par rapport à nous, que l'Espagnol don Ulloa, en observant l'éclipse totale du soleil le 24 juin 1778, aperçut un rayon du soleil, très-vif, qui passait par ce profond ravin, comme par un trou.

Je ne peux me lasser de le répéter, c'est donc par une admirable loi de la Providence, que, pendant que les planètes tournent sur elles-mêmes autour du soleil, pour répandre ses rayons sur toutes leurs surfaces, les lunes, qui renvoient ces mêmes rayons à leurs planètes, ne tournent point sur elles-mêmes, parce qu'elles dérangeraient à chaque instant les foyers de leurs réverbères. D'un autre côté, si ces foyers n'étaient pas rangés sur le même hémisphère, et perpendiculairement à la planète qu'ils éclairent, il n'y en aurait qu'un seul de lumineux pour elles.

Il ne faut pas croire que la lune ne serve qu'aux besoins de la terre, et qu'elle soit elle-même dépourvue d'habitants. Elle a de l'air et de l'eau, comme nous l'avons vu, puisqu'elle a des volcans; et elle a des végétaux et des animaux; car ce sont leurs détriments, que les rivières charient sans cesse dans le bassin des mers, qui four-

28.

nissent les huiles, les bitumes et les soufres qui servent à l'entretien de ces feux marins, situés, par toute la terre, sur le bord des eaux. Nous ne pouvons rien dire sur la nature de ces végétaux et de ces animaux lunaires, qui doivent différer des nôtres à beaucoup d'égards. Ceux de l'Amérique ne ressemblent point à ceux de l'Europe; à plus forte raison ceux d'une autre planète. Quelques degrés, du nord au sud, en montrent sur notre globe, de genres très-différents; ceux de la lune, qui éprouvent alternativement des jours et des nuits d'un demi-mois consécutif, doivent avoir des caractères particuliers. Les pythagoriciens, qui, de tous les philosophes de l'antiquité, ont le mieux connu la nature, prétendaient que tous les astres étaient habités, et que les plantes et les animaux de la lune étaient quinze fois plus grands que les nôtres. Ils concluaient sans doute leur grandeur, de la durée des jours de leur planète. Mais, à raisonner par analogie, nous ne voyons pas que les herbes et les oiseaux du Spitzberg, qui éprouvent des jours de deux et trois mois, soient plus volumineux que ceux de la même espèce, qui sont dans des latitudes où le soleil est moins long-temps sur l'horizon. A la vérité, les énormes baleines et les ours blancs monstrueux de ses rivages, ainsi que les grands sapins du Nord, pourraient motiver, en quelque sorte, l'opinion des pythagoriciens. Quoi qu'il en soit, nous ne devons pas douter que les plantes de la lune ne portent des fleurs faites autrement que les nôtres, puisque leurs pétales sont des réverbères du soleil. Nos roses, qui ne vivent sur la terre que depuis son aurore jusqu'à son couchant, doivent briller quinze jours sur le sein des bergères. Beaucoup d'espèces d'animaux doivent y veiller, et y dormir alternativement un demi-mois. Il y a apparence que plusieurs espèces d'oiseaux et de poissons font le tour de cette planète avec la lumière du soleil. Comme elle n'a que deux mille trois cent quarante-six lieues de tour, ils en peuvent venir aisément à bout en un mois, en en faisant soixante-dix-huit par jour. Les hirondelles, les frégates, les marsouins et les thons, voyagent avec plus de vitesse.

Il n'est pas douteux que cette planète ne soit habitable aux hommes, puisqu'elle est à-peu-près à la même distance du soleil que la terre. Ses montagnes, trois fois aussi hautes que les Cordilières, leurs vallées rondes, les pyramides de deux ou trois lieues de hauteur qui en occupent le centre, doivent offrir une multitude de températures très-variées, et des points de vue ravissants. Leurs sommets se couvrent sans doute de glaces pendant des nuits d'un demi-mois, et ces glaces se fondent pendant des jours d'une égale durée. Leurs eaux doivent se rassembler autour de leurs pyramides centrales, et y former des bassins circulaires qui en reflètent les différents aspects. Ces lacs, par leurs vapeurs, couronnent de neiges les sommets de ces rochers, et ces neiges, en fondant, fournissent mille ruisseaux aux lacs qui entourent leurs bases. Quand, après une longue nuit, le soleil commence à en éclairer les cimes, ainsi que celles des montagnes environnantes, il en résulte tout-à-coup la plus magnifique illumination. On en aperçoit, avec le télescope, quelque effet de la terre ; car, dans la nouvelle lune, on voit les premiers rayons de l'astre du jour y passer rapidement de pic en pic, et les glaciers étinceler successivement, comme des grains de poudre qui s'enflamment l'un après l'autre. Ces feux naissants, qui brillent au-dessus de ces profondes et sombres vallées, y paraissent comme autant de nouvelles aurores; mais quand, au bout de quelques jours, le soleil y fait sentir toute son action, et qu'il en éclaire tous les entonnoirs, alors des gerbes innombrables de sa lumière, reflétées par les vallées, les eaux et les glaces, font couler des milliers de cascades de ces hauteurs. Les lacs répètent leurs reflets, et les échos leurs murmures.

Ces admirables harmonies des neiges et de la verdure, de la lumière et des eaux, des bruits et de la solitude, dont nous voyons quelques images dans les Alpes, n'ont rien d'aussi merveilleux que le tableau du même genre que présente une planète entière. C'est alors que ses habitants, séduits par la longueur de leurs jours et les beautés innombrables de tant de sites différents, se laissent aller aux courants de leurs ruisseaux et aux flux de leurs méditerranées. Les heureux insulaires de la mer du Sud voguent d'île en île ; ceux-ci voyagent de lac en lac, jusque dans l'océan commun qui en réunit les eaux, et aux golfes duquel nos astronomes ont donné des noms : mais quand le soleil s'éloigne d'eux, alors ils retournent dans leurs habitations, à l'aide du reflux de leurs marées. C'est en ce moment que la nuit et le silence viennent régner sur leur hémisphère. Les sommets de leurs rochers se couvrent de neiges nouvelles ; les cascades de leurs ruisseaux, frappées de congélations, restent suspendues sur leurs flancs : l'hiver est sur leur tête ; mais l'été est à leurs pieds, au fond de leurs entonnoirs. Les feux d'un grand nombre de volcans brûlent au sein de leurs lacs, et jettent encore de brillantes clartés. On ne peut plus en douter ; Herschell, avec un télescope qui grossissait seulement trois cent vingt fois, a découvert, le 22 octobre 1790, dans une éclipse totale de lune, au moins cent cinquante points lumineux de couleur rouge. D'un autre côté, la terre, éclairée à son tour par le soleil, leur renvoie quelque portion de sa lumière, non aussi vive que celle de la lune sur la terre, mais plus étendue ; car ils la voient sous un diamètre quatre fois plus grand que nous ne voyons leur planète. Quoique la terre tourne, ils en aperçoivent toujours le limbe resplendissant par des mers ou des monts à glaces ; car les premières harmonies des montagnes sont solaires et sidérales, afin que les planètes soient visibles les unes aux autres. Ils en distinguent les divers océans, les longues chaînes glacées de l'Atlas, du Taurus, de l'Imaüs et du Thibet, qui vont d'occident en orient, et celles des Cordilières qui vont du nord au sud, et sur-tout les coupoles immenses de glaces qui font rayonner, sur ses pôles, les aurores boréales et australes. Il y a apparence qu'ils ajoutent à ces douces clartés l'usage du feu, dont la nature les a favorisés, comme nous, en en plaçant les foyers dans leurs volcans. Les peuples de notre zone glaciale ne dorment pas toujours pendant leurs nuits de trois mois. C'est sans doute pour que l'homme pût suppléer à l'absence du soleil, et habiter toutes les latitudes de la terre, qu'elle n'a donné qu'à lui seul la puissance de disposer du feu. Cependant si son sommeil n'est pas en harmonie avec l'absence journalière de l'astre du jour, il paraît l'être avec son absence annuelle. Dans sa première enfance, qui dure six mois, il dort, pour ainsi dire, pendant tout ce temps, qui est le même pendant lequel le soleil cesse d'éclairer un des pôles de la terre. Sa décrépitude n'est, comme sa naissance, qu'un crépuscule aussi long que la nuit du pôle opposé. Les alternatives de veilles et de sommeil, qui remplissent les intervalles de sa vie, semblent réglées sur les longueurs des nuits des zones tempérées et de l'équateur. Comme la nature a varié, pour l'homme, ses harmonies à l'infini, et qu'elle les rapporte toutes à celles du soleil, il est possible que les habitants de la lune dorment un demi-mois de suite. Ils sont livrés sans doute à des songes agréables, produits par des spectacles ravissants, qui, pendant quinze jours consécutifs, doivent leur faire des impressions profondes. Quoi qu'il en soit, les anciens croyaient, avec quelque sorte d'apparence, que la lune était le séjour des songes, et que c'était là que les ames des hommes allaient après leur mort. C'est en suivant cette idée, qu'ils lui donnèrent le nom d'Hécate, et qu'ils la firent présider aux Enfers. En effet, elle est la reine des nuits et de l'hiver, qui sont en quelque sorte des morts passagères de la terre. Il y a plus ; soit qu'il y ait dans notre cœur des sentiments innés des lois de la nature, qui nous en donnent la conscience, avant que notre esprit en acquière la science, comme nous en avons qui nous donnent celle de nos organes et de notre existence, bien avant que nous puissions en raisonner; soit qu'il émane encore des astres, d'autres qualités que celles de leur lumière, de leurs couleurs et de leurs attractions, il est certain que tous les peuples ont regardé la lune comme un astre qui influait sur la naissance, la génération et la mort de tous les êtres. Elle est la Vénus des insulaires de la mer du Sud, qui la célèbrent dans leurs chansons. Les Grecs et les Latins l'invoquaient, pour les accouchements, sous les noms de Lucine et d'Ilithye, et enfin, pour la mort, sous le nom d'Hécate. Il y a, en effet, dans sa lueur bleuâtre je ne sais quoi d'amoureux et de funèbre, de vivant et de mourant, de concordant à la volupté et à la philosophie. Elle semble nouer et dénouer à-la-fois les liens de la vie; elle vivifie les eaux par ses rais lumineux, et elle ensevelit les monts et les forêts sous le crêpe de la nuit, qu'elle rend visible. C'est à ses diverses phases, que les poissons s'abandonnent aux courants de l'Océan pour se reperpétuer, et que les bêtes féroces sortent de leurs déserts, pour chercher de la proie. Ce n'est qu'à ses douces clartés, qu'on peut rendre une scène d'amour très-touchante, et animer les tombeaux; et si j'avais à peindre les adieux d'Andromaque, je les placerais sur les mêmes rivages, et je les éclairerais de la même lumière nocturne que les funérailles d'Hector.

HARMONIES SOLAIRES ET LUNAIRES

DES

PUISSANCES DE LA NATURE

SUR LA TERRE.

Si l'on s'en rapporte aux témoignages des hommes qui sont le plus à portée, par leurs travaux, d'observer les phases de la lune, et les plus intéressés à en connaître les effets, on ne peut douter qu'elle n'influe sur toutes les révolutions de l'atmosphère. Les gens de mer et les gens de terre, je veux dire les matelots et les cultivateurs, attendent toujours quelque changement de temps de la nouvelle et de la pleine lune, et même de son lever et de son coucher. Les matelots disent en proverbe, « que la lune » mange les nuages. » J'en ai éprouvé plusieurs fois la vérité, sur-tout sur la mer, où je n'avais guère à observer que le ciel. J'ai vu assez souvent, au coucher du soleil, des nuages obscurs, qui annonçaient des orages pour la nuit, se dissiper entièrement au lever de la lune : on voyait ses rayons les dissoudre sensiblement ; de sorte qu'au bout d'une heure ou deux, leur douce lumière brillait sur les flots. Les poëtes anciens n'auraient pas manqué de dire que c'était Junon, ou plutôt Vénus, qui désarmait Jupiter, et lui enlevait la foudre. Ils attribuaient à la lune un caractère féminin, non pour ses inégalités, mais principalement pour la douceur de son influence. Pline dit qu'elle résout et dénoue ce que le soleil assemble. Il affirme positivement, liv. IX, chap. XXXI, que, lorsqu'elle est pleine, elle attiédit le froid de la nuit par ses rayons. Il cite en preuve les poissons crustacées, comme les cancres et les langoustes, qui se retirent, dit-il, en hiver, sur les plages et les côtes les plus exposées au soleil, parce qu'ils craignent beaucoup le froid ; et qui se montrent, au printemps et en automne, principalement quand la lune est pleine, à cause de la chaleur qu'ils en reçoivent. Il est certain que puisqu'elle réfléchit une partie de la lumière du soleil, elle doit renvoyer aussi une partie de sa chaleur. Euripide lui donne le nom de fille du soleil ; quoiqu'elle fût regardée en général comme sa sœur. C'est peut-être dans le sens d'Euripide, que Virgile, qui donne au soleil le nom de Phœbus, donne à la lune le nom de Phœbé. Les anciens supposaient que l'astre du jour était traîné sur un char attelé de quatre chevaux ;

sans doute pour désigner son cours divisé en quatre saisons; mais ils n'en donnaient que deux à la lune. Quelques-uns les imaginaient tout blancs; d'autres, plus ingénieux, supposaient que l'un était blanc et l'autre noir : au reste, ils armaient également le frère et la sœur d'un arc et d'un carquois. Quand Homère, au milieu de ses combats meurtriers, parle de la mort naturelle d'un de ses héros, il dit que Diane l'a percé de ses douces flèches. On voit, par ces allégories et par plusieurs autres, que les Grecs n'ignoraient pas les principales influences de la lune; et si leurs connaissances avaient été aussi étendues en physique que leur goût était exquis en poésie, ils auraient fait présider la lune aux principales harmonies de la nature, en variant simplement ses atours; mais ils aimèrent mieux distribuer ses différentes fonctions à plusieurs autres divinités. Ainsi ils mirent l'air sous l'empire de Junon, la mer sous celui de Neptune, la terre sous celui de Cybèle.

Ce sont les harmonies du soleil et de la lune qui font souffler les vents de nord-est et de sud-est, de chaque côté de l'équateur, dans la zone torride, qu'ils rafraîchissent sans cesse, parce qu'ils participent du pôle nord et du pôle sud. Ce sont elles qui, dans notre hémisphère, rendent le vent d'orient sec, parce qu'il traverse, pour venir à nous, le continent vaste et élevé de l'Asie. Le vent opposé du couchant est humide, parce qu'il passe sur l'Océan atlantique, dont il nous apporte les vapeurs. Le vent du midi est chaud, parce qu'il vient de la zone torride; et le vent opposé du nord est froid, parce qu'il souffle du pôle, toujours couvert de glaces par l'éloignement de ces astres. De ces quatre vents, le sec et l'humide, le chaud et le froid, se composent toutes les températures de l'atmosphère. Ce qu'il y a d'admirable, c'est que, quelque irrégulière que soit en apparence la circonférence du globe, il n'y a aucun lieu, soit au sein des mers, soit au sein des continents, dans les zones torride, tempérée ou glaciale, qui n'éprouve des harmonies semblables, par des montagnes à glaces et par des méditerranées, ou par les vents supérieurs et inférieurs, ou par des étés et par des hivers. Elles sont les mêmes avec des moyens différents, dans l'hémisphère opposé au nôtre. Le vent d'orient y est humide; celui du couchant, sec; du nord, chaud; et du sud, froid. C'est le soleil et la lune qui, dans leur cours, varient les vents, pour la température de l'atmosphère, la circulation des eaux, la régénération des minéraux, la végétation des plantes, la respiration des animaux, les navigations des hommes. Ce sont ces astres qui, après avoir établi entre les vents une série d'harmonies physiques, aériennes, aquatiques, terrestres, végétales, animales et humaines, en font naître, pour ainsi dire, de morales entre eux. Ils leur en donnent de fraternelles et de sororales, lorsque le soleil retourne au solstice d'hiver, et la lune à notre solstice d'été ; ils font souffler tous les dérivés du nord et de l'ouest, ou ceux de l'ouest et du sud, qui sont en consonnances fraternelles, et se tempèrent les uns les autres. Ils leur en donnent de conjugales, lorsque étant réunis à l'équateur, à l'équinoxe du printemps, ils opposent au vent du nord qui condense, celui du sud qui dilate ; et à celui d'orient qui dessèche, celui d'occident qui humecte ; et préparent, par ces contrastes, les amours des êtres organisés. Ils leur en donnent de maternelles, lorsque le soleil, au solstice d'été, et la lune, à notre solstice d'hiver, font souffler les vents d'est, qui mûrissent les semences, et favorisent les générations des animaux. C'est alors que les petits oiseaux sortent, de toutes parts, de leurs nids ; et que les abeilles donnent leurs derniers essaims.

Les vents qui soufflent à ces trois époques, devraient s'appeler fraternels, conjugaux et maternels, parce que l'amitié naît des consonnances, l'amour des contrastes, et la maternité des générations. Mais lorsque le soleil et la lune, près de changer d'hémisphère, se rencontrent à l'équinoxe d'automne, ils groupent les vents en tribus ou en espèces de même genre. C'est alors qu'ils font souffler tous les enfants du nord, pour transporter vers le midi, les tribus innombrables des hirondelles, des cailles, des ramiers, qui traversent les mers, pour s'établir dans des climats plus tempérés. Les astres assemblent les vents en divers genres, ou en nations, lorsqu'ils les font souffler tour-à-tour trente-deux rhumbs de notre horizon; et enfin sphériquement, lorsqu'ils harmonient les vents de chaque horizon avec ceux de tous les autres horizons du globe; et qu'au bout de l'année, ils ont fait circuler toute l'atmosphère d'un pôle à l'autre.

Nous avons vu, dans le cours de cet ouvrage, les harmonies des astres et des êtres animés; mais ces harmonies sont inépuisables. Tous les animaux ont les phases de leur vie réglées sur celles du soleil et de la lune. A peine l'astre du jour est-il sous l'horizon, que les animaux sont frappés de léthargie, à l'exception de ceux de la nuit. La veillée de ceux-ci prouve, ainsi que tant d'autres effets de la nature, que le sommeil n'est pas un simple résultat mécanique de l'absence du soleil. Les insectes immobiles sont réfugiés dans le sein des plantes; les oiseaux, nichés dans leur feuillage, se reposent la tête sous leurs ailes; les troupeaux se couchent à l'abri des haies ; le chien vigilant qui les garde, s'endort auprès d'eux, après avoir tourné plusieurs fois sur lui-même. Toutes les fonctions de l'intelligence sont suspendues dans l'absence de l'astre qui en produit les images. Cependant plusieurs êtres ont déjà terminé leur course et leur existence : la mouche éphémère ne voit point deux aurores. Bientôt l'astre des nuits vient rendre une nouvelle vie au monde. Cet astre a, comme celui des jours, ses plantes, ses insectes, ses oiseaux, ses quadrupèdes : c'est à sa clarté douteuse, que le mirabilis et l'arbre triste ouvrent leurs fleurs ; que plusieurs espèces de poissons voyagent ; que les tortues viennent pondre sur les grèves solitaires ; et que l'oiseau du printemps, le rossignol, aime à faire retentir de ses chansons les échos des forêts. Cependant les cercles de la vie s'étendent avec ceux des jours, et la lune en forme différents périodes. Beaucoup d'espèces d'insectes ne vivent qu'un de ses quartiers ; d'autres, une demi-lunaison ; d'autres, une lunaison ; d'autres parcourent une saison entière, et meurent au solstice d'été : le plus grand nombre périt à l'équinoxe d'automne, lorsque le soleil va éclairer un autre hémisphère. C'est alors que la marmotte se cache et s'endort dans le creux des rochers, pour ne se réveiller qu'à l'équinoxe du printemps : l'année n'est pour elle qu'un jour, qu'une nuit de six mois. Ainsi, cet animal, par ses mœurs, établit une nouvelle concordance entre les hautes montagnes à glaces qu'il habite et les pôles du monde. Cependant une foule d'animaux, aux mêmes époques, suspendent leurs travaux dans notre hémisphère. Les abeilles se reposent dans leurs ruches; plusieurs espèces d'oiseaux, comme les cailles et les hirondelles, suivent le cours du soleil, et passent dans l'hémisphère qu'il réchauffe, tandis qu'une multitude d'êtres périssent dans celui qu'il abandonne. Les animaux carnivores se dispersent de toutes parts pour en dévorer les dépouilles. Les renards fourrés, et les ours blancs pénètrent, jusqu'au sein de la zone glaciale, dans des régions de neiges et de glaces qu'aucun animal vivant ne peut habiter. Mais les courants de l'Océan déposent encore sur leurs rivages les débris de quantité de corps marins, qui viennent des zones tempérées et torrides. Ainsi, l'instinct qui porte les renards et les ours blancs sur les côtes maritimes de notre zone glaciale, dans son hiver, prouve que les courants de l'Océan leur apportent des nourritures; ce qui ne pourrait arriver, si ces courants ne descendaient du pôle opposé.

Comme la puissance solaire a établi des zones torrides, tempérées et glaciales dans les cieux, et qu'elle les a répétées sur la terre; elle a tracé aussi aux planètes des orbites d'un mois, de trois mois, de huit mois, de deux ans, de douze ans, de trente ans, de quatre-vingt-quatre ans, qu'elle semble répéter sur la terre, dans des vies végétales et animales de la même durée. Plusieurs espèces d'insectes, tels que les papillons, vivent depuis un mois jusqu'à huit; les hannetons, deux ans, ou une année de Mars. Plusieurs oiseaux et quadrupèdes, entre autres les chèvres, vivent douze ans, ou une année de Jupiter; les chevaux, trente ans, ou une année de Saturne; les hommes, quatre-vingt-quatre ans, ou une année d'Herschell : d'autres, sur-tout parmi les poissons, vivent des siècles, et semblent avoir leur vie réglée sur celle des comètes.

Quoi qu'il en soit, les animaux qui meurent de vieillesse, meurent comme ils sont nés, sans s'en apercevoir. Les derniers degrés de la descente de la vie sont d'une pente aussi douce que ceux de la montée. Une vaine ambition ne leur en fait point franchir les précipices et les pics. Fidèles aux lois qu'ils ont reçues de la nature, ils lui rendent leurs instincts, devenus inutiles dans des machines usées; ils expirent sans regrets, sans remords et sans murmure : c'est pour l'ordinaire la nuit, à la clarté de la lune, et aux époques de ses diverses phases. Comme elle a noué les premiers liens de leur ame à leur naissance, dans leurs amours et dans leur postérité, elle les dénoue encore à leur mort. C'est elle qui éclaire encore leurs squelettes de son pâle flambeau, et les couvre de ses crêpes funèbres, tandis que la terre, leur mère commune, qui les attire dans son sein, les décore du large feuillage de la bardane ou des guirlandes du lierre. Le temps, comme un moissonneur, les sème et les fauche, génération par génération; mais il plante et recueille, brin à brin, comme un jardinier, les individus de l'espèce humaine. Tous les genres d'animaux forment entre eux une chaîne de vie et de mort en harmonie sidérale, dont chaque espèce fait un anneau; mais le genre humain en compose à lui seul une semblable, formée d'individus qui naissent et meurent à chaque instant.

Cependant, que l'homme ne se plaigne point de la courte durée de sa vie : lorsque ses harmonies terrestres seront détruites, ses harmonies célestes subsisteront encore. L'Éternel a attaché à son corps quelques années d'amertume et de misère; mais il a donné à son âme une éternité de joie et de ravissement. Ce n'est point un être condamné seulement à ramper sur ce globe, à en déchirer le sein avec le fer pour soutenir une frêle existence. Sa vie n'est qu'un passage, mais elle a un but, et ce but est sublime. Voyez-le expirant sur son lit de douleur : déjà il contemple un Dieu prêt à le recevoir. Cet être si faible, si misérable, aurait-il donc une pensée que n'aurait pas eue le Créateur de toutes les pensées? Ce n'est point en vain qu'il a entrevu d'aussi grandes destinées! Il quitte un monde de ténèbres pour un monde de lumière; il quitte des infortunés, des mourants comme lui, pour un séjour où l'on ne meurt plus. Sa joie sera de ne voir que des heureux. Il sera rassasié de volupté. O transports de l'homme, lorsque, tout douloureux encore des angoisses de la vie, il voit le ciel s'ouvrir devant lui! Ce n'est plus un être de poussière; c'est un ange, une divinité qui s'élance au milieu des soleils! Il y a un instant qu'il était esclave et chargé de fers; maintenant, le voici maître d'un empire et de l'éternité. Triste et souffrant, il se traînait pas à pas vers la mort; et il lui échappe, éblouissant de lumière. Il habitait un monde couvert de cyprès, arrosé de larmes, où tout change, où tout meurt, où l'on n'aime que pour souffrir, où l'on ne se rencontre que pour se quitter, où le plaisir même conduit à la mort : maintenant, le voici dans le séjour où tout est éternel. Son ame s'embrase d'un amour qui ne peut finir, et, du haut du ciel, il jette un regard triomphant vers la terre, où l'on pleure, et où il n'est plus.

FIN DES HARMONIES DE LA NATURE.

TABLE DES HARMONIES

CONTENUES DANS CE VOLUME.

SUITE DU LIVRE V.

Harmonies animales	page 1
Observations sur l'organisation des plantes	ibid.
Fibres des animaux	5
Sommeil des animaux	8
Système de Malebranche sur les animaux	11
Faculté morale de l'ame des animaux	13
Sur l'instinct	ibid.
L'instinct enseigne aux animaux les premiers usages de leurs sens, et leur donne des idées qu'ils n'ont point acquises par l'expérience	15
Réfutation de Locke; il y a des idées innées	ibid.
Le sentiment religieux est une idée innée	20
Trois facultés de l'ame, selon les anciens	22
Petite sarcelle de la Chine	26
Le Tasse et Homère cités	27
Haines des animaux	29
Observations sur la signification de quelques mots de la langue française	35
Cinq genres d'ames : l'élémentaire, la végétale, l'animale, l'intelligente, la céleste	41
Ame élémentaire	ibid.
Les métaux ont des analogies avec les planètes	42
Ame végétale	50
Ame animale	54

TABLE DES HARMONIES.

Sur la physionomie. 58
Ame intelligente . . . . ibid.
L'homme a, de plus, une ame céleste et immortelle. 59
Comparaison de l'ame et du pilote d'un vaisseau . . . 63
Transmigration des ames. 74
Opinion des Indiens sur le sort des ames, après la
    mort. 77
L'ame du juste va sans doute dans le soleil . . . . . ibid.

LIVRE VI.

HARMONIES HUMAINES 78
    Définition de la science. 80
    Sur la vue 83
    Morale des fables ennuyeuse pour les enfants 85
    Sur un navire de l'amirauté de Londres 86
    Vertus de l'homme en harmonie avec la nature. . . . 89
    Apostrophe aux harmonies 90
HARMONIES DE L'ENFANCE. 93
    Harmonie filiale . . . . ibid.
    Plutarque veut qu'on appelle la patrie *matrie* 94
    Épaminondas. 96
    Sertorius. . . . . ibid.
    Comment il faut raconter aux enfants. 98
    Alexandre et sa mère. 99
    Vertus politiques. 101
    Sur les noms des enfants. 105
SCIENCE DES ENFANTS; PREMIÈRES IDÉES DES PEUPLES. . 106
    Singulières idées de Bernardin de Saint-Pierre, en-
    fant, sur le ciel . . . . Ibid.
    Idées des Grecs sur le même sujet. 107
    Première leçon d'astronomie. 109
    Deux peintures philosophiques de l'homme 111
    L'homme est le seul être qui fasse usage du feu. . . . 113

De l'homme considéré en société. 114
Les périodes de la durée d'une nation comparées aux
    quatre âges de l'homme. 117
Comparaison des quatre parties du monde et des âges. 130
L'enfance et l'Amérique 131
La jeunesse et l'Afrique 132
L'âge viril et l'Europe 134
La vieillesse et l'Asie. 135
Loi de l'Evangile ; vertu du cœur. 155

LIVRE VII.

HARMONIES FRATERNELLES. 157
  Le soleil au printemps 158
  Cercle de la vie humaine 159
  Harmonies fraternelles des végétaux 163
  Harmonies fraternelles des animaux 164
  Voix de l'homme 168
  Harmonies fraternelles de l'homme 169
  Géométrie des enfants 175
  Le premier sentiment qu'on doit développer dans les
    enfants, c'est celui de la Divinité. 178
  Les Perses apprenaient à leurs enfants à dire la vérité. 181
  La vérité est une harmonie de notre intelligence avec
    la Divinité 183
DE L'AMITIÉ. 187
  Episode de Nisus et d'Euryale 192
  Remarques sur les beautés de cet épisode 193
  Sur les inimitiés. 201
  Amitié fraternelle 209
  Télémaque malheureux de n'avoir pas de frère 211
  Plutarque cité 213
  Anecdote sur l'amitié de Pierre et Thomas Corneille. 215
  Deux vertus en opposition ; ce qu'il faut faire. 217

DES HARMONIES.

L'amitié fraternelle, à la Chine, est un des cinq devoirs de l'ordre social. 219
Trait de Myro et de sa sœur. 222
Amitié d'un frère et d'une sœur. 223
Plutarque, Traité de l'Amitié fraternelle. . . . . . *ibid.*

LIVRE VIII.

HARMONIES CONJUGALES 226
   Anecdote de Jean-Jacques sur Fontenelle. . . . . *ibid.*
   Première amitié des enfants 227
   L'univers sans mouvement et sans vie : l'amour vient l'animer 229
   Naissance de l'amour dans le cœur du premier homme. 230
   La lune paraît présider aux amours. 231
   Amours des animaux réglés sur les phases du soleil et de la lune 232
   Amours des plantes 240
   Origine du mot *anthère* 241
   Expériences de Bonnet sur les pucerons. 250
   La cochenille 252
   Observations de Buffon sur les animaux de proie . . 257
   Peinture des amours des animaux au printemps . . . 259
   L'harmonie conjugale unit les animaux des genres les plus disparates 261
   Beautés de l'homme et de la femme 262
   Barbe de l'homme 266
   Le Robinson de Sibérie. 279
   Inspirer aux filles les goûts les plus simples . . . 286
   Influence de la religion sur les enfants 287
   Les arts à-la-fois utiles et agréables, nés de l'amour. 291
   Sur l'architecture. 292
   Remarques sur l'origine des langues. 294
   Harmonies des vers; ode d'Horace 297

Harmonie conjugale, nœud du poëme épique 301
L'amitié fait croire à l'immortalité. 306

LIVRE IX.

HARMONIES DU CIEL, OU LES MONDES. 308
    Harmonies du soleil . . . . *ibid.*
    Système de l'univers 310
    Newton, Bacon, Képler 314
    Plutarque, sur les antipodes . . . . *ibid.*
    La terre, selon Pindare, portée sur des colonnes de
       diamants 317
    Télescope d'Herschell 321
    Idée du soleil selon Herschell 323
    Montagnes du soleil dix-huit cents fois plus grosses
       que notre terre 329
    Géographie du soleil 330
    La terre vue du soleil 334
    Les planètes vues du soleil 336
    Les planètes habitées 338
HARMONIES SOLAIRES DE MERCURE. Description de ses
    habitants 340
HARMONIES SOLAIRES DE VÉNUS. Description de ses ha-
    bitants 345
HARMONIES SOLAIRES DE LA TERRE. 351
HARMONIES SOLAIRES DE MARS. Description de ses habi-
    tants 359
HARMONIES SOLAIRES DE JUPITER. Description de ses ha-
    bitants 366
HARMONIES SOLAIRES DE SATURNE. Description de ses
    habitants 376
HARMONIES SOLAIRES D'HERSCHELL. Description de ses
    habitants 389
HARMONIES SOLAIRES PLANÉTAIRES 396

HARMONIES SOLAIRES SIDÉRALES............ 409
   Les ames des justes et des bienfaiteurs du genre humain habitent sans doute le soleil.......... 421
   Bernardin de Saint-Pierre espérait habiter cet astre après sa mort................... 422
HARMONIES SOLAIRES DE LA LUNE. Description de la lune et de ses habitants.................. 424
HARMONIES SOLAIRES ET LUNAIRES DES PUISSANCES DE LA NATURE SUR LA TERRE................ 443
   Immortalité de l'homme............... 452

FIN DE LA TABLE DU TOME TROISIÈME DES HARMONIES.